在时代的痛点，沉默

夏榆 著

上海三联书店

新经典文化股份有限公司
www.readinglife.com
出品

目 录

将他们带进你的灵魂（代序） / 1

如果亿万人只用一个脑袋思考

史铁生：站在人的疑难之处 / 3

莫言：响雷无声 / 26

刘再复：我不相信卑劣的手段可以抵达崇高的目标 / 37

张炜：忧愤与归途 / 46

陈忠实：我写的革命是白鹿原上发生的革命 / 59

蒋子龙：我不该断绝了跟禹作敏的关系 / 70

你在灯亮着，你不在心亮着——巴金与《随想录》/ 78

王蒙：作家为什么在公共领域消失 / 88

还原历史真相

黄永玉：我的心，只有我的心 / 103
我作为反革命钦犯的女儿——胡风冤案的历史遗痕 / 117
路翎：一片血痕与旧迹 / 127
顾骧：晚年周扬与"清污"运动 / 137
宗璞：痴心肠要在葫芦里装宇宙 / 142
邓贤：辉煌的梦，悄然死灭的青春 / 152

微弱而积极的声音

崔卫平：微弱而又积极的声音 / 161
杨炼：提问者，诗人和思想家的姿态 / 171
周国平：我怕配不上我所受的苦难 / 179
不在一条船上的知识分子——1990 年代的思想版图 / 193
汪晖：我不是愤怒，我是悲哀 / 200
铁凝：文学体制不是铁板一块 / 209
崔永元：我一定要知道真的历史是什么样 / 218

文字的向心力

聂华苓：猎狗闻得出骨头，我们闻得出才华 / 233
马原：我们在自己的时代创造经典 / 241
余华：记录两个天壤之别的时代 / 258
苏童：我没有背叛先锋 / 268
杨显惠：历史是什么样，我就怎么样写 / 279
迟子建：故乡是上天赐给我的一个爱人 / 284
阿来：天上也是人间，神话也是现实 / 302
刘庆邦：不看重眼泪是不对的 / 309
张贤亮：我很有幸和中国整个民族同命运 / 322

仿佛万古长夜的隔绝

李敖：不是误上贼船，而是贼上了船 / 333
痖弦：仿佛万古长夜的隔绝 / 344
余光中：把岛上的文字传回中原 / 351
胡一虎：像王宝钏苦守寒窑一样守着电视 / 359

将他们带进你的灵魂（代序）

1972年6月8日，摄影师大卫·伯内特和同在越南的美联社摄影记者黄功吾经过一个遭受美军战机轰炸的村庄。战机投下的凝固汽油弹燃起冲天大火，他们看到一群在路上惊慌奔跑的孩子，一个哭泣的女孩裸体跑在最前边，身上没有了衣服。大卫和黄功吾几乎同时把镜头对准那些奔跑的孩子并按下快门。大卫照相机里的胶卷已用到最后一张，他迅速换上新的胶卷再举相机的时候，那个哭泣的女孩已经跑到他们身后，大卫拍到那个女孩跑去的背影。黄功吾拍摄到了正面。这幅题为《火从天降》的照片刊登在美国《纽约时报》头版，次年获美国普利策奖，在荷兰世界新闻摄影比赛中又被评为年度最佳照片。

2004年2月17日下午，我在北京惠新街附近一家咖啡馆采访美国联系图片社总裁罗伯特·普雷基。这一年是我从事新闻工作的第四年，此时正激情满怀，被职业理想感召，追求卓越感，不辞劳苦奔走在新闻现场，寻找那些具有新闻价值和公共意义的人与事。普雷基曾为"荷赛"（世界新闻摄影比赛/WORLD PRESS PHOTO，简称"WPP"或"荷赛"）评委会主席，他讲述联系图片社旗下那些著名摄影师拍摄震撼世界的照片的故事，回忆起大卫·伯内特与黄功吾的往事。普雷基视他们为20世纪最伟大的摄影家之一。"越战的提前结束跟那些在越南的杰出战地记

1

者的工作有关，他们拍摄的残酷的战争影像促使美国人民反思越战，正视战争的创伤。"普雷基说。

对这些故事我怀有热忱，此前我看到过这些照片。从事新闻工作之前，我在一家出版公司做事，编辑过大型图文书。当时正值世纪之交，告别与缅怀 20 世纪的情绪弥漫世界，在编辑部的档案室我看到 20 世纪震撼人心的影像，看到那些改变历史进程的瞬间。我看到过那幅题为《火从天降》的照片，在空袭的轰炸中哭泣着裸体奔跑的女孩潘金淑和她身后惊慌失措的孩子的照片令我难以忘怀。普雷基将新闻记者的职责和摄影师相比，他说："新闻记者的责任是用自己独立的思想判断事物，认识现实。比如美伊战争中美国政府说伊拉克有大规模杀伤性武器，那就有吧，但要让我们亲眼去看看；比如说克罗地亚，他们的总统说没有大规模的种族屠杀，那好吧，就算没有，但要让我们亲眼去看看，必须给我们机会让我们自己去寻找答案。"

当你起航前往伊萨卡
但愿你的旅途漫长，
充满冒险，充满发现。

此刻想起希腊诗人卡瓦菲斯于 1911 年写在诗歌《伊萨卡岛》的诗句。我的始于千禧年的新闻职业在 2002 年成为标志性转折，这一年加盟《南方周末》担任驻京文化记者，到 2004 年进入职业生涯的深水区，我频繁地介入国际时事的报道，各种突发事件、海湾战争、地区冲突、恐怖袭击……我选择切入这些重大事件的角度，从文化的背景观察时代风云的变幻。

从这个时刻开始，我工作的领域在扩展，抵达的场域更遥远，访问的对象更纷繁。政治人物、学界精英、作家、艺人，都是受访者。倾听这个世界杰出者内心的声音，储存丰饶的精神遗迹成为我的工作。这些受访者的声音变成文字聚集在纸上。现在我写作这篇文字的时候，电脑前就放置着存有受访者声音的微型磁带，它们垒起来像是一堵微型的墙。在录音带的时代，我保存下来上百盘的微型录音带；在数码的时代，我保存着更多的访问音频。用坏了若干录音机，也用坏了若干录音笔。四海的漫游，环球的奔走强健了身体，也坚固了精神。

2012年7月，在新闻工作做到十年的时候我决定辞别，开始职业写作。整理旧物时看到放在木盒里的微型录音磁带，重新将它们垒砌成墙。以前台湾著名媒体人高信疆先生说过："这些磁带可以捐给新闻博物馆，它们有文物的价值。"让我深有感触的是，当年访问过的人有的已经辞别人世，他们珍贵的声音储存了下来；远在地球另一端的人，只要打开录音机，他们的声音就聚拢眼前。

不仅依靠记者的眼睛观察这些纷繁的人事，也要用作家的头脑注视世界的变迁。这是我对自己的要求。"所谓作家，就是注视世界的人。"苏珊·桑塔格这么定义作家的工作。

此刻，重忆往昔，是对奇崛时光的纪念。汇集在此的文字，是时间的刻痕，是心灵的回声，也是精神的遗存。当我默诵卡瓦菲斯的《伊萨卡岛》时，觉得那些写于百年前的诗句契合这些文字的精神气质，也传达我的体验。

> 除非你将他们带进你的灵魂，
> 除非你的灵魂将他们耸立在你面前，
> 但愿你的道路漫长，
> 但愿那里有很多夏天的早晨。

夏榆

2016年9月

第一部分

如果亿万人只用一个脑袋思考

史铁生：站在人的疑难之处

当多数作家在消费主义时代里放弃面对人的基本状况时，史铁生却居住在自己的内心，仍旧苦苦追索人之为人的价值和光辉，仍旧坚定地向存在的荒凉地带进发，坚定地与未明事物作斗争。这种勇气和执着，深深地唤起了我们对自身所处境遇的警惕和关怀。

——华语文学传媒大奖 2002 年度杰出成就奖得主史铁生授奖辞

我其实未必适合当作家，只不过命运把我弄到这一条路上来了。左右苍茫时，总也得有条路走，这路又不能再用腿去趟，便用笔去找。而这样的找，后来发现利于我，利于一颗最为躁动的心走向宁静。我的写作因此与文学关系疏浅，或者竟是无关也可能。我只是走得不明不白，不由得唠叨；走得孤单寂寞，四下里张望；走得触目惊心，便向着不知所终的方向祈祷。

——史铁生

摸到史铁生挽起衣袖的手臂间隆起的动脉时，有一种震动的酥麻。血液净化中心主任医生张凌把史铁生手臂间隆起的动脉和静脉形容为三只大蚯蚓。透析的病人需要做手术，把肾部的动脉和静脉引到表层。透析时需要在三个点轮流针刺。长达九年，一千多次的针刺使史铁生的动脉和静脉点隆起成蚯蚓状。

去医院看史铁生之前，我在医院门前的花店买了花，百合与康乃馨，插满一篮。

透析室内史铁生拥被而卧，他的面色沉暗，但目光发亮。他对着鲜花微笑了一下，移动自己平躺的身体。身旁的透析机正在工作，来回清洗他体内的血液。两根塑胶管连接史铁生的手臂和透析机，体内渗毒的血液从隆起的动脉出来，经过透析器过滤掉毒素，再由隆起的静脉回到体内。一个星期三次，在每次四个半小时的透析过程中，史铁生全身的血液要过滤几十遍。

史铁生把自己的身体比喻成一架飞机。"要是两条腿（起落架）和两个肾（发动机）一起失灵，这故障不能算小，料必机长会走出来，请大家留些遗言。躺在透析室的病床上，看鲜红的血在透析器里汩汩地走，从我的身体里出来，再回到我的身体里去。那时，我常仿佛听见飞机在天上挣扎的声音。"

张凌主任说，九年前，史铁生刚到医院时精神状态并不好——这是每一个重病患者都会有的状态，因为他本来下肢就瘫痪，又患尿毒症。按国外的残疾标准，是双重残疾，肢体的残疾，加器官的残疾。这个打击对他非常大，他的精神状态不好，身体状况也不好。开始透析的时候，史铁生吃不进东西，体内毒素比较高，经常处于衰竭状态。尿毒症是难以治愈的病，它意味着患者终生要跟医院打交道，要面对医生，面对机器，面对针刺的痛苦。这是慢性折磨。

长篇随笔《病隙碎笔》是史铁生初患尿毒症之后写的；长篇回忆体小说《我的丁一之旅》是透析九年之后完成的。两部书都是重病给予他的思想的果实。

重病之时被史铁生描述为"沿着悬崖行走"。重病之时，整天是梦，梦见熟悉的人，熟悉的往事，也梦见陌生的人和完全陌生的景物。偶尔醒来，窗外是无边的暗夜，是恍惚的星空，是心里的怀疑。

1972 年，还在延安插队的知青史铁生经历了第一次绝望和哀恸。那一年因为脊髓出了问题，他由父亲扶着艰难地走进北京友谊医院，当时史铁生对自己说，要么好，要么死，一定不要这样走出来。结果是，他没有那样走出来，他被朋友抬着出了医院。那一年，史铁生的双腿彻底背叛了他，他成为一个下肢瘫痪的残疾青年。在连遭双腿瘫痪、失去母亲的哀伤之后，命运并没有对史铁生放下重锤，1998 年，他残废的身躯由慢性肾损伤演变为尿毒症，终至依靠透析维生。

生病也是生活体验之一种。史铁生说："生病通常猝不及防，生病是被迫的抵抗。刚坐上轮椅时，我老想，不能直立行走，岂非把人的特点搞丢了，便觉天昏地暗。等到又生出褥疮，一连数日只能歪七扭八地躺着，才看见其实端坐的日子是多么晴朗。后来又患尿毒症，经常昏昏然不能思想，就更加怀恋起往日的时光。终于醒悟，其实每时每刻，我们都是幸运的，因为在任何灾难的前面都可以再加一个'更'字。"

医生张凌说："史铁生是一个意志坚强的人，也是一个智慧和心质优异的人。"

在医院的血液净化中心，不光医生护士们知道史铁生，很多病友也知道史铁生。医生护士们知道史铁生的名字，也看过他的书，女孩子们说起史铁生来一脸的自豪，笑称他为"透析模范"。就坚强和乐观而言，史铁生是病友的一个出色的榜样。

危卧病榻，难有无神论者。这是一位无名哲人说过的话。史铁生以自己的思悟印证了这句话，他写出了《病隙碎笔》，记录了自己在困厄之中精神的陷落和获救。"有一天，我认识了神，他有一个更为具体的名字——精神。在科学的迷茫之处，在命运的混沌之点，人唯有乞灵于自己的精神。不管我们信仰什么，都是我们自己的精神的描述和引导。"

有人用西绪福斯的神话比喻史铁生的写作。文学评论家季红真说："生存、死亡、困境、超越，这些话语无疑属于哲学的范畴，当它们构成史铁生小说文本话语的基本建构时，当然是他精神建构的一部分。他几乎近于残酷地解构着旧意识形态的神话，艺术地接近着生存的基本困境，并企图以重构生之意义来对抗死亡的诱惑。"

因为杰出的写作，史铁生获得华语文学传媒大奖 2002 年度杰出成就奖。

颁奖的时刻，在现代文学馆，史铁生的轮椅被人抬起来，抬上舞台，推向舞台中心，会议厅响起前来出席颁奖仪式的作家们密集而持久的掌声。主持人马原宣读评委会的授奖辞："史铁生是当代中国最令人敬佩的作家之一。他的写作与他的生命完全同构在了一起，在自己的'写作之夜'，史铁生用残缺的身体，说出了最为健全而丰满的思想。他体验到的是生命的苦难，表达的却是存在的明朗和欢乐，他睿智的言辞，照亮的反而是我们日益幽暗的内心。"

2006 年 1 月出版的《我的丁一之旅》是史铁生对自己的又一次眺望。这部长篇被他称为"心魂自传"，他把自己的内心、精神以至肉体再次放到浩瀚的时间之流，生死轮转，灵肉纠缠，性与爱排演，理性与激情的上升与坠落，孤独与慰藉的给予和失去，它和史铁生在几年之前完成的长篇小说《务虚笔记》、长篇思想随笔《病隙碎笔》一起，构成史铁生重要的精神性的书写。

从死中看生

在散文集《记忆与印象》里你说："现在我常有这样的感觉，死神就坐在门外的过道里，坐在幽暗处，凡人看不到我的地方，一夜一夜地等我。"

史铁生：这是我在肾坏了、刚刚透析之后写的。确实，那时你觉得离死亡很近，尤其你天天透析。在透析室里跟你在一起的那些人，可能哪天哪一个人就没能再来，常有的事情。医院里边的困苦，外边的人很难想象，所以我建议人们旅游不要光去风景区看，也可以去医院看看，去墓地看看，可能会有不一样的感悟。

你写"史铁生的墓"，给自己设计墓志铭，你说死，说活。但是对很多人来说，死是一个禁忌。疾患使你看透生死了吗？

史铁生：透吗？不敢说是透。死意味着什么，死之后是什么样的状态，我们无法在活着的时候去证实它，也很难证伪。哲学的问题，据说是从死开始的。佛家讲人生老病死，实际上最触动人的还是死这件事情。对很多人来说，死是不能谈的。人们不说死，一说到死就很害怕。好像死是不在的，永远都不在。忌讳谈死的，如果他是病人，我就觉得他的病白得了一半；如果他是一个写作的人，他的损失就更大。我觉得人对死的想法很苍白的时候，对生的想法也会很不清晰。古人说："不知生，焉知死。"但还有一种看法，是"不知死，焉知生"。死是生的一部分，在你生的时候，死一直在温柔地看着你，或者虎视眈眈地看着你。不说的人，也分明意识到它在那里，而且深怀恐惧。

你透析以后的情况怎么样？透析使身体好转吗？

史铁生：我得的两个病都是终身制的。到现在我透析已经是第九年了。透析一个星期三次，一次四个半小时，为什么这么频繁，这么长时间？不透析时间的所有吃的喝的那些水分全存在身体里，而肾完全不工作。肾坏了，就算毒素你能扛得住，几天的积水你就扛不住。透析病人最大的苦恼就是渴，因为他不能敞开喝水，被限制尽量少喝水。每次去透析的时候我要脱去三公斤水，有的人控制不好，随意喝的话，能透出五六公斤水，在四个半小时之内从人体里拽出那么多水，人就受不住。透析完了会非常疲劳，因为在透走毒素的同时，它把你的营养也透走了。透析器就是一个筛子，就那么大的眼儿，同样大的分子全被透走，好坏不管，所以就缺乏营养，饿，透到一半的时候很饿，有时候就会虚脱，抽筋。

透完以后很疲劳，乏力、饥饿。回到家以后要先吃，吃完就睡，休息一宿，这样才能缓过神来。

频繁地透析对你的心理和精神有负面影响吗？

史铁生：透析是救命的，你不透不行。没有透析像我们这个就是绝症，它比癌症还绝。癌还可以做手术，有的癌还可以治好。肾坏了，就不工作了，你没有替代的办法，就是憋死。所以过去的尿毒症就是绝症，有了透析之后这种病才可以缓解。在中国透析大概在 70 年代才开始有，开始时候很简陋，人即使是透析之后也只能多活几个月。到 90 年代国内透析技术才完善起来，促红素也开始发明出来，促红素是给人体增加红血球的药物。肾坏了的人都贫血，透析的人贫血更甚，没有促红素，人永远处于一种贫血状态，那就休想干事了。我一直说命运对我不错，我的肾坏了，但是我坚持了十八年，坚持到透析技术完善了，我的肾才彻底衰竭，这时候我倒是可以靠透析活命了。促红素的发明也能帮助我提高身体内红血球的生长，可以让我有一点精力做事情，没有这些，就完了。透析本身对身体和精神并没有太大痛苦，透析的痛苦在透析之外，透析时间长了都会出问题，有并发症、骨头疼等问题。

看到你描述透析室的情景，你写过病人和家属因为拿不出治病的钱悲伤痛苦，在医院你更真切地看到生命的困苦和患难吗？

史铁生：透析费用一年数万元，且年年如此，这个负担靠一般人自己的力量是无法承受的。不光是透析，很多病都有这样的问题。这是目前医疗突出的问题——决定你活命的是钱，不是医疗技术。这是一个很严峻的问题，不只是医学问题，还是伦理问题。说俗了就是有钱你就能活，没钱你就不能活。人的生命，人的生存在你走进医院看病的时候出现问题——不平等。我见过一个靠借钱给儿子透析的母亲，她站在透析室门外，空望着对面墙壁，大夫跟她说什么她都好像听不懂，那种绝望让人难过。我还听说过一对曾经有点钱的父母，一天一天卖尽了家产，还是没能救活他们未成年的孩子。我听护士说过：看着那些没钱透析的人，觉得真不如压根就没发明这透析呢，干脆要死都死，反正人早晚得死。这话不让我害怕，反让我感动。是啊，你走进透析室你才发现，最可怕的是：人类走到今天，连生的平等权利都有了疑问。有钱和没钱，怎么竟成了生与死的界限？

说到伦理，我觉得，随着高科技的发展，医疗已经提出了一个严峻的伦理问题。比如说，凭现在尤其是未来的医疗水平，要想让一个晚期的绝症患者维持心跳，维持呼吸，维持成植物人，并且维持很多年，都并不难。难就难在费用，要有很高的经济投入才行。这样的话，后果很可能是：少数人，花很多很多钱在那儿植物着，而更多的人却可能因为一些并不难治的疾病而死去，因为社会财富总归是有限的。说实在的，我不知道应该怎么办，要死都死大概也不是个办法。所以，我很希望能够通过媒体，就这样的问题展开深入讨论。

残疾与爱情

残疾和磨难使你比常人更容易体察到人的根本处境吗？

史铁生：未必，未必。佛祖也并没有残疾呀。而磨难又差不多是人人都逃不开的，也很难比较磨难的轻重、大小。古今中外多少大师、哲人，未必都经历过多少大苦大难吧？苦难既可以使人把生命看得更深入、更宽广，也可能让人变得狭隘。我说过，关键的不是深入生活，而是深入思考生活。比如说陀思妥耶夫斯基，我看他最不寻常的品质是诚实和善问，问人生的一切善恶原由与疑难。我觉得这才是写作者应该有的立场。

有人说我的写作太过思辨。没办法，这可能就是我的命。大概我总是坐在四壁之间的缘故，唯一的窗口执意把我推向"形而上"。想，或者说思考，占据了我的大部分时间。我不想纠正，因为并没有什么纠正的标准。总去想应该怎样，倒不如干脆去由它怎样。

疾病和磨难几乎成为你人生的功课。现在轮椅对你来说还是障碍和隔绝吗？

史铁生：轮椅，我用坏了好几辆。最早的轮椅是我爸搞了一点破铁管去外边一个什么五金综合修理部焊的，那时候国内根本就没有折叠式轮椅。后来《丑小鸭》编辑部送我一辆真正的折叠轮椅，那辆也用坏了，后来还用坏过一辆。透析之后我没力气了，就有了现在这辆电动式轮椅。有些事情就是这样，你接受它了，就习惯它了。别人用腿走路，你用轮子走路，这个事情就算结束了，有时候你就不会意识到它。但是你需要上台阶的时候就会意识到，这接近存在主义。我经常走在马路上，我并没有意识到自己的状态，我把轮椅给忘了，自然而然就忘了，但要碰到台阶你上不去，你要找人抬，你就想起来了。假定中国所有的地方都无障碍了，我想这事真忘了。你看我现在住的房子也没有障碍了，到厨房，到卫生间去没什么问题。

你说轮椅有什么问题，轮椅没有大问题。问题更大的是肾，它剥夺了我的精力。轮椅剥夺了我的走路，但是我能走的话，它就不是问题。肾剥夺了我的精力，我经常感觉精力不够。

陈村形容你的思想和文字安详而明净，温暖而宽厚。我想知道的是，你的安详的力量来自何处？

史铁生：他在鼓励我。陈村的自由和潇洒一直都在鼓励着我。其实呢，只能说我比过去镇静了一点。虽然常常还是不免焦躁，但不会延续太久。很多事换个角度去看它，可能另有意味。

你现在每天日常生活是什么样的状态？终年疾病缠绕中，你怎么能使写作成为可能？

史铁生：我的日常状态就是一个星期三天透析，只有四天可以工作，而且在这四天里也只有四个上午是可以工作的。或者读书，或者写作。总之工作时间比我肾坏之前缩了一半。因为你去掉三天，这四天还要被打折，所以我其他的事情全都不做了。我现在不参加活动，不接受媒体访问，有人说我吝啬，其实是因为我的有效时间太少了。写《我的丁一之旅》是我在三年的时间里利用了所有的上午，什么都不做——实际上说是写了三年，但这三年先要去掉一半，透析的时间；再要去掉一半，三年的下午。所以三年的一半的上午就是用来工作，其他的事情我就都不管。

在你的书里你书写了对情爱的渴望和幻想。《我的丁一之旅》《务虚笔记》《灵魂的事》都能看到同样的爱情事件，你对爱情的渴望和幻想没有因为疾病和磨难止息吗？

史铁生：是这样。人在把死给安置了以后就开始想生，生的问题中最大的问题就是爱：爱情问题、性爱问题。

其实在《我的丁一之旅》中主要探讨的就是爱的问题。我说，丁一生来就是一个情种，为什么生来就是一个情种？情种实际上就是渴望他人的，说到爱，爱的最根本是他者的问题。有人说母爱是最伟大的，我不这么看，母爱当然是很好的，但是它针对的是自己的一部分，它是针对自己的孩子。爱的意思是针对他者，爱是对他者的敞开，爱渴望寻找联结，而不是封闭。生而为情种的人有几个特点，比如他好色，好色这件事情不见得是坏事吧，他喜欢美好的东西。但这是不够的，更多是他肉身的性质，是一种自然的本能。那么爱，我说的敞开，可能是对他人的，也可能是对他物的，还可能是对整个世界的。他都取一个沟通和敞开的状态，而不是封闭的状态。

你的爱情生活是怎样的？看到你洁净的居室，雅致的书房，你的日常起居被希米精心呵护，感觉到你的生活是温暖安详。

史铁生：我们俩，已经互为部分了吧。要没她，别说写作了，我什么也干不成，就那么点力气，生活的琐事就快把你磨没了。爱情，世界上有多少人就有多少种机缘，这种机缘你无法说清楚，缘分真是因因果果，你不知道从哪儿就排布下来了。这个时候除了感恩也没有别的，包括也得感谢她的父母，包括还得感谢她父母的父母，她父母的父母的父母。

你怎么看恨？事实上因为残缺和由残缺带来的他人的漠视甚至轻蔑，导致了残疾者的恨。可能"残疾情结"并不限于肢体有缺陷者，很多健全者也有"残疾情结"，比如，仇恨之心、嗜杀和冷血，阴毒和冷酷。

史铁生：恨是不好的，恨是一种自行封闭的心态，它既不期盼向外界的敞开，也不期盼与他人联结，就像一个孤立的音符，割断了一切意义自己也就毫无意义，所以我说过它是一个噪音。残疾情结不单是残疾人可以有，别的地方，人间的其他领域，也有。马丁·路德·金说："切莫用仇恨的苦酒来缓解热望自由的干渴。"我想他也是指的这类情结。以往的压迫、歧视、屈辱所造成的最大危害，就是怨恨的蔓延，就是这残疾情结的蓄积，蓄积到湮灭理性，看异己者全是敌人。被压迫者、被歧视或被忽视的人，以及一切领域弱势的一方，都不妨警惕一下这"残疾情结"。

幸福感是人活在世上的理想。你经历了这么多的磨难，这么多疾病的困苦，内心会有幸福感吗？

史铁生：我现在很有幸福感。大概是 40 多岁时，我忽然有了一种感恩的心情，心里自然而然地冒出了一句我以前想也不敢想的话：感谢命运，感谢它让我明白了很多事。但这个幸福也不是说我每天都是特别满意的。幸福是什么？幸福不见得是某个具体的满足。古人说：朝闻道，夕死可也。但是我觉得对于写作者来说，对一种现实满意到非常流畅的状态并不是特别好的情况。对写作而言，有两个品质特别重要，一个是想象力，一个是荒诞感。想象力不用说，荒诞感实际上就是你在任何时候都能看到并不好的东西，看到并不能使我们的人性变得更好的东西，看到并不能使我们的梦想都能够符合心愿的东西。也就是说，我们对一个现实的世界永远存疑。对人而言，幸福总是有限的，而人的疑难是无限的。

在疑难中写作

你是在常人无法忍受的疾病困扰中写作的，我看过你说"写作的宿命"，写作是你不能离弃的吗？

史铁生：先插一句：大家都是常人。常言道：没有受不了的罪，只有享不了的福。谁是神仙吗？没有的事。你刚才说写作的宿命，我的意思并不是说注定了我要去靠写作为生，这可能也是一个方面。我说写作之所以宿命，是说我心里有很多疑问，它揪住我不放，我躲不开它。其实我觉得是在为自己写作，因为我内心有这么多的疑问，其他的也有，比如情感，我觉得更多的是疑问，我有这么多疑问，我要想它，这就是我的宿命。我不管写不写我都是在写作。不能说我动了纸动了笔就叫写作，是因为心里有了这么多疑问，一直在询问这些难点，这个过程本身就是在写作，这就成了我的宿命。有人说枯竭的问题，我说如果写作是由于疑问的话，怎么会枯竭呢？难道人生的疑问还会没有了吗？你自身的疑问难道还会没有了吗？除非你没有了疑问，那你就会枯竭，如果这疑问永远有，枯竭就不会来。因为在这个世界，在我们几十年的生命里，最不可能枯竭的就是疑难,而不是幸福。如果你老是写幸福，可能会枯竭。

"丁一之旅"在表达什么？你能说出它的关键词吗？

史铁生：疑难。我觉得我是写人的疑难。"丁一之旅"包含不止一个方面的疑难。我写了爱情的疑难。你别把爱情看成是生活的一部分，我觉得爱情是生活的全部。如果仅仅是结婚生孩子，那它只是爱情的一部分。人始于它终于它。爱情包含着一切，我就写这种爱情的疑难，它几乎在人生中处处弥漫着。

你说《我的丁一之旅》算不上小说，未必够得上文学。如果不是小说，那它是什么？

史铁生：你说《我的丁一之旅》是小说，或不是小说，我都不在意。我之所以那样说，首先是一种自嘲。因为常有人说我的小说都不大像小说。另一种意思是我想强调的，那就是：任何固有的小说规矩都是可以放弃的、可以突破的。《我的丁一之旅》可以看成是小说，也可以看成自传体，只不过所传者不是在空间中发生的，是在心魂中发生的事件。我想小说的规矩是可以放弃的。我们在试图看一看心魂时尤其值得放弃一下。《务虚笔记》《我的丁一之旅》都可以说是"心魂自传"，或者是"心魂的一种可能性"。你说它们不是小说，我觉得也没什么不对，我不关心小说是什么，我只关心小说可以怎样说。物理学家玻尔说：我无法告诉你我是谁，我只能告诉你，关于我，我能够怎样想。

"丁一之旅"是你的"心魂自传"之一，此外你还会有别的计划吗？

史铁生：我不敢有什么计划，就是看我的力气、体力有多少。想写的东西还有，但是经常感觉没力气，只能走着看。我也没有做一个计划，也可能没几天就结束了，反正在结束之前尽力而为吧。

在开始一次新的漫长的写作之旅前，你有信心走完它的全程吗？

史铁生：在我试图写一篇我感觉比较重要的作品前，我总要下决心。下什么样的决心呢？下一个失败的决心，而不是下一个成功的决心。因为既然是写疑难，那就一定是相当疑难的，我不能保证准能写好。成功又给你太大的压力了。所以这是一个私人的问题，写作是一个私人的事情。你只对你自己负责，只能对失败负责，不能老去想成功的事，否则那么大压力还怎么写？对我来说，我的每一次写作都是对自己的提问，你给自己回答了一个问题，你要在意别人承认你吗？我说写作更多的是私人的事件。有两个事件是特别私人化的，一个是写作，一个是爱情。你去爱一个人，你在乎别人怎么说你吗？别人怎么说你就放弃，别人怎么说你就会追求？这是一个没有主见的恋爱者。我觉得写作和恋爱特别相近。它们都是个人的疑难，你别跟人商量，它没有商量。

现在作家在强调写作的立场，你的写作立场在哪里？

史铁生：我其实并不太喜欢"立场"这个词，可能是因为历史的原因吧，它有一种被捆绑的感觉。我们就说作家站在哪儿吧，那我说我就站在人的疑难处，人的一切疑难都应该被关注和思考，那可比"理论"和"主义"要复杂多了。比如说贫困与弱势群体等等吧，那当然必须给予更多关心，但那也只是人的全部疑难的一部分。

据说你喜欢霍金——他也是一位坐在轮椅上的男人，他以自己残疾的身躯和杰出的头脑探询宇宙的奥秘。和霍金不同的是，你追问的是人的精神。

史铁生：不光是霍金，还有很多物理学家，包括生理学家我都很有兴趣，当然只是他们的科普作品；因为他们和作家研究的都是同样的事情，研究人在自然当中的状态，在偌大一个世界，人处于一个什么样的位置，由此你可以更加清楚地看见你的处境。各个学科到了终极状态，研究的都是这些问题，比如时间问题，作家也很关注。死的问题一定和时间是相关的，逝去的时间不再回来，时间的不可逆问题，这是生命面临的严峻问题。知道这些，你也就知道人的生存真不是眼前这点事情。

你的腿是在插队的时候留下的疾患，2006 年是"文革"四十年祭，也是知青运动四十年祭，回望逝去的知青岁月，有什么特别的感触吗？

史铁生：现在想也没有什么特殊的感觉。人类的历史就是这样一个事件一个事件排成的，你恰恰经历了那样一段历史。我说历史就像一个戏剧，一个永恒的戏剧，实际上它的戏魂都是相似的，它的道具、灯光和舞台是变幻莫测的，实际上在演出的还是一个东西。有可能它是空前绝后的，但是多少年想回来，也就是我们这一代人的一次经历。最后它要我们去想的东西还是那样的东西，就是我们怎么应对生活的苦难，我们怎么看到一个更大的世界。有很多老知青说知青生涯的独特是未来孩子们不能企及的。也不是，就像每一代人有每一代人的困境，每一代人有每一代人的舞台、布景、道具、灯光，都是不一样的，你很难说哪一出戏剧的艰难更大。老一辈人说你们没有经历过两万五千里长征，好像我们永远就不行了。我们这一代人以同样的逻辑说下一代，"文革"和"上山下乡"。但实际上下一代经历过的我们也没有经历过。在那样的戏剧里，他们经历怎样的坎坷是我们料不到的。那是另一代人的命运。命运不给人特权。每一代人的具体命运是不一样的，但是根本性的命运是一样的。没有哪一代人的历史具有超群的优势，如果你没有懂得其中根本性的意义，你哪一种经历都是白搭。

就你个人而言，当年的插队生活给你什么样的影响？

史铁生：就我个人来说，我想让我没上成学是一回事，但是让我看到上学看不到的东西是另一回事。万事万物都是这样，有利有弊。当然我们不希望那样的运动再来一回，但是，现在的大学生要是自愿"上山下乡"去，哪怕只是一段时间，我想于公于私都会有好处。

1995 年你去过瑞典访问，那次同去的有旅居海外的中文作家，这些年他们一直聚集在诺贝尔文学奖大门之外。那次斯德哥尔摩之行对你有什么收获？诺贝尔文学奖会成为你写作的参照系吗？

史铁生：收获就是远行了一次，这么多年，那是我去的最远的地方。我离诺贝尔奖很遥远，遥不可及。诺贝尔奖当然是很好的奖，但任何一个奖都不可能面面俱到，人家奖有人家奖的风格，奖的事情就是你符合了人家的风格，给你就拿着，剩下的事情不必钻研。瑞典之行给我的最大感受并不是诺贝尔，而是那块地方。我感觉就跟童话一样。坐在飞机里耳边轰隆隆响了八个小时，是不是去了外星也不知道。一下飞机，看到的情景让我吃惊。给我印象最深的就是在一个生活小区——我的一个老同学安家在那儿，请我去做客；早晨，很安静，天空之晴朗是我少见到的，然后我看到有一对年轻夫妇在修剪花草，那种情景让我感到震动，我发现"采菊东篱下，悠然见南山"原来跑到瑞典去了。由此我想到我们的环境，想到陕北，黄土高原。所以我写过，说要是从我们一插队的时候就种树，到现在一片一片的森林也就都起来了。从古到今，树给了人多大的好处呀，它甚至能够改善人的心性。

写作者的艰难和光荣都体现在他这里了
——史铁生的告别仪式

文坛痛失史铁生。他的写作贯穿了新时期文学三十余年。在当代中国作家里，他坚持着精神的高度，坚守着心灵的高贵和生命的尊严，秉持着文学的崇高信念。他坐在轮椅上那么多年，却比很多能够站立的人更高；他那么多年不能够走太远的路，却比很多游走四方的人有更辽阔的心。他跟文学的关系是相互拯救的关系，他以自己的书写，以他的文学实践，让无数读者感受着他所追求的文学信仰和对世界的态度。他的人格魅力，他的文学价值，如果在当下还没有被充分认识到，时间的流逝将会使其更清晰地显示出来。无论作为一个人还是一个作家，史铁生和他的文学创造，都是中国当代文学有着非凡重量的宝贵财富。随着时间的流逝，这个世界会更深刻地认识到他的生命的魅力，认识到他的文学和精神的价值。

——铁凝　中国作家协会主席

　　"他下午 4 点下的透析机，回到家里是 6 点，他说头疼，妹妹以为他感冒，就稍微拖了一下。看他头疼得厉害就往朝阳医院赶。"2011 年 1 月 4 日晚间，史铁生的好友何东讲述史铁生的最后时刻："他是从 1998 年元旦开始透析的，以前在友谊医院透析，因为离家太远，好容易转到朝阳医院。他可以不用麻烦别人，自己坐着电动轮椅去透析，以前他双臂一撑就可以上轮椅，后来看他再上轮椅就没力气了。"

　　2010 年 12 月 31 日，史铁生因突发脑溢血，经抢救无效辞世，终年 59 岁。

　　"死在他那里已经被看成玩笑。活着的时候他经常说，如果身体彻底不行了就安乐死。他说我现在最关心的死——这一幕人间喜剧怎样在我身上走过。这是我的好奇。"何东回忆与史铁生的对话，"铁生在生前最关心的是器官捐献，他说只要我身上有一样东西能留下就留下。"

　　在生命的最后时刻，史铁生捐献了自己的肝脏。1 月 4 日晚间，天津红十字会实施器官手术的大夫通知史铁生的夫人陈希米："史铁生捐赠肝脏的受捐者，因为有了这个充满生命力的肝脏，才能亲眼看见他刚出世的孩子。"

他是一个包容性极强的人

　　史铁生辞世后，北京、上海、海南多地发起纪念活动。

　　2011 年 1 月 4 日，史铁生追思会在北京 798 时态空间举行。这一天恰是他的生日。没有花圈，没有挽联，出席者带着玫瑰花，在留言卡上写下自己的感言。

在 60 支蜡烛的光焰中，与会者缅怀史铁生的生平。

铁凝、张海迪、刘索拉、余华、格非、李锐、濮存昕、顾长卫、蒋雯丽等各界人士五百多人出席。主持人张越说："没有遇到过一个人能像史铁生一样赢得这么多人的尊敬和爱戴。"

刘索拉在发言中说："史铁生是一个乖孩子，他和我们不一样，铁生是一个包容性极强的人，那么多非正统的人，各色的人，他都可以保持很好的关系。"

追思会的策划者徐晓是史铁生多年的朋友，她说："我们用这样一个与众不同的悼念和庆生的仪式来表达我们对铁生的情感。从精神性而言，像铁生这样的人，应该让更多的人明白，他是怎样对待生活的，怎样对待生命的。"

徐晓是在 1974 年认识史铁生的。那是史铁生精神最苦闷的时期，双腿残疾，还没有能找到出路，他尝试学英语，在街道加工厂做工，尝试写作，但是写作还没看出任何成功的可能。

早年史铁生住在北京前永康胡同一个大杂院的最里边，从院门到屋门，手摇车得走过几十米坑洼不平的土路，他的小屋只有六七平方米，屋里除了床和写字台，剩下的空间仅够他的轮椅转个小弯。

那时候，史铁生每天摇着轮椅到街道工厂去上班，日复一日地在鸭蛋上画仕女，每月挣十几元钱贴补家用。"小作坊总共三间低矮歪斜的老屋，八九个老太太之外，几个小伙子都跟他差不多，脚上或轻或重各备一份残疾。作坊里的工作就是在仿古家具上画图案，在那儿一干就是七年。"徐晓说。

徐晓那时和朋友办《今天》杂志，史铁生最早的小说《兄弟》《没有太阳的角落》《午餐半小时》就是徐晓拿到《今天》刊发的。

不久之后，《我的遥远的清平湾》的发表使史铁生声名鹊起。

1980 年代是徐晓跟史铁生关系最为密切的时候，"我们共同经历了上世纪 80 年代中国社会变革的时期，经历了社会的开放，以及亲历了后来的社会变化，包括我们的家庭，我们个人的情感，都发生了很大的变化。他的奶奶去世，他的母亲去世，后来是他父亲的去世。这些我都是见证者。"

1985年初，史铁生的短篇小说《我的遥远的清平湾》获全国文学创作奖，全国数十家报刊、电视台的记者、编辑蜂拥到他家，把他围困起来。"他是又怕、又烦、又愁。有人建议他白天到朋友家去躲避，但都因为房门太窄轮椅进不去、房间太小轮椅转不了弯，或楼梯太高上下不方便而告吹。无奈在冬天最寒冷的日子里，他只好全副武装，到地坛公园去'逃难'。"徐晓回忆说。

史铁生发表于1991年的《我与地坛》使他在文学界倍受瞩目。

1988年10月，《上海文学》杂志社编辑姚育明到北京接史铁生赴上海参加获奖小说发布会。

那一次史铁生请姚育明陪着去地坛散步。他们在夜色初起的傍晚漫游了地坛，史铁生说他与地坛很有缘分，家搬来搬去的总围绕着它。他说他经常来，除了那座祭坛上不去，地坛的每个角落他都走过了。

两年后，姚育明接到史铁生邮寄的15000字的随笔《我与地坛》，这篇散文震动了中国文坛，震动了读者的心。"这么多年过去了，《我与地坛》的影响仍经久不息，直到现在仍有人说，到北京可以不去长城，不去十三陵，但一定要去看一看地坛。"姚育明说。

史铁生的生前遗愿就是把他的骨灰撒在地坛公园。

一个处境比轮椅更逼仄

"现在我常有这样的感觉，死神就坐在门外的过道里，坐在幽暗处，凡人看不到我的地方，一夜一夜地等我。"1998年，史铁生发现自己得了尿毒症，在透析之后写了这段话。那时他就觉得离死亡很近。"尤其你天天透析。在透析室里跟你在一起的那些人，可能哪天哪一个人就没能再来，常有的事情。医院里边的困苦，外边的人很难想象，所以我建议人们旅游不要光去风景区看，也可以去医院看看，去墓地看看，可能会有不一样的感悟。"2006 年 3 月 19 日，史铁生在接受专访时这样说。

疾病让史铁生参透了生死。他先后住过三家医院、北京友谊医院、朝阳区医院和宣武区医院。

住过时间最久的医院是友谊医院，12 间病室，除去病危者入住的 1 号和 2 号，其余 10 间他都住过。

21 岁那年，父亲搀扶着他第一次走进那病房。那时他还能走，只是走得艰难，走得让人伤心就是了。当时他的想法是："要么好，要么死，一定不再这样走出来。"

然而结果是他没有好，也没有死，也没有像进入时的姿态走出来。他是被人从医院抬出来的，那时候他的下肢高位性瘫痪，双腿再也无法行走。后来他就成为这些医院的常客。1998 年，因为罹患尿毒症，史铁生开始了漫长的透析生活。透析加剧了他身体的磨难和困顿，也使他更深入地思考生存和死亡的问题。

"死从来不是一次性完成的。"史铁生有一次跟陈村谈话，他们说到死。

陈村对史铁生说："人是一点点死去的，先是这儿，再是那儿，一步一步终于完成。"

"他说得很平静，我漫不经心地附和。我们都已经活得不那么在意死了。"史铁生在他的自述中写道。

2009 年 4 月，陈村曾经发起倡议，呼吁为史铁生解决"专业作家"的身份。"现有的作协合同制作家是一个临时雇用的关系，并没有更多的保障。"陈村在倡议中写道，但是这个倡议未果。史铁生的辞世令陈村深陷哀伤，他谢绝了采访，他说："如果要写到我，就说我很想念他。"

"肾干得像核桃"是史铁生对自己身体状况的了悟。

2009 年冬季最寒冷的时候，曾传出过史铁生病危的消息。那时候他是患了肺炎。去透析，史铁生眼见血塞把透析的液管堵住，血当即变黑，血液不流了。刘庆邦去他家看望，刚从医院出来的史铁生幽默地说："报纸说我病危，接下来应该报病故了。"他和刘庆邦合影后说："这合影算我的遗像吧。"

史铁生 1951 年 1 月生于北京，出生的时候是在最寒冷的时节，后来每次经历险关也多是在寒冷的时刻。母亲去世时，史铁生坐在轮椅里连一条生路都没找到，妹妹也才 13 岁。在他因肺炎而垂危的时候，他对看望他的刘庆邦说："也许是我妈在叫我回去了。"

人民文学出版社的杨柳是史铁生 10 部著作的责任编辑，她把最新的《我与地坛》样书通过快递寄给史铁生，还在邮件里夹了一个字条，写着"总算赶上献你一个新年大礼"。

然而史铁生最终也没能看到这份在投递途中的礼物。那个时刻，他已经被送到朝阳医院，那是距离他的家最近的医院。很快他又被送往宣武医院——那是他停留最短的医院——进行抢救。

旅居伦敦的诗人杨炼接到史铁生辞世的消息发来吊唁的话："我们这一代朋友的凋零，并非自史铁生始。人之生死，非自己能左右。况铁生享年近六十，似不该过于抱憾。但为什么噩耗还令我如此震撼悲恸？是什么使铁生之死，超出了一个人，却透出一种命运的、象征的意义？铁生的作品，让我们知道他记得'文革'的血腥，记得七十年代末'墙'上的激情，记得八十年代的反思。"

1995 年史铁生应邀去瑞典出席一次华文作家笔会，那次会议有高行健、北岛、杨炼等旅居海外的作家。回忆那一次的相遇，杨炼说："那时读他的《务虚笔记》，我能感到，铁生开始了一种思想和文学的真正成熟。但接下来的时代，却把他的成熟抛入孤独，用周遭日新月异的实利、庸俗、犬儒、猥琐，让'人'和'文学'存在的理由，突然成了疑问。不明白或装作不明白，都是聪明的。但可惜，以铁生的真诚，他大约只能选择'明白'的痛苦——不放弃自问者的痛苦。尽管他清楚，越明白只能越痛苦。虽然在瑞典见面后，我再没机会遇到铁生，但绝对能想象，他坐在那张轮椅上陷入沉思的样子。一个处境，比轮椅更逼仄，除了沉思别无出路。"杨炼说。

他是一个稀罕的人

"他是个稀罕的人。"《收获》执行主编程永新说。1988年，史铁生的中篇小说《一个谜语的几种简单的猜法》在《收获》第6期发表。那个时期，杂志不断推出新人新作，同时出现在这期杂志的还有余华、苏童、格非、马原、孙甘露等作家。这是先锋文学兴起的时刻。"当时史铁生在全国青年作家中是非常杰出的。虽然他在写作形式上不是很另类，他的文字中有淡定的气质和升华的气象，无疑是当时走在前列的作家。"

长篇小说《务虚笔记》的发表标志着史铁生的写作进入成熟期。这部40万字的长篇小说最初被云南的《大家》文学杂志看中，杂志主编李巍许愿说，只要史铁生把《务虚笔记》给《大家》发表，当年的《大家》文学奖就会颁给他，10万元奖金在当时是不小的数目。最后史铁生还是把《务虚笔记》给了《收获》。《务虚笔记》和史铁生其余的一些作品一起成为当代文学的经典。

"史铁生是新时期以来我最尊重的作家之一，他不是一个演员，不像有些人，写作时是一副面孔，生活又是另外一副面孔，是分裂的。他的人格完全是和写作融为一体，他的生活也跟写作融为一体，这当然跟他特殊的轮椅生涯有关系，更多的是他的心性所决定。他的写作渗透着形而上的思考，他的辞世令人心痛，中国很多年不会再出现这样的作家。"程永新说。

1985年，李锐认识史铁生，是在《黄河》文学杂志社举办的文学笔会上。那一次他们相识，后来关系非常好，史铁生没有透析的时候，李锐到北京就会去史铁生家里坐坐，还吃过史铁生父亲做的炸酱面。"每次出来开笔会，只要有铁生在，我就会争取跟他住在一起。因为必须有人照顾他，包括帮他推车什么的。到他透析的时候，就不舍得打扰他了。"

李锐读过史铁生几乎所有的作品，从早期的《我的遥远的清平湾》《我与地坛》《命若琴弦》，到后来的《务虚笔记》《我的丁一之旅》，每次出一本书，李锐都会收到史铁生所寄的赠书。

"读他的文字多了以后，我的感觉就是他坐着轮椅，靠在死亡的大门口打量阴阳两界。"

"他的创作分为两类，早期更多的是从残疾人的肉身感受出发，讲述了很多悲悯性的或者悲剧性的人生故事，包括《来到人间》的侏儒和《命若琴弦》的盲人。这些作品由强烈的生命体验出发，由肉体感受出发，表达人在特殊境遇下的命运奇景。还有一批作品是纯粹对形而上的追寻，带有强烈的实验性，比如他的中篇小说《一个谜语的几种简单的猜法》《原罪·宿命》，包括长篇小说《务虚笔记》和长篇随笔《病隙碎笔》，这些作品都是关于'有'和'无'，'死亡'和'永生'，'无限小'和'无限大'，'绝对'和'相对'等等问题的探讨，这些在他人看来枯燥的问题到他那里成了写作的源泉。在中国当代作家里，史铁生是很特殊的一个人，除了他的小说和散文写得非常棒，在人格上，在内心他是一个非常有精神追求的人。一个又干净又安静的人。他的身体状况让他受了无数的罪，但也成就了他。"李锐说。

《天涯》杂志前主编蒋子丹发表过史铁生的很多文章，包括2000年发表他的《病隙碎笔》。

蒋子丹用"尊严的生"和"庄严的死"形容史铁生的辞世。"史铁生说他活着不是为了写作，写作是为了活着。虽然他的身体残疾，思想却没有一刻的停顿，他的苦痛一定比我们多，但他的彻悟也比我们多。史铁生的苦难是显而易见的，不仅因为他有一具残疾的身体，更因为他有一副健全过人的大脑。这么多年了，他在轮椅上年复一年地沉思默想，度过绝望而狂躁的青年时光，也成熟了他中年的深厚思想。史铁生洞悉了死，彻悟了生，更重要的是用文字回答了要怎么活的问题。在他的长篇小说《务虚笔记》里，我们读到了他对这类尖端问题的集大成式的思考和感念。"

作家张炜说："铁生是这个时代难以消逝的声音。从《我的遥远的清平湾》到《我与地坛》，再到后来陆续问世的长篇与短章，他以常人难以想象的顽韧强旺的生命力，不断地将思与诗投掷到这个异常喧嚣的世界上。我不知道还有谁像他一样，在这样的情与境下凝神打量或闭目冥思，燃烧自己。而后他出版的每一篇文字，只要读到，都让我倍加珍惜，获得一次次特别的感动。我不能不去想象他的劳作，他是怎样写出这一个个字的。我知道这是他把全部生命凝聚成一道强光，照射到无边的夜色深处。"

"网络时代繁衍出多少文字。纵横交织的声音震耳欲聋，却难以遮掩从北京一隅的轮椅上发出的低吟。这是他平时言说的声调，是回响在朋友们心中和耳畔的熟悉的口吻。这其中的感染力自内而来，来自一颗炽热的心。这是最凝练的语言，最悠远的神思，最深沉的吟哦，最纯洁的质地。"

"写作者的艰难和光荣，都体现在铁生这里了。面对他的生存、他的杰出创造，没有人再去呻吟和苦诉了。他走完了自己的一段路，像所有人一样。他一生留下的痕迹，却是深而又深。我相信他不仅用生命证明了自己，更重要的是证明了诗与思的含义和力量。"张炜说。

莫言：响雷无声

最早见到莫言应该是 1998 年，北京海淀图书城国林风书店。

书店在地下一层，莫言和余华被请去，他们坐在书店靠着楼梯边一张桌子后准备签名售书，桌边是堆起来的书籍。那时莫言是真正的莫言，他腰背挺拔表情严肃始终不说一句话。他面前的桌上放着一支随时被他拿起签名的笔，但那支笔那时也十分寂寞地躺在那儿，难得被握住一次。没有读者走过来，莫言就和身边的余华说话，这两位当时声名正炽的作家，一起坐在桌前等待着读者的到来。当时我当然是知道莫言的，还在故乡之时就经常在邮局或城里的书店看到刊载着他小说的文学期刊，在 20 世纪 80 年代末莫言的文学声誉达到过极致，由张艺谋导演、巩俐和姜文主演的电影《红高粱》已拿到 1988 年柏林国际电影节的金熊奖。那个酷热的夏季，听到莫言和余华签售的消息，我花了一小时从住处赶到书店，我想看看莫言，也看看余华，想表达个人对他们的敬意。但当时不熟，不好意思，作为读者只是远远地看着他们寂寥的样子。

再见到莫言是 2001 年 4 月，其时我供职于一家都市报，应出版社之约，做他的长篇小说《檀香刑》的出版采访。已经读到过他的小说《红蝗》《欢乐》《红高粱》《丰乳肥臀》等作品，我被他写少年时期的饥饿状态震撼过，那种极端的饥饿感被他写得惊心动魄，我觉得饥饿和贫困从来没有被人这样酣畅淋漓又魔幻般表达过，极端饥饿没有让一个人毁掉竟然还能够让人成长，能够被造就得如此敏锐，可见一个人的不同凡响。莫言在文坛像一个异类被突显，他的泛感觉式魔幻般的写作让读者和评论界惊诧。当然后来阅历丰富的读者可以从他繁复驳杂的文本中找到加西亚·马尔克斯、福克纳、卡彭铁尔等作家的影响。

　　莫言的寓所位于北京平安大道。真正走近的时候感觉他性格随和，比我想象的要瘦一些，很斯文，穿一件蓝色丝绸中式对襟衣服，起坐行走之间保留着军人的干练。那天对莫言的三个小时访谈，让我触到了他写作的天赋和灵感之源。他说他在中学的时候喜欢过一个女孩子，那时他穷困饥饿，但就是有一种不可消灭的激情。那时候他开始写作，用写作表达自己的爱情，是爱和激情养育了他的天赋和灵感。这当然是一种文学式的渲染，就像饥饿和贫困被他调侃式渲染一样。他也谈到困惑，对写作，对生活，对时代。那时候的莫言言语之间表现真实，诚恳，这是对他写作生涯的一次全面了解。

　　与莫言熟悉以后见到他的机会多了，有时会一起参加某个活动，或者参加某个会议。与来华访问的各国优秀作家如奥尔罕·帕慕克、阿摩司·奥兹、大江健三郎、略萨对话，莫言都是首选的对话者。那段时间经常在饭局、在酒店、在机场遇见他，不管到哪里，莫言自然是受瞩目的作家。某年在温州的一次批评家会议上我听他发言时引用英国作家狄更斯的话："这是最好的时代，这是最坏的时代。"

　　再后来莫言被广受瞩目就是他获诺贝尔文学奖的时候，对他的争议也更多。

　　关于作家在现实中的生存，作家与权力的关系，作家的表达勇气与文学表现……发生在莫言身上的话题在公共空间一次次引爆发酵。

写作：返回与超越

《檀香刑》出版以后，读者和评论界反响挺大。时隔几年你的写作又回到高密乡，重让读者看到你鲜活的创造激情和力量。你想用这部书表达什么呢？

莫言：我想写一种声音。在我变成一个成年人以后，回到故乡，偶然会在车站或广场听到猫腔的声调，听到火车的鸣叫，那些声音让我百感交集。好像不仅仅是戏剧，不仅仅是火车走过的声音，包括我童年和少年的记忆全部因为这种声音被激活。十几年前，我在听到猫腔和火车的声音时就感觉猫腔这种戏和火车走动的声音最终会在我的内心成长为一部小说。

到1996年的时候，我想到胶济铁路修建过程中，在我的故乡有一个戏班的班主，也就是小说中描写的孙丙，他领导老百姓自发地与入侵中国的德国人抗争。当然他们的抗争用现代的观念看很愚昧。孙丙这个人在近代史和地方志都有记载，但被拔高得很厉害，他被塑造成一个不亚于李自成式的英雄人物。后来我作了大量的调查，走访了幸存的老人，发现孙丙作为一个农民，作为一个乡村戏班的班主，他还没有意识到反帝反侵略那样重要的问题。实际上他的想法很简单，就是修胶济铁路要穿过祖先的坟茔，迁坟肯定就会破坏风水，村里祖祖辈辈沿袭下来的生活会因此而改变。他们不愿意，就抗拒，然后就引发一场轰轰烈烈的暴动。我就写了这么一部书。

我注意到你的写作，好像当你回到故乡高密的时候，就跟你天赋中的气质、激情、灵感甚至血脉相吻合，达到一种合一的状态。《透明的红萝卜》《红高粱》《红蝗》《欢乐》《丰乳肥臀》都如此，这样的写作饱满而酣畅，具有神性。你怎么看自己的故乡，高密是你的精神故乡吗？

莫言：故乡对一个作家是至关重要的，即便是一个城市出生的作家也有自己的故乡。对我这样的成长经历或写作类型的作家，故乡在生活和写作中所占的位置更加重要。20年前我刚开始写作的时候，文学还有很多的清规戒律，还有很多禁区，我们那时还要从报纸和中央文件里寻找所谓的创作信息。我当时还在部队，做过一段代理保密员的工作，有条件比一般人通过新闻媒体更早知道一些国家政治、政策的变化，报纸可能会两个月后才知道，而我们通过中央内部文件就可以及时获知信息。比如关于刘少奇的平反，别人都还不知道刘少奇要平反的消息，我知道了就可以创作一部老贫农怀念刘少奇的小说。

1984年，我从部队基层到解放军艺术学院，环境的改变和视野的扩展突然之间让我开窍了，那时我写了一篇小说《白狗秋千架》，第一次出现高密乡这个地理概念。从此就像打开了一道闸门，关于故乡的记忆故乡的生活故乡的体验就全部复活了。此后关于故乡的小说接二连三地滚滚而出，就像喷发一样，那时候对故乡记忆的激活使我的创造力非常充沛。

那时读者和评论界对你的出现感到吃惊。

莫言：到80年代末我有意识地作了一下调整，我感到一味地写故乡、写高密是不是会重复？读者会不会厌倦？后来写《十三步》和《九歌》这些小说就模糊了故乡的特征，代替的是小城或小镇，但依靠的还是那些很熟悉的记忆和体验。

直到写《丰乳肥臀》的时候，再一次明确地以高密乡作背景，写它怎样从一个蛮荒的状态，经过一百年的变迁发展成一个繁荣的城市，反映了一个地区一个民族的变迁。当时这部书因为一些写法、思想、观念的差异引起争议，甚至被无限上纲批判。

我在写《红蝗》的时候，在后记写了一个补缀，我说故乡是文学的概念，不是地理的概念，我写的高密乡是文学性的，实际并不存在，其中写到的地理环境、风土民情包括植物等，在实际的高密乡是不存在的，包括那种红高粱也并不存在。有好多外国读者看到《红高粱》后就想去当地寻找那些植物。肯定找不到。那是我内心的产物。高密乡实际上是作家的一个精神故乡。

我记得美国作家托马斯·沃尔夫在写《天使，望故乡》时，故乡的人都攻击他，指责他诋毁故乡，但实际上他写的故乡是他自己的精神故乡。所以我提醒读者不要对我笔下的高密乡对号入座，尤其高密的老乡们不要对号入座。我认为作家在开始创作的时候是寻找故乡，然后是回到故乡，最后是超越故乡——超越故乡是一个非常艰难的写作过程。

写作：抵抗与不可抵抗

现在你身处一座城市，城市生活影响你的写作吗？

莫言：作为一个农民出身的人，我在农村生活了 20 年，最后进入中国最大的城市。实际上我现在在城市生活的时间比在乡村生活的时间要长，可为什么我在写到城市生活时就感觉笔下无神呢？好像读者或评论界也有这个看法。

我觉得长期以来读者或评论界形成一个先入为主的定势，就是他们划定一个界限：这个人写城市题材的，那个人写农村题材的，写农村题材的人写城市生活是不可信的。包括贾平凹，有评论家曾经在一个讨论会上提出贾平凹写作城市生活的作品是失败的。我不同意这个说法，不能因为作家不是出身城市就断定他们写作城市的作品不成功不可信。比如格非，也是一个农民出身的人，为什么就没有人觉得他的城市题材的写作不成功呢？而王安忆、李锐，他们也都是城市出生，但写农村就写得很好。为什么我和贾平凹写城市人们就有看法呢？

我觉得每个人心目中都有一个自己的城市，即使我们写的城市跟大家写的城市不一样。我就是用我自己的眼光看我生活的这个城市，有什么不可以呢？贾平凹写的西安难道不是一个很独特的视角吗？有什么不可以呢？我写的故乡是我的一个精神故乡，而我写的城市也是我的一个精神的城市。

你在写《檀香刑》的时候就没有了这些约束。

莫言：写《檀香刑》的时候就不管了，该怎么写就怎么写，自由无忌，我没法再把我的故乡虚幻掉，不管别人喜欢还是不喜欢。因为这涉及我成年记忆中最深刻的东西：火车和猫腔。如果我把它换成江南腔或东北腔我会感到特别别扭。历史上高密乡也确实出现过在当时可谓是惊天动地的农民起义，在当时的情况下不管那些农民的动机是多么朴素，甚至带有愚昧色彩，但他们的行为现在看确实有非凡的意义：他们利用戏剧的方法，甚至借助岳飞这样的英雄人物作依托，跟掌握着最先进武器的德国入侵者抗争。把猫腔、火车跟孙丙抗德的故事连在一起，我就必须回到故乡，回到高密，我要非常鲜明地把高密乡的这个旗帜高高地举起来。因为这些跟童年跟故乡跟历史紧密联系的一切是我的写作资源，我写《檀香刑》时确实是得心应手痛快淋漓。

我的写作是对优雅的中产阶级情调写作的抵抗

这几年你经历过很多变迁，人生际遇文学环境都发生了变化，社会环境公众心态和以往也极不相同，现在你怎么看自己的写作，怎么看当下的时尚化写作？

莫言：文学发展到现在有了这样一个共识：再没有一种权威、主流的东西主宰一切，每一个作家都有他自己独特的价值，每一个作家都有他自己独特的世界，每一个作家都要发出属于他自己的声音。

在这种情况下，所谓的时尚化写作就都有各自存在的价值，包括"少年作家""美女作家"都有他们存在的价值。你当然可以反感可以拒绝，但他们还是有自己存在的理由和价值，他们会一步步走下去，他们有喜欢他们的读者。

反过来他们对我们也可能不以为然，我觉得这些都需要以平常心看待。真正让我反感的还不是这些另类的写作，另类写作一旦取得话语权力以后马上就会进入主流，一个作家的突破很可能会在边缘，而一旦突破他马上会进入中心，变成一个流行话语作家，会逐渐走到自己的反面。另类的作家很可能会变成主流的作家，反叛的作家很可能会成为一个传统的工具被别人反叛。这是一个规律。我觉得现在真正可怕的是一些已经取得了写作话语权力的作家，他们用一种伪装的很悠闲很典雅的中产阶级的情调写作，这些人充斥出版和传媒界。这当然不只是一个孤立的文学现象，它还是一个社会现象。

90年代开始社会上确实有一些人发了财，不管通过什么手段，他们对西方一些中产阶级一言一行进行模仿，包括他们的情调。大概在90年代中期的时候，北大的一些学者提出在下一个世纪谁决定一部书的命运，究竟是什么人在读书，他们提出一个"中产阶级"的概念，声称要为中产阶级写作。他们说你要想自己的书卖得好的话你就得讨中产阶级的欢心。我当时就说：在中国，中产阶级的提法还为时过早。我觉得一个中产阶级的审美情趣并不是有了钱就能培养起来的，那种精神的优雅和灵魂的高贵，要经过几代人的培养，真正的中产阶级要经过几十年的培养才能形成。而当今的中国有几个人能有超出普通中国人的意识呢？写作《檀香刑》如果有什么是有挑战性的话，我觉得就是和这种为中产阶级的写作对抗。

先锋是一种生活态度

你说你的写作是一种抵抗性的写作。几年前你就被看成是先锋作家，你怎么看当初的先锋或反叛的姿态？

莫言：我觉得先锋并不仅仅是一种姿态，也不仅仅是一种写作态度，实际上它是一种人生态度。你敢于跟流行的东西对抗，你敢为天下先，这就是先锋的态度。甚至在很多人都不敢说心里话的时候你敢说，这就是一种先锋的态度。"文革"期间敢跟流行话语对抗的地下文学就是一种先锋，巴金在80年代写《随想录》的时候就是先锋。以我个人的经历看来，实际上"文革"时期对作家的写作禁锢，有的是意识形态的控制，有的就是作家头脑本身就有的，你从小生长的环境、你所受的教育、你的阅读决定了你不能那样写。我当时就是带着对这种禁锢的突破意识而写作的。

我写《欢乐》和《红蝗》的时候是一种对抗式的写作。《红蝗》里写到对排泄物的感觉，《欢乐》里几十段文字不分段不分行，涉及对母亲身体的描写，现在回头看都是一种表面化的对抗。当时引人注目，让很多人咋舌。

90年代以后，随着年龄的增长，创作量的累积，那种有意识的对抗越来越少。到了《丰乳肥臀》之后又掀起一个高潮。到1998和1999年以后的写作我变得低调，很多的锋芒被藏起来了，当时往后退了一步，有意识地压低写作的调门。我觉得评论家喜欢的那种东西我知道怎么写，比如我写的《三十年前的一次长跑比赛》《牛》《我们的七叔》《拇指铐》等等。当我突然变成我从前的调子的时候，很多人又会不喜欢了，《檀香刑》就是这种写作。我已经压了三年了，用那种低调的比较优雅的态度写作。开始写《檀香刑》的时候也想写得不那么剑拔弩张，但压着压着就不想再压了。

像这种《檀香刑》的写作是不是更符合你的写作天性呢？

莫言：当然，如果从写作的痛快淋漓来说更符合我的天性。

通常人们把先锋的姿态或者态度归结到青年，但是我们看到世界上很多优秀的作家，随着他们年龄和阅历的增长，他们对人世的洞察更加敏锐，写作的态度也更加激进和彻底。

莫言：一个18岁的孩子可能是非常保守的，一个80岁的老人可能是非常先锋的。我觉得衡量一个作家是否先锋就看他是不是虚伪，他是不是在用一种虚伪的态度写作。当然，小说是虚构的，用余华的话说"作品是虚伪的"，但你注入到写作中的情感不能虚伪，必须诚实。我觉得我们生活中最让人切齿的就是虚伪的话语。这甚至不仅仅是一个文学的话题。

到 21 世纪还穿着军装写作，我感觉不合时宜

你以前是军队作家，现在转业了，那么作为一个军人和作为一个平民，这两种社会角色对你的写作影响有什么差异吗？

莫言：我觉得这个差异是巨大的，在部队我尽管天天不穿军装，天天吊儿郎当，经常受到作风稀拉的批评，但实际上军营对我的束缚还是无形的。在军队，我们经常被要求"你们首先是军人然后才是作家"，虽然你常常故意与这种意识对抗，但你在潜意识里时刻都会意识到你是军人，你也忘不了你是军人。我想这对一个作家是太多的束缚。作家和军人这个职业本身是一个矛盾，作家追求的是创造、自由、情感、叛逆；军人恰好相反，它强调整齐划一、服从、消灭个性。如果没有个性，作家是不存在的，而军营如果全是个性，军营也不存在。

我想在世界文学也没有这种现象，西方有很多优秀作家都有过军营甚至战争的经历，但真正在军营里写作的很少。中国的军营里养了这么多作家，几百个，我想和中国独特的国情有关。中国最早的时候所有的人都是军人，所有的人都要上战场，在战争时代所有的人都穿军装，哪怕跳舞的。我觉得到了 21 世纪还穿着军装写作是不合时宜的。我现在感觉 1997 年我决定转业离开部队的决定是对的，现在后悔离开得太迟了。当然你不能说军营不好，如果你要生活要过日子在军队是太舒服了，永远没有下岗之忧，没有发不了工资的忧虑，生活会很舒适，很安全。但你要想做一个好作家的话就应该选择离开它。

转业到地方以后，我明显的感觉是腰板挺直了。我原来在军队的时候固然没有人说我坏，但我总觉得我是一个异类。我这么一个人写这样的东西，又拿着部队的薪水，我总觉得欠军队的很多，平时见了领导就避开，希望大家忘掉我。

到了地方以后这种心态就不存在了，我发现我的觉悟很高，同事们对我的评价也不错。在军营的时候我感觉很痛苦，一方面要忠实于自己的艺术信念，保持自己叛逆的文学个性，另一方面又有负罪感，我写作越能表达自己的个性，就越有负罪感。长期下去我很痛苦。但到了地方以后我可以按照最低的道德底线生活，最低的道德底线就是我遵纪守法，我就是一个好公民，至于其他我想就是一个觉悟的问题了，我愿意把自己的道德水准提高到雷锋式的标准也行，不愿意也没人能够强迫我，我的写作由此获得了自由。

我很想放下一切躲回高密乡

你怎么看世界文学呢？中国的文学在世界文学格局中的位置会不会影响你的写作？你想过自己的文学抱负吗？

莫言：实际上外国文学对中国文学包括对中国作家的影响是至关重要的。现在我们回首 80 年代的时候，任何一个坦率的作家都不能否认外国文学对他的影响，1984 和 1985 年的时候拉美的爆炸文学在中国风行一时，很多作家都受到影响。没有 80 年代铺天盖地的对西方作家和西方文学思潮的翻译和引进，可以说就没有现在的这种文学格局。80 年代中国作家就意识到对异域文学的借鉴是不可缺少的，但如果过分的借鉴甚至模仿就没出息了。实际上后来出现的"新写实""新乡土"的文学潮流，也都是为了抵抗对西方文学的简单模仿。

对于作家个体来说，要写出跟别人不一样的作品来，然后再写出跟自己已经写出的作品不一样的作品，这就足够了。我想如果有众多的作家实现了这个愿望，那么集合起来我们的整个中国文学就会非常丰富非常有个性。只要有这么一批作家出现，我们的文学在世界文学的格局中自然就会取得不可替代的作用。

我觉得现在我们基本实现了这个愿望，我们没有必要妄自菲薄。我相信用不了多久，西方的年轻作家就会说他受到了中国的某个作家的影响。交流是双向的。我们一旦进入这种交流的正常态势的话，我们在接受别人的东西的同时，别人也会接受我们的东西。落差很大的两个湖泊之间，一旦闸门开放，只有水位高的向水位低的方向倾泻，你只有接受；但到了平衡的时候、两个水位一样高的时候，就互换了。

现在很多作家开始关注国际视野，希望能走出国门参与到更广泛的国际间的交流中去，你有这种愿望吗？

莫言：我觉得在今天信息如此发达，互联网普遍风行的时代，出不出去已经没有什么区别。在以前一个人出过一次国是一件很大的事，但你要是长期到一个国家如法国或美国住个三年五年，你自然会获得很多东西。反过来如果你仅仅是在巴黎待了七天，在纽约待了两周，就觉得获得了一种国际视野，那也太简单了，这跟旅游没什么区别，对文学创作没有任何帮助。不如静下心来，读一些书，看一些音像资料或许更有用。回过头来讲，如果一个天赋很好的人从 80 年代就是在一种封闭状态中写作，根本不知道这个世界发生了什么，只按照他自己的想法写作，未必写不出好的作品。我觉得现在太多的信息让人无所适从。我有时候真想放下一切躲回高密乡，一个作家独立自由地写作，不为外部所惑，那会是很美好很理想的状态。我希望这样的状态一直跟随我。

刘再复：我不相信卑劣的手段可以抵达崇高的目标

2012 年 10 月，莫言获得诺贝尔文学奖。

2013 年 8 月，香港《明报月刊》刊登了《莫言高行健与文学危机》演说词，即德国汉学家顾彬应香港岭南大学"五四现代文学讲座"之邀而发表的讲演录音稿，对高行健与莫言两位诺贝尔文学奖获得者提出批评，并称莫言获奖应归功于译者葛浩文的再创作。

嗣后《明报月刊》9 月份特辑一连刊登四篇文章，驳斥顾彬观点。其中刘再复撰写七千余字长文《驳顾彬》"给'欧洲愤青'一个必要的回应"，称顾彬为"以妄言代替事实的精神变态"。

2014 年 9 月 20 日,由《三联生活周刊》主办的"思想·广场"文化节上，沃尔夫冈·顾彬就刘再复《驳顾彬》长文，首次给出回应。顾彬提问欧阳江河："80 年代重要的文学家批评我，用的都是'文革'时候的语言。这是为什么？"顾彬与欧阳江河的对话被报道后，在文化界再次引发讨论。2014 年 9 月 23 日，刘再复接受专访，就此事做出回应。

"文革"在政治层面结束，语言层面并未结束

看到你在《明报月刊》发表的文章《驳顾彬》，早前也看到顾彬先生对中国现当代文学的批评，我发现批评双方都在使用一个词，就是"文革"式批判语言。对你的批评，顾彬有疑问说"刘再复为何对我发动'文革'"？对此你怎么回应？你的批评是"文革"大批判吗？你应该是经历过"文革"的，对"大批判"应该有体会。

刘再复：知道顾彬也拒绝"文革"，我很高兴。都对"文革"采取否定态度，这就有相通之处。我对"文革"深恶痛绝，并认为"文革"虽在政治层面上早已结束，但在语言层面上并未结束，所以一直反对"文革"式的语言暴力。然而，我是一个经受过十年"文革"的人，所以在潜意识里也可能保留"文革"语言的病毒。如果出于善意，对我的语言作风进行批评，我会乐于听取并会衷心感谢他。我去年发表于《明报月刊》的《驳顾彬》一文，确实一反我的闲淡语言作风，确实以非常犀利的语言驳斥顾彬。但我不是"发动"，而是"被动"，即不是"先发制人"，而是"后发制人"，是被迫挺身而出为我的朋友高行健辩诬，被迫为中国的当代文学辩护。也就是说，是顾彬对高行健和当代文学"发动文革"，即攻击中国当代文学为"垃圾"（这是极为典型的"文革"语言）和对高行健、莫言嘲弄和诋毁，我才不得不作回应，不得不仗义执言，不得不以其人之道还以其人之身。尽管我遵循的是《道德经》"不为天下先"的原则，但我还是希望自己以后不要再写这种"不得已"的愤怒文章。

我想到"批评的伦理"。社会或者知识界应该如何展开批评？它需要恪守什么样的原则？批评必须要兼顾"汉语之美"吗？我觉得当下，在人们抵制"文革大批判"的同时，也抵制了严肃、正当而有力量的批评。事实上有很多社会事务的弊端已经到了需要大声棒喝的时候。

刘再复：你提出了"批评伦理"这个概念，非常好。今后我们还可

以多探索这个问题，也希望顾彬教授能参与探索。不管是社会批评、文明批评还是文学批评，都有一个伦理问题。英语中的"费厄泼赖"，其实正是竞赛伦理也是批评伦理。可是鲁迅先生却写了"费厄泼赖应当缓行"，给予拒绝，这显然过于激进。80年代王蒙写了一篇《费厄泼赖应当实行》，我很赞成。我到美国已25年，对美国民主政治的弊端有所认识，但对于两党在竞选中遵守政治游戏规则和遵守"批评伦理"，则有好感。例如总统竞选时，相互批评对方，但基本上都能遵循"就事论事"的原则，即就事论事，不涉及事外人身。进入问题，不攻击题外人身；一旦离题涉及人身就算违反规则，输了一局。例如老布什与克林顿的辩论。克林顿批评共和党的军事政策时，老布什说克林顿在越战时是个"逃兵"，没有资格谈论军事。这就把"事理"转向"人身"，违反了规则，克林顿的团队当然抓住不放了。在批评与反批评中，只能"抨击论据"不能"抨击人身"，要相互尊重人格的尊严，这恐怕就是"批评伦理"中最关键的内容。批评的力量也应体现在对于论据的驳难上，而不是体现在骂人的凶狠和耸人听闻的"结论"上。

顾彬先生对中国当代文学所做的批评或许是简化的，他的流行言论——比如"垃圾论"多有被媒体曲解误读之处。以你的观察所及，如何评价中国当代文学的品质？

刘再复：从1949年开始，中国当代文学经历了六十多年的历史。这段历史可分前期（"文革"与"文革"之前）与后期（"文革"之后）。前期因为政治话语压倒文学话语，多数文学作品成了政治注脚和政治号筒，所以应当否定，但也不是"垃圾"一词可以了结。而后期的当代文学，包括当下的文学，多数作家已从政治理念的束缚中走了出来，并出现了许多优秀作家甚至是天才作家，他们都有自己的文学理念和文学信念。从80年代到今天，大约三十年期间，中国当代作家多数拥有灵魂活力，并获得很高的成就。其所以会获得成就，是因为当代作家的自性与个性（即主体性）已经确立，一群杰出作家已告别意识形态的阴影，赢得了自己的语言（不再使用集体经验语言）并发出独立不移的声音。他们的作品不仅跳动着时代的脉搏，而且写出人性的真实和生存环境的真实，其精神质量与艺术质量都已达到相当高的水平。高行健与莫言先后获得诺贝尔文学奖，只是一种征兆。这至少说明世界上一个重要的文学批评机构充分重视与高度评价中国当代文学。当然，中国当代文学也有许多令人失望的现象，也可以进行否定性的批评与对话，但说它是"垃圾"，就未免太本质化、太简单化了。

文学批评不是政治审判，也不是道德审判

理解你的思想立场，我也看到你发表的文章《莫言了不起》，不知道你是否注意过莫言获诺贝尔文学奖之后他的公共言论表现遭遇到的广泛批评，这是来自人文知识界的批评，人们对莫言作为"诺奖"作家在公共事务上表现出来的境界强烈失望。

刘再复：对莫言的批评需要具有两个前提：第一，他是一个作家，一个以作品面对世界的人，所以首先要阅读他的作品。他的作品极为丰富，仅小说就有 11 部长篇，30 部中篇，80 多部短篇。只要通读莫言的作品，就会发现，他不仅具有宏大叙事的才能，而且具有深广的作家良心。他的良心在千百万个汉字中呻吟着，跳动着，磅礴着，这颗良心包涵着最真挚的大悲悯，也包涵着中国人民整整一百年的苦难史、挣扎史、歌哭史。如果真的进入莫言的小说世界，真的读了莫言的作品，就会说，有这些作品就够了，不能要求太多了。而且还会说，这些作品的精神总量和艺术总量绝对不在加缪、萨特、福克纳、马尔克斯之下。

第二个前提是对莫言的批评应是文学批评，即对莫言进行审美判断，而不应对莫言设置政治法庭、道德法庭、社会法庭等等。一个杰出作家，他通过作品表现个人的大关怀、大悲悯就可以了。我们不能要求他也要

同时充当"精神领袖""正义化身""人民代言人"和"救世主"等等，更不能要求他在公共事务中充当"包青天""海瑞"和"公共知识分子"等角色。要允许作家作为艺术主体（本真角色）表现出勇敢正直的同时，也可以作为现实主体（世俗角色）表现出懦弱的一面。例如，对于伟大的诗人歌德，我们只要拜读他的《少年维特之烦恼》及《浮士德》，欣赏他的天才就够了。大可不必去计较他当过魏玛公国的臣子，以及到了80多岁还在谈恋爱等俗事俗行。恩格斯批评歌德在现实社会中常表现出"庸人"的一面，这其实很正常。进入创作时表现来的伟大人格与伟大心灵，那才是真正的歌德。天才的弱点是可以忽略的。当然，我也希望莫言多一点知识分子的承担。

　　看到顾彬先生对中国文学在海外的翻译所做的观察，他说："对于莫言和葛浩文来说，没有葛浩文的大量翻译，没有他的公开赞扬，就没有2012年12月10日他热爱的中国作家被宣布获得诺奖时他的狂喜。葛浩文之所以独一无二，除了他美国文学翻译家的身份外，也离不开他个人的出版眼光。他对作家及其作品倾注了极度的热诚，对一位中国作家该取得的成就和未竟的原因都有认知，他需要一位合作者，能帮他删减、提炼、编辑、重写的人。葛浩文团队制造了在世界范围内被阅读到、并获得了诺奖的莫言文学作品。假如莫言作品只有日文译本或德文译本，即使它们译得跟葛浩文的译本一样好，莫言也不会成功的，因为这两种语言都不具世界性。"这个问题有点长，但是我觉得很重要，就中国文学在海外的译介，你的观察是怎样的？

　　刘再复：外语翻译对于中国文学文本在世界的传播，其功当然不可抹煞。但是这两者之间，最后的"实在"（决定因素）还是文学文本，而非外语翻译。葛浩文翻译了十几位中国作家的30多部作品，绝大多数都未进入瑞典学院的视野。而他没有翻译的高行健却第一个获奖。葛浩文先生真诚地热爱莫言，努力翻译莫言，但仅仅靠他的英译，也不一定能获奖。我相信莫言作品所以能打动瑞典学院院士们，还借助于陈安娜的瑞典文译本以及各国各种译本的综合辐射。而归根结蒂，是莫言本身的作品太杰出，太动人。我特别尊敬葛浩文教授对中国文学的真诚之心，并在回答《金融时报》时正式对他作出高度评价；但也不同意把莫言的成功完全归结为老葛的翻译，老葛也不会同意歪曲性的解说。

顾彬先生对中国文学的批评当然显示出难以避免的局限，这也让我们看到西方对中国文学的基本态度。你多年游学欧美，就你的所见，欧美对中国文学是否存有误读？西方是在怎样的语境下看待中国文学？当然我们知道就文学的影响力而言，所谓西方其实也是很小的圈子，可能仅仅是西方的汉学圈子，是这样吗？

刘再复：西方（主要是指欧美）对中国当代文学的批评，确实主要是西方汉学圈子的批评，这个圈子很小，能称得上"汉学家"的更是屈指可数。很小圈子里的人又不是三头六臂，其力量非常有限。包括诺贝尔文学奖，其力量也非常有限。一个文学批评机构要面对全世界两百多个国家的文学作品，这几乎不可能。他们之所以让人敬佩，乃是这些评审主体"知其不可为而为之"的精神和他们献身于文学的精神。但有这种精神，并不意味着他们就能把握世界文学的真实与中国文学的真实。中国当代文学那么丰富，那么复杂，我早已被吓得逃之夭夭，"返回古典"了。连我们这种中国批评者都跟不上中国当代文学的步伐，怎能要求西方学者跟上这种步伐呢？这种"跟不上"，就决定了批评者会产生难以避免的独断、武断、主观、片面，顾此失彼。仅仅高行健，他的作品就不仅有长篇小说、短篇小说，还有18个剧本，还有诗集与论说集。我曾为他的七部作品集作过序文，深知要读懂读透他的全部著述并非易事，所以我对不认真读高行健又妄评高行健就非常反感。批评中国当代文学主要还得靠中国自己的批评家。西方文学批评机构的批评意见，我们要倾听，但不要迷信。

文学成为政治工具导致文学的消亡

每个国家或每个族群都会有自己的文学史，由谁来撰写文学史，呈现的文学气象是迥异的。比如在夏志清先生文学史中，张爱玲和沈从文被提到很高的位置，而此前被主流意识形态接纳和推崇的作家——比如以茅盾、老舍、郭沫若为代表的"革命"文学被降到低处，你以为这其中存有偏差么？就现当代作家的文学贡献而言，你心目中的价值排序是怎样的？

刘再复：文学史撰写也是一种文学批评。你说文学史由谁撰写，呈现的文学气象是很不同的，的确如此。文学史撰写者也是批评主体，文学史的面貌是由批评主体决定的。最近我在科大人文学部讲课，把批评主体分为五类，即政府批评、机构批评、大众批评、批评家批评和时间（历史）批评。文学史有"钦定文学史"和"官定文学史"（政府批评），有"社（出版社）定文学史"和"校定文学史"（机构批评），也有文学研究者的"自定文学史"。最后这种文学史算是行内批评，可是行内也有真内行与假内行之分，有"眼光如炬"与"眼光如豆"之分。较好的个人写作的文学史能扫除"官定文学史"的偏见，在更大的程度上反映"史在"的真实，例如夏先生的《中国现代小说史》。但也有其局限，夏先生开掘张爱玲与沈从文，还以崇高的地位，这是很对的，但贬抑鲁迅则不妥。无论如何，鲁迅还是中国现代文学史上最伟大，也是最具有思想深度的作家。文学批评应当超越政治标准。以往的"文学史"贬斥甚至开除张爱玲、沈从文，这不对；现在如果刻意贬斥茅盾、老舍、郭沫若等也不对。然而，我要说，茅盾、老舍、郭沫若还有曹禺等现代作家，在1949年之后确实都经历了一次悲剧性的大倒退，其作品和评论都没有真价值。对此展开批评，并非恶意，乃是面对事实，总结文学实践经验。对于现代作家，我心目中有自己的价值排序，但此时还不想在无法充分论证的情况下宣示。

从 20 世纪到今天，政治与文学的关系一直紧贴，2010 年 4 月，我们在台湾参加华文文学高峰论坛，马英九先生有个演讲很有意味，他的大意说"不是文学要为政治服务，而是政治要为文学服务"。这个语序的变换呈现出新的文学态度。这是值得赞许的。你以为呢？

刘再复：政治与文学，是性质根本不同的两码事，两者过于"紧贴"，绝非好事。作家从政，更不是好事。各种政治，包括民主政治，都改变不了政治的基本性质乃是权力的角逐与利益的平衡。也就是说，政治是充分功利化的事业，而文学恰恰是超功利的心灵事业。文学创作在呈现社会生活的时候，也可以呈现政治生活。然而，这也要用超越的眼光来审视与呈现社会功利活动，呈现时不应当带入"政治倾向"，更不可以用政治话语取代文学话语。把文学变成为政治服务的工具，肯定会导致文学的消亡；但也无须要求政治为文学服务，一旦"服务"，就可能导致"干预"。我主张政治不要干预文学，也主张文学不要干预政治。要求"文学介入政治"或要求"文学干预生活"都会损害文学。相比之下，马英九提出"政治要为文学服务"当然比"文学要为政治服务"的思路好一些，至少，这种态度是值得赞许的。然而，作家最宝贵的品格是"独立不移"，不需要任何政治为其"服务"，不需要"他者"过分的"关心"。

在 90 年代，你与李泽厚先生做过一个哲学对话《告别革命》，现在你还认同当时的思想么？

刘再复：迄今为止，李泽厚先生和我都认为二十年前我们提出的"告别革命"的基本思路是对的。2011 年辛亥革命一百周年时，香港天地图书推出第六版，我们坚持"一字不改"，仍然坚信改良的方式比暴力革命的方式好。"你活我也活"的和谐哲学比"你死我活"的斗争哲学好，更比"你死我也死"的死亡哲学好。我在《双典批判》中批评"造反有理"的旗号，认为"手段"比"目的"更重要。唯有非暴力的文明手段才可能达到崇高的目的。我不相信卑劣的手段可以抵达崇高的目标。这本是托尔斯泰、甘地的信念，我追随而已。

你现在还经常与李泽厚先生见面么？还会与高行健先生见面么？你现在的生活和学术状态是怎样的？长年在海外旅居和游学，这样的生活是你满意的么？

刘再复：我此刻在香港科技大学人文学部和高等研究院客座。明年1月再返回美国。李泽厚今年夏天曾到上海华东师范大学讲学，近日已返回美国。如果都在美国，我们就会经常见面，一起散步、游泳、交谈。反正转个弯，走三五分钟就到他家了。我很喜欢提问题，喜欢倾听他的讲述。与高行健则用长途电话交谈，尤其是在美国，交谈非常方便。我也喜欢听他讲述。10月份他将到香港科技大学，我们还会一起交谈对话，共同面对科大的师生讲述"要什么样的文学"。此后还会到香港大学作一场对话。

我现在的生活不能算"积极生活"（即有行动的生活），只能算"宁静生活"与"沉思生活"，但仍酷爱体力劳动，我在美国几乎每天都在割草、浇菜，流一身大汗，状态甚好。我对自己最为满意的是，20多年前我从繁忙的社会事务中抽身，抽离了原先的生活框架，并很快地进入深邃的精神生活，不仅从此赢得自由时间和自由表述，而且赢得了完整人格与完整思路。

张炜：忧愤与归途

　　张炜的身体陷在沙发里，能看到他沉静的面孔。早晨宾馆的光线昏暗，宾馆窗外的天光昏暗。我们没有开灯，暗中只有交谈的声音回响。他的身边是我的转动的录音机，录音机红色的指示灯在暗中闪烁。张炜没有看录音机，斜侧着身体说话，语气平缓，声音略带沙哑。他用胶东普通话交谈。他的神情很疲倦，因为一夜未眠，也因为旅途的劳顿。

　　这是 2000 年的秋天，张炜到北京，一大早我去他下榻的酒店看他。欣赏张炜和反对张炜的人都因为他身上所携带的鲜明的情感色彩和道德化倾向。在漠视情感和伪道德公行的年代，他强烈的情感意识和道德化倾向会带给他困扰或者误读，但是看样子他并不畏惧。在谈到这个话题时他说："现在我不相信一切没有感情的写作者，不相信一切不敢谈道德不敢进行道德判断没有勇气面对道德和伦理的文化人，这样的文化人我充满藐视，永远不跟这些文化人为伍，我变得越宽容越苍老越懂得过日子我越会有勇气面对伦理道德范畴的东西。"

　　就像张炜所言，他已经是懂得怎么过日子的人。他说："一个思想的人，一个写作的人，面对这个繁闹的世界要朴素安定下来，不然就难以有正常的反应和判断力。"张炜离开北京的时候，我去火车站送他。在候车室说话，他的表情始终是恳切的，话语是诚挚的。开往济南的火车进站，我们握手道别，我看着他穿着黑色风衣的身影消失在车站汹涌的人流中。

有一些作家的生活是遁世的，他们离群索居，远离喧嚣。比如写《麦田里的守望者》的塞林格，写《瓦尔登湖》的梭罗，写《挪威的森林》的村上春树。有人把张炜也描述成一个隐遁者。那时候他终年生活在山东龙口海边一个葡萄园，在那里能听到松涛的鸣响，能听到海浪的拍击。但是隐遁只是外界的一种想象，实际上那只是张炜习惯的一种生活方式。

在 1993 年以前，张炜的影响力多集中在文学界。在 1993 年之后他就被更多的人所熟知。

在当年席卷知识界的"人文精神"讨论中，张炜被标定为"时代的哀痛者与幸福者"。有论者描述道："张炜，站在大地梦想的中央，以不宽容，不容忍，不退却，不背叛，不投降，仇恨和永远战斗，回答了痛苦时代诗人何为的巨大质问。这位沉浸于大地苦难的理想主义分子，在《古船》的悲怆之后，又推出《九月寓言》《柏慧》《家族》这些象征着作家艺术信仰和反抗信仰的长篇杰作，以对抗这个媚俗投降的时代。"

有批评者认为张炜对商业文化大众文化的批判是因为他对当代生活加入不够，是因为对当代生活的恐惧而预设地拒绝了当下。张炜把当代生活看作是"悲凉的恩师"，他的理解是："当代生活芜杂繁复，层次交错，有时甚至是相当粗粝的，理解和加入当代生活首先是能够感受它的全部复杂性。"

再见到张炜是在位于龙口海滨的万松蒲书院。书院花费了张炜无数心血而建成，那里有学堂，有书房，有广阔的海滨，也有连绵的松涛。书院的工作者除了静修学识，还要能够自食其力。他们自己种植养殖，学习和生产。"经办书院，培养大思想。"——这是张炜找到的最后的归途。"中国的学术史差不多是大半部书院史，当天下的读书人都被科举制度吸引到功名利禄上面去的时候，有一些特立独行的知识分子聚徒讲学，以传播儒家文化和道统为己任，独立承担起文化延续精神传承的使命。"那天，跟随张炜走出宁静肃穆陈列着古籍的书院，踏着海滨积雪，走在邻近的松林。我觉得张炜是找到了最好的归处，一个相对安静而独立的地方。

2005 年 1 月《上海文学》刊登张炜的文论《精神的背景：消费时代的写作与出版》，此文引发了众多争议。"写作是我面对自己的武器，现在的书很多，能够写作的人很多，能出书的地方很多，可以说写作成了一个最平凡的事，最简易的事。但恰恰是这样一个时代，书是最难写的。我觉得我的书会找到他自己的朋友或他自己的敌人。好书都会找到自己的朋友或自己的敌人。"张炜说。

2010 年，张炜耗时 22 年创作的 10 卷长河小说《你在高原》出版。

2011 年，《你在高原》获第八届茅盾文学奖。

井底之蛙与市井之声

有人把《精神的背景》看作是一篇坏文章，形容是"装腔作势，概念混乱，陈词滥调"。你怎么看这些批评？

张炜：这些批评大多在网上，因为我不上网，所以知道的不多。其实《精神的背景》里一再提到了这些现象，罗列了这些现象。这些现象即构成了我说的"背景"，而且我还说，一些个人注定了要从这芜杂的"背景"中脱离出来。他要走远，再走远，把那些声音留在后边。

我当然不是自己文章中写到的最优秀的那一类，正如他人所说，"资质极为平庸"，但我仍要努力从这种"背景"中走出来。走出来了，后面就是一片背景了。

为什么会写《精神的背景》？

张炜：我从创作之初就一直在写散文和评论，三十年下来了，成为我更直接的声音。人面对世界应该有声音，因为人有感情，有牵挂，还有一些人十分讨厌的那个字眼——责任。人活着是有责任的，要承担的。有一种怪识，认为作家差不多是小说家的同义语，只要好好写小说，这是他的一个边界。不，我不是那种小说家，我是写作者。我在写作。我在努力写作。中国清代以前，诗和散文才是高贵的文体。作家怎么能放弃高贵的文体呢？

批评者说："《精神的背景》没有理清自己的基本思路和概念，没有掌握和使用必要的证据，没有了解同代人关于同类问题或相关问题的大量研究著述，仅凭一种井底蛙式的对外部世界的粗浅个人印象和好恶，不具备谈论当今时代，不论是中国的，还是全球的'精神背景'之能力。"

张炜：文章就在那里了，可以由人判断。我们盼望能力更强的文章不断出现，这也是目的。其实文章中"沙化"一段，已经把种种批评现象预计和罗列其中了，读者细看就能会意。批评者的意思是井底之蛙没有发声的能力，不，仅仅是音质不同而已。我从生活观察中发现：市井之蛙是群鸣，井底之蛙是独鸣。说起能力、资格这个老话题，让我想到了梁漱溟，他曾经说过："我的中学不行，西学也不行。"但是他愿意"想问题"，并把这些想法"原原本本"写下来。几十年过去了，我们今天仍感到他至少比那些自诩为学贯中西的人更有资格谈论精神及其背景。梁先生还有一个可贵之处，就是不仅著述、讲课授徒，而且将理论付诸实践。他说过："孔子的东西，不是一种思想，而是一种生活。"他的乡村建设实验，他创办勉仁书院，都是理论和思想的实践，在知行合一的意义上，被称为最后的儒家。

你描述你眼中的当代社会的精神景象："作家堕落了——真正的作家除外——知识分子妥协了——真正的知识分子除外——思想家出卖自己——真正的思想家除外——艺术家无聊空虚——真正的艺术家除外。"

批评者在质疑：你眼中的精神景象是否确凿，被你甄别出来的"真正"的"上帝选民"是谁？你的标准是什么？

张炜：这不过是一些大实话罢了。对存在的问题，我没有一概而论。因为任何时候，总有一些优秀的个体存在和坚持着。特别是在这个时候，保持对生活和大地的忠诚是一件极其艰难的事，因为历史上从未像今天的景况这样复杂多变，全球化浪潮和消费时代对这一立场构成了巨大的挑战。在其作品和作家本人身上，有没有这样的忠诚，是我个人甄别"真正"的一个标准。他们不是上帝的选民，但他们是坚持者；他们不是世俗生活中的幸运者，他们往往备受磨砺，陷入各种各样的险境，在误解和恶意中坚持自己。比如说，他们难以安享市井的热闹繁华，因为他们跌到了井底。

你领受"井底之蛙"的说辞吗？

张炜：这是一种大赞扬。想想看，如今还能安于做井底之蛙，发出井底之鸣，不是这个时代最了不起的事业和现象吗？这是我努力的方向。

井底之蛙反而有了谈谈"背景"的条件和可能，因为他与"背景"产生了距离，他待在了井底世界，坐守自己的良知。至于小范围内鸣叫的"私德"之音，在多大程度上适用于社会意义上的"公德"，倒是观察的一个起点。要求一只井底之蛙每一次鸣叫都符合市井之蛙的音调不太可能。这里说句顺口溜吧：两蛙皆可贵，鸣叫不求一，若为发声故，相闻更相喜。

当下生活与当代社会

批评者认为你对商业文化大众文化的批判是因为你对当代生活加入还不够，感到恐怖，你预设地拒绝了当下，你对当代生活的隔膜使你的批判缺乏证据。你的看法呢？

张炜： "当代生活"是各种各样的，"当下"也是丰富多彩的。当代生活芜杂繁复，层次交错，有时甚至是相当粗糙的，理解和加入当代生活首先是能够感受它的全部复杂性。现代城市生活、市井社会，仅就体量上看也仅仅是一小部分。对于商业文化和大众文化，我并不感到恐怖，我在文章中反而极为乐观，说过"悲凉的恩师"这样的话，还说过现代的乐观主义、现代的思想方法之类。

另一方面，"当下"也并不意味着商业文化和大众文化的一统天下。再流行的东西也不能强迫个人选择。广告可以百般劝说，但取舍全在自己，如何行使这个权利就因人而异了。个人的空间和自由从未有过的大，选择从未像今天这样多，包括对生活方式、人生价值的选择，没有谁会强迫你跟他人保持一致，并且人对物质利益的追求也并不可鄙。但由于现代媒体过分发达，电视和网络无所不在，致使流行的价值观和时尚理念以前所未有的方式入侵并渗透了个人生活，个人的屈服成为频繁上演的悲喜剧。只见"润物细无声"，岂知"花落知多少"，悄无声息之中的个性消解和毁灭，难道不使人心惊吗？个人对商业权势和流行观念的反抗在微观不在宏观，个人性消失了，文学写什么？我所理解的文学，对民众的用处，是当个人面对外部世界无孔不入的强大压力时，要站在个人这一边，让人更多地相信自己、坚持自己。不必害怕权威，哪怕他以行家批评家的面目出现，也没关系。

全球化时代物质生产的一致性，导致了人们生活方式的接近，在这种背景下，个人化、个人的气魄，从未像今天这样需要被强调出来，这也许是唯一有效的抵制、抗拒全球化带来的弊病的方式。个人的立场与商业潮流是相辅相成的，民族主义与其相比就软弱多了。

失落的人文精神与沙化的精神背景

你有被误读的困惑吗？

张炜：误读有时浮上水面，更多的却会化解在沉默中。误解是常态，理解才是奇迹。写作就意味着承受这一切，迎接这一切，越是特殊的灵魂越是要忍受误读；误读应该是创作的某种动力，甚至是欢乐的组成部分。其实，作家的境界、思维以及表述方式，离那个最大公约数越远越好。

1993 年，由《读书》杂志发起一场"人文精神"大讨论，参与者广泛。你和张承志站在一起，你们所标识的"道德理想主义"在那场争论中被批评。但你和张承志也被另外一个知识营垒的人视为人文精神的"抵抗者"，被看作文化英雄。现在看那场讨论和争鸣有意义吗？它是否仅仅是文人的一次坐而论道？

张炜：也许任何讨论都解决不了明显的所谓"问题"，但讨论的意义仍在。显而易见的是，进入 90 年代后，学术和思想的分离日趋严重，这更多地表现为学术对于思想责任的逃避、文学对于社会责任的逃避、知识分子对于批判责任的逃避。今天看，人文精神讨论试图将二者弥合起来，尽管这种努力至今收效不大，却极为重要。学术离开思想就没有灵魂，思想离开了学术也无法呈现。知识分子对道德和良知的担当，需要学术和思想的结合。而中国的学术思想有一个珍贵的传统，就是"知"和"行"的统一，身教胜于言教。

如孔子说"学而时习之，不亦说乎"，这里的"习"是实践。而当代中国的高等教育重知识传授、轻人格养成，这与大学的办学模式依据了西方理念有关。

中国的学术史差不多是大半部书院史。书院在中国历史上是真正了不起的东西。当天下的读书人都被科举制度吸引到功名利禄上面去的时候，有一些特立独行的知识分子聚徒讲学，以传播儒家文化和道统为己任，独立承担起文化延续精神传承的使命，这是一个多么了不起的传统！我想中国的开放不能夯实自己的文化之基，结果就会走向反面，会无法收拾。文化上崩溃了，一个民族什么都谈不上。这是时代之忧。

中国现代社会里应该有一个或几个书院，我们就做了。但一切还远没有这样简单。抱负是一回事，一点一点做起又是一回事。我们要消化中国一些代表性书院的"院训"，同时还要有一些现代胸襟和气度。书院在古代不是官学，又不是一般的私塾之类，而是高级形态的研修游学之所，是产生大思想的地方。我只得从头做起，知难而进。累得要死，但不必后悔。

把 1993 年人文精神失落的大讨论和 2005 年初春《精神的背景》的争鸣放在一起看，你有什么话想说吗？

张炜：《精神的背景》是 2003 年一个会议上的发言整理稿，有一些现场语言的惯性在，是口语化的东西，不是严谨的学术文章，不必修正，它只是一个人的声音。人不可能没有声音。它的基本见解和立场，在今天看来是非常普通的，看上去只是一个人说了一些大实话而已。我不相信一个正常的人会对这次谈话中罗列的东西视而不见，没有感触。可见大实话是最难说的。你一说大实话，有人就要翘起他专业的小胡须质问：根据是什么？你的表达方式以及规则？

近来讲"理"的学问好像特别盛行。"少数性""不平等性"在他们那里都是合理的。有些人认为合理还不够，还要说成"经济铁律""必然结果"什么的。有了这些理，民生疾苦、个人的无助、对弱势群体的不公就可以视而不见了，一些知识分子自觉地与权贵认同。但这种趋势不能阻止另外一些人"感情用事"，因为人对大地是有感情的，人愿意担当一些东西就是出于这样的感情。儒家的入世情怀也是基于这种感情建立起来的。我过去一再讲，好的作家都是这个意义上的痴情之人。

丧失了良知的学术是荒谬的。而良知是先天的声音，人人心中皆有存在，是善的源头。中国人缺乏宗教感，所以更不能主动放弃这个前提，这是最重要的东西。在传统文化里，我们的先辈往往有很好的理解，比如说王阳明。

对一些问题分门别类的研究产生了学术。学术的进化、细化是一件好事，专家的出现也是必然的。但个人名利支配了学术研究的动机就会使学术异化。古人曾经说过："为学日益，为道日损。"我尊重原道证道践道之学，但对损道之学则不屑。

两次争论有一个共同的地方，就是你始终被当作"道德理想主义"被批判。

张炜："道德理想主义"慢慢简化为某几个作家的符号，于是误读就开始了。"道德""理想"者，从来都是人类生存的依赖，无法回避。如果你感受了它的虚伪和空洞，那就完全可以用自己的行为和思想去填充新的内容。笼统地攻击道德和理想，真是愚不可及。

乌托邦是非常强大的动力源，它对一百年中的许多灾难都负有责任。我们这一代人一直处于理想和许诺的掌握之中，一个个美好蓝图在眼前飘逝、化为泡影，至今痛感难消。我们当然理解一部分人怎样变得格外务实，物质利益成为唯一心动的东西，理解其过程和原因。理想主义曾给世界带来灾难，但市侩主义会造成更大的灾难。乌托邦破灭之后，人从怀疑彷徨直到虚无，都是必然的。但重新建构也是必然的，因为人对它的需求是永恒的，乌托邦的力量远没有穷竭。

个人岛屿与文学边界

在弥漫着小资和中产阶级情调的当下社会，你的批判意识，你的偏激和忧愤看起来很不合时宜。

张炜：我觉得我的批判都是个人在生活中的正常反应，远远够不上激愤。这在我看来是极普通极朴素的事情。我们仍旧是缺乏生活激情的一类人，一些正常的时代反应，一些不可缺少的声音，往往都被物质主义销蚀掉了。其实我、我们的激愤，真是差得很远很远。

看看不同时代里的一些文化思想人物的行为，他们当时的表达，我们不是显得太多小聪明了吗？鲁迅先生在 1907 年写的《文化偏至论》中就提出"掊物质，张灵明"的主张，将近一百年过去了，社会变化很大，这一主张仍有价值。精神需要培育，物质不必提倡，它已经膨胀起来了。二战时期饱受攻讦的黑塞曾说："作家的良知是作家必须遵守的唯一法则，规避这个法则会有害于他及他的创作。"回头看我往日的批评文字，方向还是对的，但总嫌深度不够，激愤更是不够。谁说激愤仅仅是形式？不，激愤也是内容。

鲁迅当年讥讽某一类人，说"唯有他得了一张中庸的脸"。现在的问题是"中庸的脸"太多，而所谓的偏激、个人化的东西又太少。实际上任何时代，那张"中庸的脸"都值得警惕。我们允许偏激和强烈的发声，如果他是一个具有立法和行政干预能力的人，并用此统一其他、干涉其他，则需要抵抗；但如果他仅仅是作为一个思想者、个人，一个公民，那就应该得到尊重。他人可以表达另一种见解。个人性是对抗精神一体化的有力武器，而那张"中庸的脸"，很容易变成一张"全球化的脸"。

精神不能全球化，个性不能全球化，艺术不能全球化，它们属于个人的领地。真正的作家也许会冒犯整整一个时代，他们将受到普遍的误解，尤其要受到内部的指责。但正因为他们打破了要求人的精神生活的统一化和板块化，其所谓的偏激冲碎了这个板块，才有可能出现一个一个岛屿，那是个人的岛屿。

看到还有批评就是指责你作为小说家不好好写小说，参与类似《精神的背景》这样的讨论是"捞过界"。你捞过界了吗？

张炜：一个写作者的边界在哪里？大概是过分的自私和冷漠，当然还有无耻，那是不可逾越的底线。除此以外作家几乎面临了无比开阔的

55

地带。屈原的《天问》一口气问了170多个问题，九天九地，神游八极，谁又能说屈原捞过了界？不仅是屈原，从李白杜甫到鲁迅托尔斯泰，古往今来言必称之的作家，也每天都在捞过界。恰恰正因为他们不停地捞过界，才成为夜空中永恒的星斗。

我今天的问题不是过界，而是缺席。我关心的东西不是太多，而是太少。不是作为一个作家，而仅仅是作为一个人的热情、一个人的牵挂，我还太少。我如果更淳朴一些，更本色一些，就会更多地牵挂这个世界。

作家在公共领域中的缺席

现在作家基本在公共领域是缺席和退出的，作家在公共领域的退出和缺席是潮流吗？

张炜：作家对公共话题应该是最有发言机会、最有可能的。作家专业性的加强，一旦被片面强调，会是很坏的事情。我以前一再说，今天还是说：作家严格讲不是什么专业人员，而应是目击者，是声音，是提醒者和关怀者，是每个时代里大睁的眼睛。现在倒好，想这样做的人一定会被当成傻瓜。不过依我看，还是我一再坚持的那句老话，不当这样的傻瓜，就不会成为真正意义上的作家。古往今来能写出一手好文章、编一个好故事的人太多了，但他们是无足轻重的，因为他们并未拥有特别的诗人的灵魂。

其实真正的作家不可能从公共领域退出，从世界范围看，不用一一列举，就我的一知半解来看，他们还是当年左拉（我抗议）那股劲儿。这个没有变化，也不会变化。不用说作家天生具有宽阔的视角，深广的关怀，就是一个专业人士，比如化学家物理学家，他们的专业进入到一定高度也都会走向那种深阔。我特别难忘爱因斯坦在纪念居里夫人时的讲话，他说：人们很容易注重居里夫人的专业成就，但我认为她对世界最大的贡献是其强烈的道德感、她对社会生活承担的勇气和责任。这个讲话发人深省。可见即便是一个专业人士，他到了最高境界也就走进了诗境，走到了屈原那种追问不息的境界。所以说，如果一个知识分子也竭力模仿专业人士的话，那么不要忘记第一流的专业人士最后会怎样做，不要忘记他们的境界。

现在的情形是我们在公共领域听不到作家更多的声音，作家也对公共生活缺乏热忱。

张炜：有人认为一个小说家就是好好写小说，不要多说，不要参与公共生活。这是物质时代对人的腐蚀造成的现象之一种。小说家的死亡，其实就是从这种退却开始的，一步一步退到专业的螺壳里，变成一只寄居蟹。一个作家不是为了"伟大"和"重要"才去奔走呼号，才去浪费自己的写作时间，而是由这个生命这个灵魂的性质所决定。他也许真的无法停息，即所谓的"江山易改，本性难移"。

他就是这样一个单纯的、勇敢的、朴素的灵魂。小聪明谁没有？可惜无济于事。如果一个作家能像一个孩子那样单纯，像一只狗那样热情，那么他受的打击排斥和欣悦狂喜会同样多，何愁写不出饱满的作品？他无边的感触、激愤和热爱等等复杂的情绪都在生命里汇集，又何愁不能倾诉？

现在是一个众声喧哗的时代，怀疑和虚无主义盛行的时代，你怎么可以确信自己呢？

张炜：一个思想的人，一个写作的人，面对这个繁闹的世界要朴素安定下来，不然就难以有正常的反应和判断力。在我以前的小说《外省书》中，有一个老人面对这个世界说过："人哪，看来的确存在一个怎么度过下半生的问题。不过尽管如此，我还是不准备寡廉鲜耻。"他说"不能慌"。回想20世纪80年代中期，记得一个好朋友有一次从北京出差回来，吓得饭也吃不好，脸色蜡黄，一直在口中咕哝，说："到了信息时代了，到了。"他太慌了。几十年过去，直到今天，饭还是要一口一口吃的。

在如此众声喧哗与知识爆炸的时代，普遍怀疑和虚无主义流行的时代，最需要的是一个立场，一个对大地对世界对生活本身的忠诚的立场。文学和写作会使人不断地努力保持这一忠诚。我的小说能够表达这一态度，散文和评论则更为直接。我从写作之初就从未放弃直接发声的权利。我在表述一些意见看法的时候当然未能做到尽善尽美，但我无法放弃。我坚信这一立场对于时代和生活是需要的甚至是必要的，特别是在今天。

1993年你的批判姿态容易被理解，因为你是在体制之外；现在你依然持有批判姿态的时候，很容易被质疑，因为你是一个省作家协会主席，你的批判姿态很容易被民间质疑。我的问题是：你怎样保持一个作家精神的独立，保持思想和表达的自由？你的职务、社会角色会限制和改变你的思想立场吗？

张炜：当年我是作协副主席，是专业作家，至今工作的性质并没有什么改变。做一个作家，更不要说主席了，必要有表达的自由和精神的独立，它在这儿是一个最起码的问题。我的职务要求我走向纯粹，而不是相反。要当主席，就得先当一个真正意义上的作家。别人怎样理解是一回事，在我这里，作家一直是一个很高的精神指标。目前95%以上的作家都是作协或其他一些部门的人员，如果都被质疑，其质疑的理由就有问题了。民间也罢，不民间也罢，都得好好写。一个作家写不好，一天到晚披着一块破毯子在大街上走也没用。

思想和勇气这些东西，正常情况下是最好的作家才有的。想削弱也简单，那就是退出这个行列。在真正的作家和诗人眼里，文学才是伟大的。我没有当过行政领导，我的身份一直是一个文学志愿者，一直在写作，除了一支笔和一张纸，一无所有。我的写作生活从十几岁开始到现在没有质的改变。我从来没有遵照形式和仪式去扮演什么角色。一个人如果真正热爱艺术和思想，就必定首先拥有自己的生活。如果轻易就能改变生命的品质，改变他的强烈追求，那就根本不要指望，也不值得我们在这里讨论了——他的生命力是如此的脆弱，还要指望他干什么？

陈忠实：我写的革命是白鹿原上发生的革命

据说由王全安执导的电影《白鹿原》有五个版本，近 5 小时的粗剪版，220 分钟的导演剪辑版，160 分钟的柏林参赛版，175 分钟的香港电影节首映版，156 分钟的公映版。在中国电影未有分级制前，中国大陆的电影观众只能看到 156 分钟公映版。2012 年 9 月 15 日，曾出现"因技术问题"延期风波的《白鹿原》最终公映，这 156 分钟的公映版引起的争议和批评也是激烈的。"支离破碎""虎头蛇尾"是观众对电影的直观印象。这部由"史诗性"的原著改编的电影最后被简化为白鹿原外来妹田小娥的情色史。

《白鹿原》的公映使陈忠实再度成为话题人物。

9 月 14 日上午，我在北京华侨饭店专访陈忠实。他的声音已经沙哑。一轮又一轮的访问使他疲于应对，这位满脸深刻皱纹的老人神情倦怠。他谢绝出版方外出宴请的邀约，只想在房间里安静待着。当下的热闹让陈忠实对当年的寂寞感受深刻。

1988 年的清明节，陈忠实坐在乡村木匠打制的沙发上，打开一个大 16 开的硬皮本，写下《白鹿原》草稿的第一行字。他在回忆这个时刻时说："整个世界删简到只剩下一个白鹿原，横在我的眼前，也横在我心中。"

陈忠实用"文明进程中的遗痕"来概括他对《白鹿原》的发现和书写。

自 1985 年秋天萌生创作欲望，有两年半时间，他的主要心神和精力都投入到白鹿原上。

白鹿原有着丰厚的自然和历史记录。西北端埋着汉宣帝和他的母亲与夫人。白鹿原至今流传着不同时期的皇帝或纵马或郊游或打猎的奇闻逸事。据说刘邦从鸿门宴的刀光剑影中侥幸逃生回到白鹿原上。与白鹿原相邻的神禾原是作家柳青住过 14 年完成史诗《创业史》最后自选安葬自己骨灰的地方。柳青是陈忠实崇拜且敬重的作家，也是他的榜样。陈忠实自以为对乡村生活的熟悉和储存的故事不差柳青多少，差别在于对乡村生活的理解和开掘的深度，以及叙述的能力。这使他决意进入 1949 年以前已经成为历史的家乡，了解那个时代乡村生活的形态和秩序。

陈忠实选择蓝田、长安和咸宁三个县作为自己考察的历史地缘。

一部二十多卷的县志为他打开一个尘封的世界。他在这个原上追寻了两年多，在那些糟得经不住翻揭的县志上，看到"竹书纪年"里的白鹿原人的生活形态，风调雨顺的丰年里的锣鼓；以旱灾为主的多种灾害里饿殍遗野的惨景；万民自觉跪伏官道为一位清官送行的呼喊和眼泪感天动地。他踏访过创造中国第一部教化民众的《乡约》的吕大临的终归之地，也是牛兆濂（朱先生生活原型）建馆兴学的书院。他也寻找过在白鹿原上建立第一个共产党支部的那家粮店的遗址。他要思考的文学主题是："在最后一个封建帝国解体的时候，历经两千多年封建制度的这道原上大村小寨里的乡民，怎样活着？"

陈忠实爱好文学始于中学时代，写日记是他最早的文字训练。

作家赵树理和柳青是他少年时期的文学榜样，他因为写出来的作文多次被老师表扬而萌发当作家的梦想。苏联作家肖洛霍夫的《静静的顿河》是他早年阅读过的经典作品。"经典意识"就是在这个时期形成的。

《白鹿原》创作的时间开始于 1980 年代末，其时中国新时期文学的潮流狂飙突进，思想解放运动也是方兴未艾。已经成为陕西文学军主力作家的陈忠实在开始创作时给自己的原则是九字诀："不回避，撕开写，不粉饰。"小说出版后引起社会反响是陈忠实始料不及的。

"当时小说出版印刷了一万五千册，还没有完全装订好，几家书店都把卡车开到印刷厂门口等着取货，图书基本没有上市就直接从印刷厂拉走，谁家动手早就谁先抢到，所以就连着印。从6月到年末半年时间大概印了5次，印了几乎60万册还供不应求。这是我完全意料不及的。这也是因为小说没出版之前，中央人民广播电台长篇连播和西南一家电台长篇连播几乎同时播出，这就在听众中间造成很大的影响。那时到西安签名售书，早上8点开始我赶到现场，等签名的人排了大概一公里长，从早上8点一直签到中午1点钟还签不完。"

然而不久之后《白鹿原》就被"冷处理"。

1997年，争议中的《白鹿原》获得茅盾文学奖后重现读者视野，并先后被改编为陕西秦腔、话剧、舞台剧、电影。

电影的生态环境的特异，使电影版的《白鹿原》一路坎坷，饱经磨砺。

1993年，西安电影制片厂计划拍摄电影《白鹿原》，但直到2000年，版权归属和导演还未能确定。2001年，西影厂从陈忠实手中买下版权，本以为可以开拍，但其间不仅有准拍证麻烦、投资方撤资，导演和演员也一换再换。片方曾邀请张艺谋、李安，但遭拒绝，后来编剧芦苇推荐王全安，又遭投资方怀疑，芦苇改任导演一段时间后又换成王全安。此外，田小娥由余男变成张雨绮，白嘉轩由葛优变成张丰毅。

9月13日，《白鹿原》预定的公映时间被推迟。电影放映单位给出的理由是技术问题，然而导演王全安在被记者问到原因时也一脸茫然，因为他没有接到任何通知。

9月15日，期待已久的观众终于看到电影《白鹿原》，然而电影让人看到更多的仓促的删节痕迹。一部充满对历史反思的史诗性文学巨著被简化为田小娥的情色史。

小说原著的革命线被删除。社会变革的过程呈现得仓促而潦草。

"革命"在不同时代的演进成为《白鹿原》的叙事主题，完整的《白鹿原》只在文学里。无论是秦腔、话剧、电影、舞台剧、电视剧的改编，都难以呈现这部小说的史诗性的全貌。在四起的争议声中，也有文学界人士称《白鹿原》是一部被高估了文学价值的"伪史诗"。

　　有媒体发文批评："《白鹿原》：不及格的经典。"

　　"纵观小说《白鹿原》，很显然作者完全是站在一个封建宗法制的立场上看待他笔下的世界，从晚清到民国到中华人民共和国，历史被视为倒退和一波波接踵而来的灾难。"

　　对此陈忠实自有其看法，他说："我在小说《白鹿原》里要写的革命，必定是只有白鹿原上才发生的革命。既不同于南方那些红色根据地的革命，也不同于陕北的'闹红'，从沉积着两千多年封建文化封建道德的白鹿原上走出的一个又一个男性女性革命者，怎样荡涤威严的氏族祠堂网织的心灵藩篱，反手向这道沉积厚重的原发起挑战。他们除开坚定的信仰这个革命者的共性，属于这道原的个性化禀赋，成为我小说写作的最直接命题。"

由禁忌到开放

　　《白鹿原》命运也算曲折，电影是多年磨砺，小说也遭遇过"冷处理"。当年被"冷处理"时压力大吗？

　　陈忠实：我没有太大的精神压力。为什么？因为我相信自己作为一个创作者的思想、感受、体验是对的。我也没有听到任何人跟我说对《白鹿原》正式的处理意见。

　　你接到过正式处理意见吗？

　　陈忠实：没有看到处理文件。从来没有人给我传达过。传说中有这个"冷处理"的意见。具体就是：禁止改编其他艺术形式；不准评论，不说好，也不说坏。但是没有说不准这本书再版发行，所以它一直在再版发行，持续了很多年。"冷处理"对我个人影响不是太大。我还可以继续发表作品，可以继续工作，继续写作。

当年开始写作时，你给自己确立了九字诀："撕开写""不粉饰""不回避"。这样的写作需要勇气吗？

陈忠实：写作是在 1980 年代后期，这是我们新时期文学发展最活跃的时期，各种文学流派都有，《白鹿原》的写作得益于社会在那个时期的开放性思维，这对我的影响很大，让我对以往的历史产生了新的理解，这种理解促成了这个小说的完成。那个时候基本上思想没有什么顾忌，就是纯粹以内心的思考面对那段历史，还有就是以我对艺术的新的理解作出我的表述。

小说写作时间有意味，初稿是 1988 年 4 月到 1989 年 1 月，成稿是 1989 年 4 月到 1992 年 3 月。在创作过程中，有过难度吗？

陈忠实：难度曾经有两次。整个写作时间长达五年。原来计划三年完成，后来写了四年，耽搁了两个半年没有动笔。到 1991 年写作才没有干扰，到 1992 年元月全稿写完，最后到 3 月完成。

后来《白鹿原》获茅盾文学奖，据说获奖之前为通过评委票决做过删节，删节的内容是什么？

陈忠实：删节的内容大概有两三千字。当时茅盾文学奖基本都评定了，最后剩下六部作品，再从六部作品中淘汰一部。担任评委的作协领导打电话给我说获奖没有问题，几位评委交换意见说能不能对作品做一点小修改，我说你先说修改什么，我再决定能不能修改。最后删改的部分主要还是在政治和性的描写上，一是关于国共两党斗争的评论；二是性描写，改动比较大的有两处，其一是"田小娥把黑娃拉到炕上"，后面删掉了许多具体的细节描述，其二是"鹿子霖第二次强迫田小娥与他发生不正当性关系"。另外是朱先生的话，小说中白孝文和鹿兆鹏在朱先生的书院里不期而遇，当兆鹏离开书院的时候，白孝文追出去打了一枪，朱先生听见枪声自言自语说："看来都不是君子。"他们说这句话分不出革命与反革命，这也是让我修改的。我说这是朱先生个人的判断，不是小说家的判断，朱先生是一个老夫子，他对革命和反革命的理解是有他的思想局限。最后我还是做了修改，修改完出版社重新出了一个版本，那个版本大概印了五千册。

二十多年《白鹿原》由冷到热，对这样的命运你有什么感受？

陈忠实：小说能被读者喜欢，就是对作家的一个安慰。我相信我的小说会被人理解。当年传说中的一些意见或者对这个小说的不同看法，我觉得很多情况下是误读。因为我们的社会在不断开放，文学也在打破一些禁锢不断发展，文学越来越回归到本质。现在经过20年，这个小说的出版，各种版本发行累计超过两百万册，这就说明经过20年的时间，小说仍然没有被读者忘记，经过20年读者还是对它感兴趣。20年应该是两到三代人了，年轻读者现在也还继续喜欢，这对原创者是最大的心理安慰。

现实中国的革命

导演王全安在概括小说原著时说"在陕西大地百年历程里，这个地方的人生生不息，世代繁衍，不管遭遇什么，这件事情一直都在继续。《白鹿原》就是在表达这种精神——世代繁衍的精神"。对他的概括你怎么看？

陈忠实：繁衍精神是我们民族能够延续到今天的一个奇迹，13亿人，肯定是有精神在里边，但我不敢说《白鹿原》是在概括百年历史，我仅仅是写了中国社会由封建帝制向现代社会的变革。像孙中山领导的辛亥革命，民国时代的三民主义，后来共产党领导的革命运动，这些都为中国乡村社会带来巨大的变革，它的革命对象就是我们几千年封建历史所遗留下来的那个时代的人。在我的理解，它就是对几千年历史进行了一次颠覆，要重新解构它的形态，这个新的结构的颠覆和重建都有一个复杂的痛苦过程。对于社会的变革，制度的变化是外相的，重要的是人精神心理的变革。我认为人的心理结构就是文化结构，封建文化结构下的人就是那样的形态，革命的文化心理结构是另外一种结构形态，从封建时代的文化心理结构到后来新时代的文化心理结构的演进，是一个非常痛苦的过程，它不是三天两天就能够完成，甚至它会引起社会的阵痛。

《白鹿原》让我们关注，一是它的文学世界，再是它的现实的世界。现实的白鹿原是什么样的状态？

陈忠实：现实的白鹿原在西安东郊离西安城中心大概 10 多公里，过去是一个农业社会，这个原大概南北宽 15 公里，东西长 20 公里，历史上曾经叫过白鹿县，很短暂，哪个朝代我都记不清了。现存的白鹿原由三个区县分管，蓝田县分管的区域最大，是东部和北部这一块；长安县现在叫长安区是西南角，大概占了一部分；我的老家所在的巴乔区只分管一个小镇及咸宁县。文献记载上叫白鹿原，得益于一个传说，在历史上我记得最清楚的就是《周书纪年》上有记载"有白鹿游于西原"，因为这个原在西南方向，就命名为白鹿原了。后来这个原又称霸陵原，为什么称霸陵原呢？汉文帝的陵墓修在这个原的北坡上。为什么汉文帝的陵称为霸陵？霸河就是我家乡那条河在北坡下一个小河道，所以这个原称为霸陵原。后来又称敌寨原，就是北宋的敌寨在这个原上屯兵养马，所以称为敌寨原。后来霸陵原在民间用得很少，敌寨原就成为这个原的尊称了，一直延续到现在。民间更多称为敌寨原，白鹿原几乎被遗忘了，后来由于小说的出版，白鹿原这个名字现在重新回归了，大家都知道东郊有一个白鹿原。

小说《白鹿原》有很大的篇幅叙述乡村社会的变迁，政治力量是这

变迁的推动力。但是小说只涉及现代史，在当代史中，政治力量对乡村生活有影响吗？

陈忠实：解放以后对农村破坏最大的一次运动是"四清"运动，因为"反右"对农村影响不大，"反右"主要指知识分子，农村大部分都是文盲。对农村破坏最大的是"四清"运动，我的理解比"文革"的破坏还要厉害。"四清"运动在"文革"前两年开始搞，解放以后我党在乡村培养的农民干部在"四清"运动几乎被一竿子打光。那些农民干部是经过了多年的历练，能力差的品质不好的早就淘汰了，能工作到"四清"运动期间的都是经过了考验的，有领导经验，也有生产智慧和能力，结果"四清"运动来他们都被当做"四不清"，95% 以上都被打倒了。他们被打倒了以后从农村提拔一批年轻干部，经验差，生产智慧差，上来干不了两下就垮台了。所以当时的农村处于无组织的状态，对乡村社会造成很恶劣的影响，对乡村社会造成的破坏性相当大。

在你的现实经验中，乡村生活的变迁是怎样的？

陈忠实：基本上就是日出而作日落而归，是一种相对平静也贫穷的生活形态。解放前没有生产技术，包括没有化肥，粮食产量都很低，也没有优良品质。普遍的贫穷，就是自家种棉花纺线织布做衣服，我上高中时还没有穿过所谓的洋布，都是穿自己织的布做出来的衣服，鞋子也都是自己做的。没有基本的医疗设施，会看病的医生很少，大人小孩有了病，都是硬撑的，到病重了才去看病，很多人因为很简单的病就死亡了。像我们今天乡镇卫生院可以做的手术在那个时代都做不了，像盲肠炎那个时候都是绝症，中医治不了那个病，肺结核治不了，更不要说绝症了，拉痢疾都拉死人，包括破伤风也是不可救的。人就是那样一种自然的生存状态。所以那个时代中国人的平均寿命是四十几岁，现在都八十几岁了。

精神变革的艰难

《白鹿原》呈现了特定历史时期的社会和生活形态，也呈现了它的精神风貌，包括乡民的伦理生活和情感生活。比如他们依靠"乡约"规范自己的言行。现实是这样的吗？

陈忠实：是这样。包括道德评判，比如一个孩子犯错，它对小孩的惩罚不是对一个人的惩罚，是对整个家族的惩罚。"乡约"传承了几千年来封建道德的判断标准，就是儒家思想。小说里像朱先生跟他的乡亲创立的那种《乡约》就是这种道德性规约。所以像田小娥那种离经叛道的行为，必然是要受到惩罚，不仅社会不能容忍，家族也不容忍，都是必然的。宗法制的道德审判，一直延续到解放初农村的婚姻生活。后来国家提倡恋爱自由，婚姻自由，如果没有那个道德制约环境怎么会提出婚姻自由？解放妇女，因为妇女处于社会最底层。现在的年轻人无法理解。

电影版有很多地方呈现旧时代乡村宗法制度的威严，比如对田小娥的鞭打。你看到过这样的情景吗？

陈忠实：还在少年时期，上学没上学记不清楚，大概就是上学前后吧，我们原上的一个年轻女性可能对家庭包办的婚姻不太满意逃婚，后来被抓回来捆绑在一棵树上，有男人用鞭子去抽打，不允许小孩看，把小孩赶得远远的，很远能听到那个女人惨烈的哭叫声。少年时期的这个记忆很强烈，后来写小说时我就把这个细节用上了。

小说除了写战乱，还写到瘟疫饥荒。你经历过这样的饥荒和瘟疫吗？

陈忠实：经历过。南方我不知道，在1960年代整个北方都出现过一种瘟疫，我也搞不清它的名字，实际上就是拉肚子，一种病菌传染，拉到哪传染到哪，整个北方都出现这种瘟疫，我在别的作家的小说里面也看到写这种瘟疫，整个北方都是，那个瘟疫死人太多了。

经常有人把《白鹿原》和马尔克斯的《百年孤独》相比,你怎么看?

陈忠实: 在 1980 年代中期,我应该是马尔克斯《百年孤独》的第一批读者,它最早是在北京的《十月》杂志刊发的,我当时就看到了,觉得很新颖很新奇。但对我影响最大的还不是《百年孤独》,是魔幻现实主义的创始者卡彭铁尔和他的《人间王国》。

过去在魔幻现实主义出现之前拉美没有大的文学创作。1980 年代是各种文学流派寻求自己创作道路的时代。有一个古巴作家叫卡彭铁尔,他到法国寻找自己的文学道路,在法国待了大概两年,在那里他发表过一些小说,但在法国文坛没有引起任何反响,他很失望就重回古巴。这个人离开法国上轮船时说过一句话,我到现在都记着,他说:"在现代派的旗帜之下容不得我。"自此他返回故土,回到古巴以后卡彭铁尔选择海地做他的文学之乡,在这个纯粹由黑人移民构成的国家里,他深入生活,从事社会调查两年,最后创作出《人间王国》。这个作品是拉美文学第一次在世界文坛引发巨大反响的作品,它被命名为"拉美神奇现实主义",也就是魔幻现实主义。这部作品在世界引起反响以后,激起很多很多拉美作家纷纷回到他们自己的国土,面对他们的土地和人民,此后就形成了拉美文学潮流。直到 1982 年,拉美作家马尔克斯《百年孤独》获诺贝尔文学奖,魔幻现实主义在 80 年代中期几乎风靡了整个文坛。卡彭铁尔这个创作道路对我启发很大,我当时调侃说过一句,我说卡彭铁尔能从古巴跑到海地去深入生活,做社会调查体验,我对我生存的那个家乡 1949 年以前都不太了解,这就产生了写长篇小说《白鹿原》的愿望,产生要去做社会调查做田野调查的愿望。

写作《白鹿原》的时候,对它的命运有预期吗? 能想象到现在的畅销吗?

陈忠实: 没有,当时能顺利出版就是我最大的安慰,如果还能够引起读者评论家的兴趣说这个作品写得不错,那我就很安慰了。现在的结果是,读者对它的接受和喜爱远远超出我的预料。我想这也是社会变革和开放的结果。

后来为什么看不到你写长篇小说了？

陈忠实：我说不清为啥不写了，后来主要是写散文随笔。

作为作家，你对长篇小说的热情和抱负没有了吗？

陈忠实：没有了，我也说不清为什么，我回答不了这个问题。

蒋子龙：我不该断绝了跟禹作敏的关系

蒋子龙坦陈自己写作中的弱点：离生活太近，太实。

在多年的文学生涯中，所有的麻烦都来自这种"近"和"实"。

1983 年冬季，蒋子龙去大邱庄采访禹作敏。其时的大邱庄置身风口浪尖，禹作敏流行的格言——"抬头向前看，低头向钱看"饱受质疑。禹作敏对蒋子龙的声名早有耳闻，他对人说："谁能把蒋子龙请到大邱庄来，谁就是大邱庄的功臣，大邱庄人永远感谢他。"蒋子龙见到禹作敏，他的形象如同《燕赵悲歌》中的描述"像个大衣裳架挑着一身蓝色毛料中山服"。那时的禹作敏正如日中天，部级干部到大邱庄他都不下楼。

蒋子龙到大邱庄的时候，禹作敏站到村口迎接。"我们五六个人坐了辆破车到了大邱庄，他迎接我下车，进村里看他那些企业，讲他那些企业。他的相貌很精干、清瘦、精明，两眼有神。他的精力旺盛，带我步行看他的企业，说得眉飞色舞。"蒋子龙回忆道。

那天的午饭是在禹作敏的家里吃的，他的老婆熬了山芋粥、苞子面、烫山芋、烙饼子，家常菜。那时禹作敏俨然是大人物，但他家就是普通农村的房子。蒋子龙被安排在大邱庄一个招待所，没有厕所，一间屋子几个人合住，但他感觉激情充沛，不顾劳累地在大邱庄观察、访问。

1984 年，蒋子龙在《人民文学》第 7 期发表小说《燕赵悲歌》。小说引起社会广泛关注，获得当年全国优秀中篇小说奖。然而，对《燕赵悲歌》的批评也开始出现。

　　第二次中美作家会议，胡乔木在人民大会堂接见与会代表，跟蒋子龙握手的时候说："刚读完大作《燕赵悲歌》，散会后你留一步我跟你谈谈，同时也接到你们市委领导的一封长信，提出对你的诸多批评。"蒋子龙当时略微沉吟了一下，站在他后面等待胡乔木接见的是美国作家金斯堡。"如果我反驳他的话，他是领导，显得我没礼貌，不反驳就意味着我接受别人的批评。我说乔木同志你要谈我的小说可以另找时间，今天散会后我答应金斯堡要陪他去天安门。"

　　蒋子龙对于自己始于新时期的文学生涯有切实的感触："那时候总是身不由己地置身于现实社会的风口浪尖，当潮水般向前涌进的生活把我卷进去以后，我便不能再保持冷峻和漠然的态度。即使前面有个是非坑，身已至此也非往下跳不可。"

　　多年来，蒋子龙写作涉足的领域有两块，一是工业战线，一是乡村现实。

　　那时候，对蒋子龙来说，往往是一篇小说一场风波。1976 年，蒋子龙在《人民文学》发表的《机电局长的一天》成了"大毒草"，当时文化部的领导人责令《人民文学》编辑部对《机电局长的一天》展开批判。

　　《乔厂长上任记》的发表引发了轰动，也再次招致激烈批判。蒋子龙所在的城市市委机关报，连续发出四个整版的批判文章。"乔厂长"之后，小说《一个工厂秘书的日记》发表，有个厂长状告市委领导，认为蒋子龙的小说是在讽刺他，那位厂长是躲在厕所看的这篇小说，小说万把字，看完是耗时间的，很多人就传遍了厂长的逸事。厂长跑到宣传部闹事。

　　现在回想起来，蒋子龙很感谢中共党内元老陶铸的女儿陶斯亮。

　　"她到天津来我家做客，看到我被宣传部批判的情况，就把我的小说带回北京,转给当时的国务院总理。总理看了以后认为小说不错,没有什么问题。意见传达到市委,市委就把批判蒋子龙的风潮给压住了。"

蒋子龙说,假如没有那些政治批判,他可能是一个企业家,或者现在是一个厅局级的官僚。因为抓生产是他多年的兴趣,而且抓得好,作为车间主任的蒋子龙比作为作家的蒋子龙更让他自己满意。1990年之后蒋子龙就不再写小说,开始写随笔、杂文。到了1996年,对随笔和杂文也烦了,又开始怀念写小说的状态。

那时他就把自己的精力投注到十一年后才出版的《农民帝国》。蒋子龙说自己是在拼了老命写《农民帝国》,他讲了一个农民和村庄的故事。郭存先是郭家店一个纯朴善良的农民,他带领村里的农民脱贫致富,然而在拥有权力和资本之后权欲膨胀,草菅人命。《农民帝国》呈现一代枭雄从农民到农民帝国之巅到阶下囚的人生轨迹。

然而,这部长达57万字的长篇小说在出版之后并没有引起批评界的足够关注。

蒋子龙对《农民帝国》出版之后的寂寞命运泰然处之。

禹作敏嫌"悲歌"二字不吉祥

1984年你的报告小说《燕赵悲歌》发表,读者都清楚小说的原型就是禹作敏和大邱庄。这次写作带给你荣誉,也带给你麻烦吗?

蒋子龙:写《燕赵悲歌》让我感到振奋,也有一点不安。禹作敏让我振奋,让我看到了希望,但是他身上有些东西我不喜欢,写完《燕赵悲歌》之后我们就闹僵了。开始是他托人找我去大邱庄,他说不惜一切代价找到蒋子龙,他说他比乔厂长强多了,大邱庄也比乔厂长的工厂强多了,叫蒋子龙来看看。他托人带了好几次口信让我去,我一看正好,我也应该去看看。那时禹作敏还是上升阶段，朴实当中带着霸气，那时他跟村民的关系非常糟糕。村里一辆拉硫酸的车盖子松了，一个急刹车，硫酸泼出来，烫伤八个人，最严重的是一男一女，准备结婚的，女孩子几乎被毁容。结果禹作敏给开车的警察八百块钱，给烫伤的女孩三百。那个女孩哭诉无门，法院也不受理，那时也没有律师提供法律援助。那对青年见不着禹作敏本人，听说我去过大邱庄，他们就找到作家协会，找到我。我听了非常愤怒，我给禹作敏打电话，我说你这是什么作风？简直就是土地主、恶霸，我说怎么可以这样，我说这个事处理不好我跟你没完，咱们俩打官司，我保证在《人民日报》捅出这件事。我有两个渠道，第一，我有写内参的权力，可以用内参参你；第二，可以写文章，把事情公布出来。结果他害怕了，他在上升时期，他怕惹事，他说你怎么说我就怎么办，问问对方还有什么意见。结果我再托人找那家，那家反倒没意见，他早派人去把那两个年轻人的嘴堵死了。发生这件事之后我跟他的关系就越来越远。

后来大邱庄的人跟我说，蒋老师如果你早来大邱庄，不跟他闹僵，可能他不是那个结果。我说不可能。因为后来他已经听不进去话了，他的副书记，他的恩人，还有跟他打水井的县委书记，谁的话他都不听。我觉得写《燕赵悲歌》的时候是他最好的时期，但是我也感觉他很多地方有问题，比如，他要给村民土特产，谁要东西举手，举手就给你，不举手就没你的份。我觉得他变坏了，他是在羞辱人，有的人是穷，但是你不能认为他穷就低贱。所以我写这篇小说最后定名就叫《燕赵悲歌》，"悲歌"这个说法激怒了他，也激怒了大邱庄。

为什么激怒？他们不喜欢什么？

蒋子龙：他觉得不吉祥，农村是很迷信的，他觉得我是咒他。他出事之后好多人都问我，蒋老师你当初干嘛叫"悲歌"呢？——悲歌本来是"燕赵之地多慷慨悲歌之事"，有那样一股悲壮的氛围和气势，谁知最后禹作敏和大邱庄就真的走到这一步，成了一个悲剧。

大邱庄的变化你有预感吗？禹作敏被捕之后你再见过他吗？

蒋子龙：我一直很关注大邱庄，它的过去、现在，村里都有我熟悉的人。禹作敏到后来已经变得刚愎自用，他已经完全失去自省的能力。好多领导都控制不了他，说什么他都不听。有个老同志帮过他大忙，曾经语重心长劝他"富贵不能淫，威武不能屈"之类，写信劝他，他就不理人家了。所以他后来的命运也是没法避免的。大邱庄出事既意外，也不意外。但是出事之后很触动我，我觉得不该就那样断绝了跟禹作敏的关系。出事以后我们几个人到大邱庄，也去禹作敏关押的地方探监，都被拒绝了，控制得很严，不允许看。大邱庄作为中国农村改革的一个样本，就那么死掉了。

你写《农民帝国》的时间有十一年，写写停停，你说你遇到难度，其间，读了许多书，想参透其中一些东西，但参不透。让你感觉最参不透的是什么东西？

蒋子龙：对农村生活的认识我不愁，我对农村特别的熟悉，我是农村人，这个语言只要回忆起来，是这个氛围，我就回到农村了。这些年我生活在城市里，但是每年有很长时间在农村。我最参不透的就是农民的变化，孙中山的三民主义让农民醒了，毛泽东让农民站起来了，邓小平让农民富了，富了以后的农民到底有多大的快乐？他们感到了多少幸福？郭存先这个人是有钱快乐还是穷困的时候更快乐？现在是穷出事钱多了也出事，这次全球金融风暴不是比恐怖主义还恐怖，比自然风暴的摧毁力还厉害？人赚取了钱之后，又无法驾驭钱。

我们过去的这三十年，看看第一代优秀的农民企业家，还剩下多少？不是一个就是俩，二三届的都落马，第一届城市里的优秀企业家，还有一个，逃的逃，辞的辞，抓的抓，这个命运我解释不清楚。我想说清楚，想找规律切到我的人物，但是我弄不清楚。为了解决这个问题，我搜集了所有从1980年开始评选过的历届农民企业家的资料，他们的人生道路，他们的企业经营和命运轨迹我全都做了研究，他们的性格、命运、环境，谁出了事，谁是什么原因出的事，有什么特点，我都做了细致认真的准备。

《农民帝国》的郭存先这个形象，你怎么能避开读者对现实生活的联想呢？

蒋子龙：我在塑造人物的时候，让郭存先和任何在世的人物都不相同，从外貌到语言特点到名字，所有这些在世的有名有姓的农民企业家都和郭存先对不上号。我经常跟农村有联系，有时候一待就是好几个月，每年都去，最后要动笔的时候，要让人感到我写的《农民帝国》不是我家乡，不是河北，不是大邱庄，我特意到河南待了一段时间，然后又到山东待了一段时间。我故意扯开《农民帝国》跟现实的距离，我写的时候就不接电话，离开天津，蹲到一个村子里，但是有电，有一台电脑，有个老嫂子做饭。我就与世隔绝，在心灵完全回到乡村，那些我熟悉的人物、语言和场景都像活的一样。

1980年代，改革开放之后，中国的城乡涌现出许多农民企业家，他们曾经因为显赫的业绩广受社会瞩目，但是三十年过去，这批农民企业家多有落马。对这个特殊阶层你看到什么规律了吗？

蒋子龙：第一，他们都是农村的能人，很少是祖祖辈辈老实务农的，是农民，地道的农民，但都是能人。没有始终在村里待的，都出去过，出去做小买卖，或者祖辈卖针头线脑的、补锅的，或者祖辈是婚丧嫁娶当会头的，或者当过兵的——当兵的经历很重要。第二，性格上都有一定的强势、有主见，有固执的、有说一不二的、有霸道的、有有本事的，总体性格的规律都是那种强势，不是老实巴交窝囊废的。第三，都有一种意外的口才，木讷者很少，每个人都说自己不会说话，但当他用自己家乡话表达的时候就说得非常生动。我可以举的例子就是陈永贵——因为我的书里没有陈永贵的影子，陈永贵不怕对号——陈永贵不会说话，这个那个老半天不说话，但是他在人民大会堂党代会上第一次讲话，四个小时不看讲稿，很生动，好多警句都说出来了，一根接一根地抽烟，整个会场让他烘起来了。每一个乡村的头头都特别能讲。第四个特点，都有一定的人格魅力，不管长得怎么样，有的人长得实在不敢恭维，但是很有吸引力，男的喜欢女的也喜欢，就很奇怪。

他们的后代可能摆脱《农民帝国》的命运

《农民帝国》主人公的命运，很容易让我们想到中国那些曾经作为农村改革样板的著名人物，你怎么看农民的这种命运轨迹？

蒋子龙：这很正常，有些事情是躲不开的。苦干、致富、倒台、犯法，犯法到极端就是打人致死——在农村打死人的事件很多。找《农民帝国》来对号的人很多，读者也会对号，说我写的是某某村庄，某某人，这是很自然的，我也没办法。我写的郭存先，从一个纯朴、善良、受人爱戴的农民，到带领全村人脱贫致富、令村民拥护的能人，最后成了一个蔑视权力、目无国法的狂人，成了一个权欲膨胀、草菅人命的犯人。我原来想改这个命运，一直想写到好，但是写不了。因为人物有人物的逻辑，我想给他一个好的命运也不行。我设想了几条生路，哪条生路都不行，还必须往崩溃上走。我觉得郭存先就是朱元璋，郭存先就是唐太宗，他们最初不精明吗？到最后权力让他们迷失，走向崩溃。

这是农民的宿命吗？

蒋子龙：宿命我不敢说。最早我认为这是宿命——确实生活中出现了另外一种情况，郭存先死了之后，他下边的人——我小说里还没写明白，会有一种新生，会有转机和变化，会有不一样的生活状态。我后边还准备再写《农民帝国》的后部。我这十来年几乎是生活在一场噩梦里，我跟你谈话，接受采访，我看一本书，我会突然想到《农民帝国》上。我发现什么东西，我随时会记下来。我有很厚的三大本子记录，十几年来记录了很多我对农村的发现、观察和思考，实际写的时候，三分之一都没用。有时候可能就是一个语言，一个细节，在我为这部书所做的准备里，那些农民的命运是宿命，但是当这个小说写到一半的时候出现另外一种情况。郭存先的"四大金刚"后边，他们在后来学会了跟政府打交道，跟市场打交道，跟农民打交道，跟同事打交道，跟媒体打交道，他们不再是郭存先那样的枭雄。现在中国出现了新一代农民，他们有新的思维，资产很大，但是媒体找不着他们，他们跟郭存先过着相反的生活，处事低调，为人友善，他们很会跟官员打交道——不是那种商人行贿，是诚恳，让官员们感到跟他们交往很安全。《农民帝国》后部将要讲的几个人物就是这种类型。

你是想在农民阶层中找到新人吗？

蒋子龙：我已经找到了。他们当初是学郭存先的，后来完全大变。他们跟这个时代打交道，企业经营得很好，钱很多，他们有国外的资产，但他们并不是简单地把家属弄到国外去，使他们在有问题的时候整不了他。他不触犯任何法律，规规矩矩。但是他们也很黑，手腕高到无手腕的地步，无招胜有招。我觉得这代人是个过渡期，从第一代到第二代，他们的后代将来可能会成为摆脱《农民帝国》命运的一代人。

你在灯亮着，你不在心亮着
——巴金与《随想录》

1977 年 4 月 20 日，巴金被告知，原来加在他头上的那些结论被撤销。

他家楼上被封了十多年的房间和书橱被启封。当月下旬，被抄走的文稿、物品等陆续退还。"文革"后，他发表的第一篇文章是 1977 年 5 月 25 日刊登在《文汇报》上的《一封信》。据向巴金约稿的徐开垒先生讲，当初就该不该向巴金组稿报社内部还有不同意见，没有想到，文章发表以后，引起强烈反响，报社收了一麻袋的读者来信，有表达共同心声的，也有向巴金致意的。叶圣陶写诗向巴金致意，诗中有一句：今春文汇刊书翰，识与不识众口传。这篇文章的发表，等于结束了巴金的沉默岁月，恢复了他的写作生活，由此也开始了各种社会活动。那时候的日记，一天的事情真是忙个没完：开会、接待客人、接受采访、写文章等等接踵而来，就像他给一位朋友的信上说的那样：又恢复到十一年前的忙乱生活。对于一个七十多岁的老人来说，是超负荷运转。

对于"第二次的解放"以后的这种生活，巴金并不满意，除了身体上承受不了之外，更重要的是内心的焦虑感在加重，他感到时间紧迫不能浪费时间，想做自己想做的事情。1978 年年初，在接受记者采访时曾雄心勃勃地表示：八十岁以前，他准备写出两本长篇小说，翻完赫尔岑的回忆录《往事与随想》。所以，他急于想从一个戴着多顶帽子的名流泥潭中走出来，不想坐在主席台上讲些无关痛痒的话，更不愿再发一些违心之论，他需要来自生命中的真正声音。1978 年是他告别"过去"、唤回自我的关键性一年。

2008 年 10 月 16 日，在纪念改革开放三十年之际，走访巴金故居，巴金研究会副秘书长周立民讲述了巴金与《随想录》的故事。

不合时宜的《随想录》

巴金的老朋友潘际坰被派到香港《大公报》编副刊，他托黄裳向巴金约稿，正好当时社会上对日本电影《望乡》议论纷纷，甚至可以说批评声一片，巴金恰恰看过这部电影，认为影片不错，就于 1978 年 11 月 30 日晚上写了篇文章，这就是《随想录》中的第一篇《谈〈望乡〉》。后来巴金觉得有很多想法需要表达，就决定在《大公报》上开设一个专栏，就这样《随想录》一篇篇写下去，一共写了 150 篇。

如果结合当时的社会气氛和时代背景看的话，《随想录》的写作不是偶然事件。当时"文革"结束不久，国门正在打开，各种思想意识的交锋也很激烈，不可否认，国人们长期生活在"左"的思潮中，思想受到了很大的束缚，对于一些"新"的东西还是不能够接受，或者说还是戴着有色眼镜在看世界看事物。记得当时《艺术世界》杂志在封底刊登了安格尔的画作《泉》，因为人物是裸体的，受到非议；《大众电影》登《水晶鞋与玫瑰花》的电影剧照也被认为有不合适的画面；首都机场的壁画上因为有少数民族女性沐浴的场面也引起争议；还有巴金的《家》到底该不该重版也有不同看法，结果重版后大受欢迎连续印了几十万册……这些事情在今天看来，不但不新奇，而且人们还会反问，这也要讨论？这也受争议？当时的环境就是这样，包括《望乡》，有人说是毒害青少年的黄色电影，有人说要禁演，巴金是在这个大背景下出来，觉得要写文章替电影辩护。

1978 年，"实践是检验真理的唯一标准"的大讨论已经开始，思想解放运动的先声已经发出，巴金本人也在解放思想，他后来也说："其实并非一切都出于偶然，这是独立思考的必然结果。"（巴金：《〈随想录〉合订本新记》）众所周知，在巴金写下第一篇《随想录》的半个多月后，十一届三中全会就召开了。有人说《随想录》是思想解放运动的百科全书，当时的每一个重要的论争、讨论，在《随想录》中都能够找到回应。比如批评"长官意志"、呼唤创作自由，关于电影《望乡》的讨论，关于"歌德"与"缺德"的讨论，关于话剧《假如我是真的》及"小骗子"的争论，关于"赵丹遗言"的争论，关于"讲真话"，关于"人道主义"，关于"西化"和现代派的争论，重视知识分子，关心教育……都是当时的社会热点事件。更为重要的是，巴金不是对此做出了反应，而是做出了"自己的"反应。这一点需要特别注意，因为这也是他与"文革"前十七年创作截然不同的地方，用他的话讲就是要"独立思考"。

经常听到有人说：《随想录》被捧得太高了。言下之意是凭着巴金的名望和地位写个什么东西都有人来"捧"，我认为他既不了解《随想录》也不了解它的写作背景。它不但没被"捧"，还不断挨批呢！很长的一段时间里，这就是个不合时宜的作品，巴金自己就说："绝没有想到《随想录》在《大公报》上连载不到十几篇，就有各种各类叽叽喳喳传到我的耳里。有人扬言我在香港发表文章犯了错误；朋友从北京来信说是上海要对我进行批评；还有人在某种场合宣传我坚持'不同政见'。"当时有人声色俱厉地说：周扬、夏衍、巴金是三个自由化头子。还有人公开骂巴金："那个姓巴的最坏。"这些话，在当时足以让人惶惶不安。

1989 年，周扬去世，巴金的唁电颇有意味："惊悉周扬同志病逝，不胜哀悼。想到八五年和他的最后一面，我无话可说，他活在我的心里。一九八九年八月一日 巴金"。巴金之所以被点名，既不是争权，也不是夺利，更不是什么文坛帮派之争，完全是因为他写了《随想录》。他的朋友们也为他担心，劝他不要写了。也有高官劝他"安度晚年"，黄裳先生《关于巴金的事情》一文中还写到这样一件事："有一天正在他的病房里坐着时，有一位'大人物'推门而入了。他是来探病的，交换了几句普通的问答以后，大人物说，'我看你还是好好地休息，以后不要再写了。'说完就告辞出去，仿佛特来看病，就是为了说出这两句'忠告'似的。"（《黄裳文集·珠还卷》第 459 页）

被删除的文字

　　1981 年，为了纪念鲁迅先生诞辰一百周年，巴金写了《怀念鲁迅先生》一文，结果该文在《大公报》发表时，文章中凡是涉及"文革"的词句都被删去了，甚至连引用鲁迅的话"我是一条牛……"也被删了，说"牛"容易让人联系到牛棚。作为一个在海内外有威望的作家，不打招呼就大删文章，真是少见的事情。当时责任编辑潘际坰先生在北京休假，后来一问："当时的背景是这样的：1981 年 9 月，在鲁迅百年诞辰之前，国务院外事办的负责人召集了香港几家报纸的总编辑在北京开了一个会，会上外事部门的负责人对各报总编主编说，海外报纸发表关于'文革'的文章太多了，有负面影响，中央既往不咎，可是今后再发生这样的事情，就要打你们屁股了。"（潘际坰：《〈随想录〉发表的前前后后》）巴金为这事还专门给胡乔木写了信，说：我就是你的那个（不要多写"文革"）讲话的受害者……还有一件事情：1990 年，四川人民出版社出版《讲真话的书》时，收录巴金"文革"后的所有创作，最初认为《随想录》有三篇文章不能收进来，后来是《"文革"博物馆》一篇开了天窗，那一页有题目，没有内容，白纸一片，有人说这是新中国出版史的特例。
　　有人拿巴金是"高官"来说事儿，但在正常年代中，你见到过哪个高官享受了这样的待遇？更何况他担任的不过是个名誉职务。实际上不但是巴金，就是约请巴金写作《随想录》的《大公报》编辑潘际坰先生也受到了巨大的压力，有人让他不要再登这样的稿子，这事在 80 年代的知识分子中都知道，范用先生在文章中还写到过。到最后，身体很好的他被莫名其妙地"勒令"退休，潘先生当时讲了个条件：退休可以，但《随想录》我要编完。

巴金并没有被声望、地位、头衔什么束缚住，写《随想录》的时候，他就是要表达自己的声音，因此也屡屡"享受"到一些特别的"待遇"。1979 年底，第四次文代会召开前夕，本来按照惯例巴金应当是上海代表团的团长，他是上海市文联主席、作协上海分会的主席，也是中国文联和中国作协的副主席，众望所归。但就在出发前不久，上海代表团突然出现了一个第一团长，这样巴金就成了第二团长了。这是从来没有过的事情，因此在文代会上成了代表们议论的一个话题。为什么会这样？一个很重要的原因就是当时巴金在《随想录》中写文章支持沙叶新写小骗子的剧作《假如我是真的》，有人觉得巴金不是在揭我们社会的伤疤嘛！不高兴了。还有一次，应当是 1984 年吧，上海文联换届，巴金被换下来了，理由是巴金年纪大了。巴金本人并不在乎当不当主席，自然没有什么意见了，好玩的是新换上的主席居然比巴金还大一岁，可见还是对他有看法啊。当时很多人为巴金抱不平，认为不应该这样对待巴金。

该写的写出，然后死去

巴金当时给朋友的信上说："目前所作所为以及五年计划都是在料理后事，除了写作，还想促成现代文学馆的创办。我一不怕苦，二不怕死，只是热爱社会主义祖国和人民。长官点名，我不会害怕。倘使一经点名，我就垮掉，那算什么作家？点名之说早已传到耳里，我无所谓，据说是在外事工作会上讲的。但后来他又派秘书来找小林谈话，劝我不要相信别人的挑拨。我仍然不在乎。但我更感觉到我必须退休了。不能再混下去。必须把该译的书译出，该写的写出然后死去，那有多好！作家不是为了受长官的表扬而写作的。"（巴金1981年1月19日致王仰晨信）"点名问题几个月前就传过，说法不一，最近又流传起来。有人替我担心，其实我毫不在乎。这应当是最后一次的考验了。这一年多来我身体不好，很少参加活动，写字吃力，但还是写完了两本小书。我哪里有精力和时间去支持什么人？然而我的'随想'可能得罪了谁，才有人一再编造谣言。我不怕什么，也不图什么，反正没有几年可以工作了。"（巴金1981年2月16日致萧乾信）

黄宗英接受采访讲了当年赵丹"遗嘱"一事，赵丹1980年9月在病床上口述了《管得太具体，文艺没希望》的文章，这是一篇在当时非常震动的文章，他说出很多人的心里话，当然也引起很大的争议。巴金在《随想录》中连写三篇文章《赵丹同志》《"没有什么可怕的了"》《究竟属于谁》，后来又在人代会上发言以《多鼓励，少干涉》等呼吁来回应赵丹。像长官点名这样的事情，不但没有让巴金放弃自己的主张，反而从赵丹的"遗言"中看到了独立性的重要，他公开说："那么让我坦率地承认我同意赵丹同志的遗言：'管得太具体，文艺没希望。'"（《"没有什么可怕的了"》）以后无论是关于现代派艺术的讨论，还是清除精神污染等，巴金都能从实际出发坚持己见，并且再也不会随意放弃自己的见解了。"一纸勒令就使我搁笔十年的事绝不会再发生了。"（《<序跋集>再序》）见了领导人，巴金也是敢于表达自己的见解，胡耀邦两次接见巴金，巴金两次为青年作家仗义执言：1979年11月16日、1981年10月13日，前一次是为沙叶新的剧本，后一次是为白桦的《苦恋》，他呼吁应当爱护青年作家。

曹禺1981年12月21日日记中，还有这样的记录："上午到人大浙江厅，乔木同志接见作协理事会部分人员。巴金谈'无为而治''爱护作家'

等。乔木同志大谈'有为与无为，治与不治'，实即反驳。"其实"无为而治"是巴金一贯的看法，在 1957 年，他的发言中"把文艺还给人民"就是希望领导不要过多地干涉创作，不能你一句话作家辛辛苦苦的心血就白费了，而对于作品评价应当由读者和人民来决定，坏的作品，大家不喜欢，自然就被淘汰了。在《随想录》中，在巴金的晚年一再表达这个看法。曹禺日记中的这个时间也比较值得注意，因为就是在这次作协理事会上，巴金由作协的代主席正式被选为主席，就是见过胡乔木的次日，可见巴金并不是看着领导的脸色在说话。所以，我今天读到巴金的话："倘使一经点名，我就垮掉，那算什么作家？""作家不是为了受长官的表扬而写作的"还感慨颇多，他这个作家协会的主席，对于作家的使命、责任，或者说内心中对作家的认定，都是有着一个很高的标准的。以上这些，也可以看出来《随想录》写作时期，巴金追求的是什么，用大家后来常说的话讲，就是"独立之精神，自由之思想"。

投降了人民

《随想录》写作不顺利，或者说不容易，除了上面讲到的，还应当看到写了八年《随想录》，巴金的身体越来越差。他患有帕金森氏症，骨折过，长期住院，《随想录》中有一本干脆就叫《病中集》。最厉害的时候，巴金手指没有力气，连笔都拿不动，整个的写作就是在跟自身的疾病作斗争，当然，这个过程中也显示出他坚定的信念和超人的毅力。

进入新中国之后，巴金说他是"投降了人民"，就是说他真心实意地想为这个国家、社会做一点事情。那么，有人说你身上有旧知识分子的习气需要改造，在一段时间内，他也诚心诚意地改造自己。这大概是 1968 年以前巴金真实的心态。1957 年"反右"前，他发表了大量的杂文和言论，对于文艺体制、文艺领导、出版以及一些社会现象都发表了自己的看法，但后来风向转了，他受到市委领导的提醒，才及时刹了车，本来单位里内定他"中右"的，上面保他，这才让他过了关，他随后发表一些批判"右派"的文章。从这些文章里你能看出很有意思的现象，他一面用那种报上的大批判的语言批判他人，一面又在说应当加紧改造，像是做检讨，就是说他是批判者，但又仿佛是被批判者，从中能够看出他的紧张的心态。能不紧张吗？当时的大右派，冯雪峰、丁玲、艾青，还有之前的1955年胡风等人，在巴金的眼里，他们可比自己"革命"多了，而且他们经常是代表着党在宣讲文艺政策啊。当时的气氛到什么程度，巴金的一位老朋友甚至认为，巴金的作品中没写过"毛主席万岁"，他的旧作没有重印的必要。巴金为自己辩解：我就是这样的风格，我的作品中不写口号。他觉得已经够"紧跟"了，可是人家觉得还不够！随着形势的紧张，他的最基本的想法就是：不要犯错误。实际上，他又很矛盾，一方面明哲保身，另外一方面环境允许的时候，他还是要说出自己内心的话。像他的一些杂文，他在1962年上海文代会上的《作家的勇气和责任心》的发言，比如在他曾为《文集》写过的后记中，都吐露出1958年拔白旗运动中，对像姚文元等人粗暴的批评、肆意打棍子的文风的不满（后来邵荃麟等人说文章有"怨气"替巴金压下没发）。"文革"后巴金截然不同了，《随想录》写作之初，他就坚决表示：不写遵命文学。所以在清除精神污染的时候，好多人都表态支持，巴金却在《随想录》中对于一些粗暴的做法明确提出批评，而且，他还意识到：发动第二次"文革"的社会土壤还存在，由此更迫切地认识到，应当建立"文革"博物馆，不要让历史的悲剧重演。在关于"西化"和现代派的讨论中，巴金态度也很明确：支持大胆探索，表示不用担心。他的一段话说得非常好，不但对于"西化"，对于今天梦想要去"东方化"别人的人也是一个提醒："不论来自东方或者西方，它属于人类，任何人都有权受它的影响，从它得到益处。现在不再是'四人帮'闭关自守、与世隔绝的时代了。交通发达，距离缩短，东西方文化交流，日益频繁，互相影响，互相受益。总会有一些改变。即使来一个文化大竞赛，也不必害怕'你化我、我化你'的危险，因此我不在信里谈克服所谓'西方化倾向'的问题了。"(《随想录·一封回信》)

为什么提倡讲真话

经历这么多政治运动，对于巴金这一代知识分子来说不是什么好事情，可以说他们都付出了惨重的代价，所以晚年的巴金对此有过沉痛的反思。在他的反思中，他没有把自己打扮成先知先觉者，而是用自己的痛苦经历警醒世人。像他经常说的，"为什么我要提倡'讲真话'，是因为过去我自己就讲过假话，也吃过了讲假话的苦头，所以才会深切地体会到不能再讲假话了。"可以说这些运动带给巴金的伤痕至死未消，他晚年的《随想录》和其他的文字，都是一个中国知识分子灵魂煎熬和挣扎的真实记录。

巴金晚年的心愿，从我个人的观察，那应当是建立"文革"博物馆吧。建立"文革"博物馆是巴金经过了长时间精神探索深思熟虑的结果。从《随想录》的第一篇起，巴金就开始了对"文革"的反思，直到《随想录》写作即将结束，他才正式喊出建立"文革"博物馆的倡议。这其中自然有他的精神反思、探索直至这个想法达到成熟的过程，也有着与各种社会思潮相互角力的因素。巴金曾经说过：《随想录》就是"用真话建立起来的揭露'文革'的'博物馆'"(《〈随想录〉合订本新记》)。由此可见《随想录》的写作与建立"文革"博物馆的倡议是互为一体的事情，就写作行为本身而言也是"文革"博物馆的"建设"过程。在写作过程中的种种遭遇，也从另外一面坚定了巴金的信心，证明了建立"文革"博物馆的必要性和紧迫性。为什么要建这样的博物馆，人们已经说的很多了，巴金说的也很实在，就是"我们谁都有责任让子子孙孙，世世代代牢记十年惨痛的教训。'不让历史重演'，……用具体的、实在的东西，用惊心动魄的真实情景，说明二十年前在中国这块土地上，究竟发生了什么事情？！让大家看看它的全部过程，想想个人在十年间的所作所为，脱下面具，掏出良心，弄清自己的本来面目，偿还过去的大小欠债。"（《"文革"博物馆》）说白了，还是让这个国家、民族，让这个社会的未来更美好，所以才要警醒世人，不让悲剧重演。如果说恶是人类骨子里的天性的话，这不可怕，可怕的是人不去反思和遏制"恶"的力量任其泛滥。人类文明发展到今天，对这一点已经认识得很深刻了。所以，巴金恰恰是爱这个社会这个国家，是希望它更好，才会一遍遍有这样的呼吁，才去与各种"健忘症"作斗争。

今天而言，是否真正有一个"文革"博物馆，可能并不是最重要的。就像巴金晚年另一个倡议——建立中国现代文学馆，得到了实现，这也不是目的，目的是能否通过搜集大量的史料总结新文学的得失，发掘其中的优秀作品，传播这种新文学精神。所以，重要的是大家是否有这样的历史意识，是否那么快就忘记了曾经发生的悲剧，是否认识到那许多不健全的制度和不正常的力量对社会和生活的粗暴干涉。如果人人都有这样的意识，那么就是不建"文革"博物馆，巴金也可能很欣慰了。

王蒙：作家为什么在公共领域消失

2010 年有过一次台湾之行，参加由《新地》文学杂志等机构发起组织的世界华文文学高峰论坛，出席者有王蒙、高行健、刘心武、阎连科、痖弦等旅居海内外的作家。

在北京经常出席各种文化论坛和文学活动，王蒙也是这类场合的常驻嘉宾。

"文化部长"，除了曾经是作家王蒙的一个职务以外，还是一个视角。在那个视角他能看见、能体察到很多独有的东西，如同我们面对一个历史的深宅大院，你置身门外和身在其中，所看见所感知的东西截然不同。王蒙早年在北京师范附小、平民中学和北京河北高中读书。1948 年参加中国共产党，当时是最年轻的少共。1950 年代初期在北京市从事新民主主义青年团工作。1953 年开始文学写作，创作长篇小说《青春万岁》，开始其文学创作生涯。1956 年创作了短篇小说《组织部来了个年轻人》，引起社会强烈反响，因作品受到批判，1958 年被错划为"右派"。此后长期在北京市郊区从事体力劳动。1962 年，在北京师范学院中文系任教。1963 年作为"右派"举家迁往新疆，在伊犁农村从事劳动 16 年。1978 年回到北京。先后发表短篇小说《夜的眼》《说客盈门》《春之声》《风筝飘带》《坚硬的稀粥》和中篇小说《布礼》《蝴蝶》《相见时难》等近百部；发表长篇小说《活动变人形》《暗杀—3322》和"季节"系列的《恋爱的季节》《失恋的季节》《蹉跎的季节》。2003 年出版《王蒙文丛》23 卷。2004 年出版长篇小说《青狐》。

《青狐》的写作被王蒙看成是一个个体对一个时代的解读。那个时代是李谷一唱一首《乡恋》就会引发批判的时代，是大家都在听邓丽君的歌，同时又都恐惧邓丽君危险的时代。电影院放映日本电影《望乡》会成为一个重大事件，文化部分管电影的一位领导因为批准上演一个法国参考片就受到严重警告处分，因为那个参考片里有一个原始人不穿衣服的镜头。

王蒙在《青狐》里描述了一个女人，描述着她的身体、情感和欲望，描述着她的生活、历史和命运。这个叫青狐的女性游走在上层建筑，游走在思想意识形态和文艺界高层的权力中心，她接触和抚摸，如同化学溶剂，滴到谁的身上谁就会现出原形。她使很多被笼罩着神性光环的人卸去面具，还原为凡人本性。

除了对这个取名为青狐的女人的描述，王蒙还写了从 20 世纪 80 年代初到 90 年代末的中国政治和社会现实。聚焦的镜头对准意识形态的领导者、创建者和参与者。"文革"的结束，空前的思想解放，社会政治生活的民主化进程，清除精神污染，批判《苦恋》，批判资产阶级自由化以及经济时代的来临，作者以独有的视角、浮世绘的图景呈现着思想和文艺界高层官员名流在历史场景中的种种形状。被历史遮蔽着同时又被人为赋予光环的一群人被王蒙用透视的方式照彻并还原为真实的凡人。

王蒙在 2004 年出版的《青狐》中对思想界、文化界的观察、体验、分析和解剖，被看成是他从事写作 50 年、在他年近 70 高龄时候的一次变法和超越。"作者就在他们身边，我们一块做了很多蠢事，历史给了我们机会，但我们绝对可以把事情做得更好一点。"王蒙这么说。

人在历史和现实中的境遇

印象中《青狐》是你第一部描写女性，描写女性欲望和性爱的书，尽管出版方对这部书的推广和传媒对这部书关注的焦点都集中在女性和女性的欲望表达上，但我还是觉得女性和女性的欲望表达只是你小说所呈现的冰山一角。

王蒙：不是第一部。《青春万岁》的主角都是女学生。冰山云云，当然是这样的。

传媒很兴奋地炒作着"王蒙在接近 70 岁的时候书写女性的身体和欲望"，把你的写女性跟当下弥漫的 70 年代 80 年代女性作家欲望描写的潮流归结到一起，你自己也说过老来张狂的话，你好像并没有把自己和她们分开。你是将计就计吗？

王蒙：你看得对。这里有将计就计，也有以讹传讹，但都不是空穴来风，而是别有天地。我要说明在我的女性书写、欲望表现之中，有大嘲笑、大怜爱、大悲悯、大剖析存焉。早在上个世纪 70 年代末，我就提倡剖析。我的话是，一经剖析，医心自见。也就是说《青狐》中有医心在。这些当然与那些作品风马牛不相及。你如果再看一看呢，也许会发现，我的"性"书写包含了对于身体一类写作的颠覆、戏弄，北京话叫做打镲。即使是性，在"王家老店"里也充溢着沧桑感和超越感。

但是我感觉《青狐》是很容易被误读的一部书，事实上我在看完这部书的时候发现所谓的女性身体或者欲望的表达只是一个外壳。我读到一段话，你说："并不需要有缺陷的政治体制，只须多一些有缺陷的老婆，就足以把精英们的头脑扼杀殆尽。"实际上这部书更多的篇幅和容量在描写政治或文化官员和名流们的生存状态，描写他们不被人见的内心世界。

王蒙：您瞧，您就没有误读，您可以作出更多的或更偏于一面的解释，而别的传媒，可以另作解读。一本书能解释得多样一些，探讨的空间能够渐渐扩充，才好呢。

1979 年之后中国出现的思想解放运动，思想启蒙浪潮，文化、文学和艺术的复兴，清除精神污染，反资产阶级自由化运动，最后是商业社会和经济时代的来临，你的主人公们就是在这样的社会背景之下生活，他们的各种行状、各种情态被你用浮世绘的笔法勾勒和描绘出来。

王蒙：差不多，对这些我如数家珍，记忆犹新。历史推举着人，涌动着一些人飞向潮头浪尖。历史打扮着也遮蔽着人。同时人和历史也互相为难，互相挑战……但我并没有着力描写这些历史事件本身，我着力写的还是人。

令我们悲凉的是那些情态万状的人不是平民百姓，而是有些文化官员、名流，他们曾经那样深刻地影响、改变和主导着我们的思想。你用 X 光式的透视能力让我们看到了他们种种的行状和情态。

王蒙：我再说一遍，就是神仙也经不住作家如鄙人者的 X 光全息扫描。这并不那么可悲，可悲的是我们动辄匍匐在旗号与悲情秀面前。我要说的是，历史是凡人们建构与演出的。我同时还要强调，我提供的只是一个文本，一种视角，一个部分，它未必能代表整整一个行业或者一条战线，一个人群。

可能《青狐》是我们目前能够读到的最贴身描写意识形态生态环境的一部书，虽然它是小说，但是熟悉 1979 年之后中国现状的人都能读懂你的真实和深切的表达。你的表达的真实、深切和自己身在其中有很大的关系吗？

王蒙：第一，是的。第二，这只是一个叫做王蒙的人的个人的视角，只是一种"掌子面"。而历史其实需要多种视角，需要立体化的解读和温习。它真实，但并非无所不包，它也无意作出简明的判断，它不排斥不同角度的表达，它本身也需要更立体化的解读和发挥。我也相信不同的人会对之有不同的体察。

我看《青狐》，看到青狐和她的母亲抱头痛哭，为她们命中注定要承受身为人女、人妻特别是男人欲望的对象的耻辱与痛苦。青狐和丈夫打架，被撞掉了一颗门牙以后还一边打架一边背诵语录。我看到政治或者说意识形态给人的生命留下的刻痕是如此的深刻。

王蒙：谢谢你注意到了这一点。反过来说，人性，女性和性，同样也给政治给时代给历史事件留下刻痕。

女性的身体的描写和欲望的表达只是你找到的一个奇巧的角度，经由这个角度你让我们看到你对革命、历史、民主和权力的洞察和个人化解读。这种洞察和解读因为你的在场而变得深刻和真切。

王蒙：不能说仅仅是奇巧，人性当中包含着欲望，不同的社会环境、文化环境下，人的欲望有不同的满足或者被压抑被扼杀的形式，这很重要。再说到底，这是写小说，不是写正史，不是写档案。小说要求小说的种种特点，要求小说的总体性、生活性、可咀嚼性与趣味性。您不论如何从中论证开掘演绎，您别忘了，这是供阅读的小说。

小说有好多种，有的小说供人娱乐供人消遣，有的不是。几年前读《活动变人形》，你写到屡经困苦的倪吾诚把自己视为一条因为怀有欲望而不断遭到电击饱受创伤的狗，那时候你给我们的阅读感受不是娱乐和消遣，而是内心的打击。包括《布礼》《蝴蝶》《坚硬的稀粥》等等，你让我们看到人在历史，在政治和文化境遇中的非我状态，甚至非人状态。

王蒙：是的，不能仅仅将小说看作娱乐消遣，就像不能把小说仅仅看作决心书或者战表一样。

小说不是档案，但是小说有可能成为人的精神和心灵的记录，成为我们观察和解剖历史、政治和文化的标本，这也是文学对人的意义之一。

王蒙：我喜欢说的一句话是，小说可以提供一份心灵的与个人的、艺术的从而是不无夸张的证词。

在《活动变人形》中你说你起诉了你的所有人物，包括作者自己，严厉地审判了他们也审判了自己，然后赦免他们——我们，并为大家大哭一场。在《青狐》中你起诉了谁？你审判他们然后再赦免他们吗？你为他们再哭吗？

王蒙：当然，一切的一切，我为他们或者更正确地说是我们而哭，并且发出傻笑。

公共领域与作家的责任

你经历了一个世纪不同时期的不同历史、社会变迁和政治变革，也亲历了文学的不同形态的演进。现在文学对你来说是什么？对今天的现实而言，文学已经不再被公众所关注，文学本身的力量也在消失。

王蒙：现在文学对于我是真正的文学。在前革命时期，文学像战旗和炸药。今天，文学像镜子、好友、营养剂，当然也有苦口的药。这当然不是绝对的。我的印象是，到目前为止，中国仍然是世界上最重视最关注文学和作家的国家。

在经历了半个多世纪的写作之后，你对自己的写作有什么具体的标准吗？

王蒙：我希望写得更好而不是更差，一旦发现走下坡路了，我当停笔。

你连续几年被全美作家联谊会推荐诺贝尔文学奖候选人，对诺贝尔文学奖的看法和态度已经是一个让人疲倦的话题，我们不说诺贝尔文学奖，我们只说中国作家和世界文学的关系，你有抱负让你的写作被世界更多的国家更多的人群所认识和接受吗？

王蒙：我的作品已经翻译了二十多个语种并在相关国家出版，我知道我的作品走出去的面是算宽的。但是我的作品除俄罗斯外，在别的国家都不算畅销，这是没有法子的事。

除了语言的壁垒，还有什么是中国作家走向世界的障碍呢？

王蒙：障碍是双向的，而且不仅是中国文学。中国文化还处于弱势。中国国情与强势文化国家相距甚远。意识形态的鸿沟，强势文化者的拯救心理与旅游心理，等等。同时，我多次谈过，我不喜欢"走向世界"这种往人家那边靠的提法。

你一直是一个对社会介入比较深，或者说是一个受革命影响比较大的作家。从少年时代的布尔什维克经历，到后来的1957年反右，再到1979年在中国文坛的复出，包括后来你担任文化部长，可以说你一直置身在政治之中。回顾你半个多世纪的文学生涯，对社会的介入对政治的介入成就了你的写作，还是伤害了你的写作？一直有一个说法，就是作家不能离社会太近。作家要远离现实，作家要远离政治。

王蒙：不同的作家有不同的活法，不同的写法。没有比以一种作家的模式衡量另一种作家更愚蠢的了。没有人能为作家设计普遍适用的人生蓝图。即使你设计得最好，相信一个像样的作家的人生图景，一定超过你的设计。作家都远离政治与作家都拥抱政治都是不可思议的。而王蒙，如果是另一种活法，他绝对不是王蒙。我即使羡慕人家也是白白羡慕，反过来说，我本身也无法替代。

政治在你的身上有着太深的烙印，就像有的作家身上有着太深的商业烙印，有的作家又有着太深的时尚和流行的烙印。你的人生经历和文学经历使我们绕不开政治这个情结。

王蒙：绝对如此。不仅是情结，而且是命运和生活，经验和记忆，素材和灵感。但我又相当充分地理解另一类遗老型和书斋型的文学。我投入得很深，又时时想着超越、回归、平民、大地和天空。

作家现在被市场制约。中国作家越来越少有那种植根于世界人文传

统的人道关怀。像巴金老人那样执着于一个民族的历史反思，执着于一个民族的灵魂拷问已经再难见到。

王蒙：不一定。是方式更多样了，任何一个作家都不可能也不应该重复别人，也不应该重复自己。即使那些喜剧型作家，不也有他们的深刻与巧妙之处吗？

有一种作家创造了很多优秀的作品，同时也持久保持着对社会关注的热忱和激情，像左拉、萨特、加缪等等，法国的作家具有这方面的历史传统。包括南非的戈迪默、德国的格拉斯，包括日本的大江健三郎，还有美国的苏珊·桑塔格，这些作家都表现出对公共事务的强烈关注。你对这种类型的作家怎么看？

王蒙：很好。但我不怎么相信关注公共事务的作家，他们在公共事务上一定和他们在文学上一样优秀。即使最伟大的作家，他们的特长多半不是实践而是书写，公共事务就不仅是书写而且是实践，主要是实践的了。许多善写爱情的作家，本人的爱情生活并不成功，没有理由相信他们在公共事务上有比在爱情生活中更优秀的实践性天赋。当然，作家出自自己的良心、使命感，不擅长也要做许多实际的事，这是应该肯定的，这也是知其不可为而为之，或者如康德所说，这也是一种绝对命令吧。例如南非的戈迪默我见过，1986年我参加国际笔会纽约年会的时候见过她。那是个说话做事都很决断的人。她坐过监狱，因为反对南非种族主义隔离，跟曼德拉站在一条战线上。她是一个白人作家，但是她站在黑人一边，一生都把废除南非种族隔离当成自己终身奋斗的理想。曼德拉因为坐过监狱，深感做犯人的痛苦，一生憎恨监狱，主张用西方文明对待国民，例如废除死刑。但是现在南非废除了种族隔离制度，又面临着自己新的问题。面对新的现实，戈迪默话似乎不多，因为她为之奋斗一生的目标达到了，但是达到了又是这样的境况。作家都是理想主义者，要是他的理想最后变成了现实，而这个理想在实现的过程中与原先的设想不可能完全没有两样，他该怎么办呢？这样的经验中国作家也不陌生。

中国的作家好像不那么关注公共领域，在世界重大事件发生的时候，中国作家的声音是缺席的，这是因为公共领域距离作家太遥远，还是作家已经失去了关注的热忱？

王蒙：这和文化传统、行事方式与体制也有关系。你怎么想象比如说中国作家个人发表一个声明谈朝鲜核问题呢？

作家发表声明谈朝鲜核问题当然是尴尬的，但是作家对公共事务的疏离和对社会问题的沉默似乎也令作家难堪。

王蒙：我可以举出一打例子，证明作家不是疏离了而是富有使命感地介入着各种问题，例如张平、陆天明、周梅森之于反贪，张炜、徐刚之于环境和土地，张承志、韩少功之于爱国主义，阎真、王跃文之于吏治，"三套马车"之于城乡改革，军旅作家之于治军，唐浩明、熊召政、张建伟之以史为鉴，宗璞之于知识分子传统等等。同时，我完全相信，你可以举出更多的例子，证明确有疏离。有疏离的，有紧着投入的，大致正常。同时，提倡投入的可以批评疏离，提倡特立独行的可以嘲笑投入，那样的文艺评论不是会热闹些么？

但是作家对公共事务的关注和介入，有的时候仅仅是出于制作一部畅销书的原则和对出版市场的精心谋划。比如我们所看到的很多热销和热播的致力于揭贪和反腐的作家的小说或影视作品，我们看到的是作家和出版商、影视从业者联手对商业市场的开疆拓土，我们看不到他们真实的忧患，看不到独立的思想和有效的社会见识。

王蒙：这说明，对于公共事务的介入也有三六九等，就像以孤独疏离寂寞或以批判战斗抵抗自诩的文人也有三六九等，乃至有作秀，有假冒伪劣，有偏执一样。

书写是作家的存在方式

书写是作家唯一的存在方式吗？作家对公众对社会发言的唯一通道是纸和笔，或者是键盘和电脑吗？那么这是不是中国作家独有的方式？因为法国作家不是，俄罗斯作家不是，捷克作家也不是。我们追问这个问题是因为对作家这个职业和行为的困惑。

王蒙：书写是作家最擅长的方式，并不是创造历史解决公众事务的最有效的方式，例如面对 SARS，作家的书写就远不如医生的行动有力。作家除了书写还可以做许多事，没有任何好事是作家不应该做的。做不做得好则是另外的问题。

这里还有一个道德与使命感的问题，作家同时还是人、公民，是国家、社会、民族、家庭的一分子，有些事他认定了自己必须做，他一定会去做，做不成也要做，作家们有许多这样的记录，多数是令人景仰的。

你经常会走出国门，参与国际文学活动，那么依你的所见，别的国家的作家是怎么生存怎么写作的？他们怎么对待公共领域，怎么对待公共事务？

王蒙：在西方就是那些获诺贝尔文学奖的作家在他们的国家也是相对寂寞和边缘的。在美国有 6 个获诺贝尔文学奖的作家，得奖的那几天很热闹，电视台和报纸都盯着他们，采访、报道。但过去那几天就没什么事了。要是在中国真有一个得诺贝尔奖的，那还不成神仙，整天被人供着追着捧着。国外的作家不一样，就是得了诺贝尔奖，也是原来干什么后来还干什么，当教授的照当教授，做记者的照做记者。索尔·贝娄、布罗茨基，还有犹太人辛格，他们就是获得诺贝尔奖也没有改变他们的写作方式和生活状态。欧美一些重要作家的收入还是靠他们写作之外的职业，或者教授或者律师或者新闻记者等等。相反在美国如果说一个职业作家就是指斯蒂芬·金，写恐怖小说的。美国的主流文化主流文学并不接受这样的写作。

我发现作家对公共领域公共事务特别关注的大多数是第三世界的国家，用文学写作介入政治，干预现实。到现在用文学介入政治最深的，一个是秘鲁的略萨，一个是哥伦比亚的马尔克斯。略萨积极参加社会活动，他还竞选过总统。马尔克斯是跟卡斯特罗的私交甚好，就像高尔基跟列宁一样，马尔克斯写过不少关于古巴革命和古巴领袖卡斯特罗的文字。法国《解放报》曾经请世界各国的作家回答过一个问题，就是：为什么写作。凡是第三世界国家的作家都写得比较沉痛，巴金、丁玲的回答都把写作跟拯救和唤醒民众脱离黑暗的现实作为写作的理由，而西方的作家更强调写作的个人性，强调写作的内心需要。作家对文学的态度跟他们所在的国家命运和社会现实、个人际遇有关。

对中国更多的作家而言，一个现实的境况是边缘化，从话语权力的中心转移到边缘地带，作家以前所赖以存在的文学期刊也在艰难困窘中苦心经营，而出版的全面商业化对文学的冲击和裹挟已经使严肃文学严肃作家四面楚歌，更多的作家成为庞大影视工业机器的一个螺丝，成为影视影像的底本摹写者。我想问的是：一种独立而自由的文学，一个有精神立场和创造力的作家在今天还会是可能的吗？文学能不向商业妥协而保持自己独立的品格吗？

王蒙：古往今来，古今中外，文学都与生活息息相关。文学家之不同各如其面，妥协有各式各样的，独立与自由也是各式各样的，同样对文学的干扰与影响也是各式各样的。我相信作家们，特别是优秀的作家们有足够的能力来实现自己的追求与使命。同时有大量的随波逐流的作家，投机取巧的作家，由于江郎才尽而变得"忘年妒"的作家等等。作家与各行各业一样，有好的，有假冒伪劣，当然。

最后我想问一个问题，依你个人看，作家是一种什么样的职业，作家是一种什么样的人？什么样的理由才能使一个社会和一个社会的群体对作家产生尊敬和爱戴之心？

王蒙：只有在中国，作家才有这么高的地位。这和中国的"作家"一词有关，家者，成名成家之谓也。在其他语言中，作家只是写者的意思。在英语里，任何一个书写的人都可以自称作家。在维吾尔语里，作家与记工员、记者可以用同一个名词。作家中有三六九等，有的被尊敬，有的被爱戴，有的则仅仅是被享受和消费，还有的被怜悯和蔑视，何况还有被厌恶的所谓作家呢。

第二部分

还原历史真相

黄永玉：我的心，只有我的心

2007 年新岁来临，83 岁的黄永玉宣布要戒掉画画，开始续写自传体小说《无愁河的浪荡汉子》。其时也是黄永玉的随笔集《比我老的老头》增补再版之时。《比我老的老头》讲述的是 17 位文化老人在 1957 年之后所遭受的精神痛苦。写沈从文的《这些忧郁的碎屑》，写钱钟书的《北向之痛》，写李可染的《大雅宝胡同甲 2 号安魂祭》，写聂绀弩的《往事和散宜生诗集》，写陆志庠的《不用眼泪哭》，或感伤，或沉郁，或愤怒，或达观，或超脱。黄永玉以炽热、痛楚而悲悯的心为师友画像。

黄永玉在《为什么老头儿号啕大哭》的序文中追问道："为什么人都要在自己亲身受到磨难后才清醒过来呢？如果不受到磨难还有这种清醒的可能吗？"

2007 年 2 月 10 日下午，晚冬的北京东郊天色铅灰，"万荷堂"园林也是枝叶枯寂，一片萧索。进入"老子居"广阔的厅堂，却是鸟语花香生机盎然。头戴黑呢帽、身穿中式衣褂牛仔裤的黄永玉手持烟斗，斜坐在木椅上接受专访。

"老子居"里的"老子"

除了睡眠，黄永玉行走坐卧之间都叼着烟斗。

这辈子／吻谁也没有吻你多／每天起码一千次／一种冒火的冷吻。

冷的吻／那时代／唉！情感的贫困／配给温饱／配给笑／配给爱，还要驼背弯腰挂块牌。

这是以"老子"自居的黄永玉写给烟斗的一首诗。

1924 年，黄永玉出生于湘西凤凰的一座山城。1937 年以前的凤凰人，自由、放荡，将幻想和生活上最现实的部分糅合。湘西那个小小山城不知什么原因，常常令孩子们产生奔赴他乡的献身的幻想，以至黄永玉和表叔沈从文都是在十二三岁时背着小小包袱，顺着小河，穿过洞庭去"翻阅另一本大书"。

受表叔沈从文的影响，黄永玉穿过洞庭去闯荡世界，江西、福建、上海、香港、台湾，辗转飘零；1953 年受表叔沈从文的召唤从香港回到大陆，开始他命运多蹇的生之旅途。

黄永玉在他的自述文字中说："从文表叔许许多多的回忆，都像是用花朵装点过的，充满了友谊的芬芳。他不像我，我永远学不像他。我有时用很大的感情去咒骂，去痛恨一切混蛋。他是非分明，有泾渭，但更多的是容忍，所以他能写那么多小说。我不行，忿怒起来，连稿纸也撕了。扔在地上践踏也不解气。但我们都是故乡水土养大的子弟。"

[**黄永玉口述**]

现在我多半时间住在"万荷堂"。

早上 7 点钟起床，漱洗完，吃早点。随便吃一点。吃完早点看看电视，上厕所,然后工作——画画。12点吃午饭,吃了饭再画画,18点钟吃晚饭。晚上看看电视,看看影碟,睡觉之前看看书。就是这样。时间过得很快。偶尔会有好朋友来,以前是丁聪、王世襄、黄苗子、张仃这些老友,现在老朋友也都老了,出门不便。要有朋友来就是在下午,有时候放下工作,有时候不放下。晚上大家一起吃吃饭,聊聊天,朋友们回去。很少出去玩,出去玩可惜了。不要说在中国,到国外去我也很少玩,大部分是画画,写东西。

我不是一个喜欢应酬的人。80多岁了,一天到晚还那么活跃,怎么可能呢?有这个时间空间,也没有这个精力。还不如利用时间,多做点事情,写写东西。写东西总是受画画的干扰,要把画画的时间尽量安排好,保证写作的时间。我不是一个懒惰的人,不喜欢应酬,即使能躲过开会和应酬,也还是没有时间写作,总有什么事情打扰。不过马上要写《无愁河的浪荡汉子》了,再不写来不及了。

《无愁河的浪荡汉子》不是自传,就是把自己经历过的事情串联起来写。

"无愁河",就是没有忧愁的河流。因为我们家乡的上游有一条无伤河,我把它改成无愁河。借用这个名称写我从童年到今天,我经历到的、看到的、体验到的,不是历史,没有编年。

写历史不是我的任务。我的经历恐怕别人也没有过,从小到处跑,一直到解放后回到内地,近一个世纪经历了那么多事情,认识了那么多人,有那么多感悟和体验,这些别的人很难碰到,要不写出来就可惜了。现在不画画了也可以,要是这些故事不写出来,就可惜了。第一部分写到4岁就写了20万字,就这样往下写,写到80岁。没有提纲,就是信笔往下写。

现在画画对什么题材感兴趣?每个画家都有对题材的专注点、擅长点。我这个人没有受过专业训练,有很多的局限性,但是也有好处,好处就是不受任何约束。想到什么画什么,生活里头,书本里头,见闻里头，看到、听到的都会画。我画画之外，也做雕塑，搞木刻，也写东西，就是这样。这不是一个专业人的做法，专业的人就不一样了，搞研究的，一辈子做研究；写小说作诗的，一辈子写小说作诗。就像铁匠就打铁，银匠就打银子。我这个是修补破铜烂铁、挑着个担子满街串的人。

我主要的收入就是卖画，收入维持生活够了。卖画主要在香港和国外，像意大利、英国、美国、日本、东南亚一带。买画的人不一定都是专业的人，各种各样的人，也很难说你买我的画，我要调查你的出身什么的，谁要买画就买。我的画也不是纯粹的中国画，纯粹的中国画也就是中国的文言文，人家还不一定看得懂，太前卫了也不行，我的画可能对他们的胃口。在国外也不敢说有什么影响力，人家愿意买画就是。画能卖到多少钱？这个问题人们一般不会说。维持生活没问题了。

我从来没有跟什么拍卖行发生什么关系。有过一次，就是前年，荣宝斋拍卖过一次我的画，拍卖完了，结果那个买画的人让抓起来了，据说是一个黑社会的，后来又把画还回来了。我的画还被偷过，也被追回来。艺术家跟画廊、市场的联系，是艺术生产的惯例。以前就是这样，从印象派，到19世纪、20世纪，都有画家的经纪代理。我用不着代理，别人买的画，都是辗转找来的，包括仿作我的画，也是在个人之间卖来卖去。我没有经纪公司，没有代理。不少画家有经纪公司吹吹捧捧，我不太好意思做这种事情，也可能没有这个本事。

不是有意标榜，一是没有时间，再就是能维持生活就可以了，用不着弄很多的钱。好好的做点别的事情，读读书，写写东西，跟好朋友聊聊天，可以了。挺好的。

现在已经不像过去的年代，过去的年代动弹不得，你连画画的权利都没有。

斯巴达式的精神磨难

黄永玉被很多朋友看作是"纯真的人"——在严酷的时代保持了纯真品格的人。

黄永玉自己则说:"我是个受尽斯巴达式精神折磨和锻炼的人。并非纯真,只是经得起打熬而已。剖开胸腔,创伤无数。"

1953 年,黄永玉和妻子梅溪、儿子黑蛮一起从香港回北京,时年黄永玉 29 岁,儿子 7 个月。促使黄永玉回北京参加工作的除了自己的意愿,还有就是表叔沈从文。

黄永玉从北京老火车站坐着马车到沈从文在北新桥的大头条寓所,那是座宽敞的四合院。但北新桥的生活其实从物质到精神都是慌乱的。其时沈从文在历史博物馆工作,每日上千种文物过手,每日用毛笔写数百标签说明。

1954 年、1955 年日子松动得多,对沈从文和黄永玉来说都不算难过。真正使他们受到考验的是 1957 年之后的岁月。

"'反右'了。'反右'这个东西,我初以为是对付青面獠牙的某种人物,没料到罩住我许多熟人、我心目中的老师和长者、好友、学生。我只敢在心里伤痛和惋惜。在我有限的生活认识颤抖。"黄永玉说。

"不停地'改过',不停地'学习',不停的'检讨'和'认罪',虚掷掉几代文化精英们的生涯,挑起他们相互的怀疑、窥探、残杀、咬嚼,把仇恨当饭吃的情绪。"

"男儿脸刻黄金印,一笑身轻白虎堂",咏林冲的两句诗成了黄永玉在那段时期全部生活的悲欢写照。

[**黄永玉口述**]

"文革"前我的住处是一间大房和一个小套间。房子不算好,也算满足。跟我一起住的，很多是我尊敬和景仰的长者。

1967 年，中央美院从党委书记、副书记、党委委员，到教授、副教授、讲师和想象得出来的一些人，再加上一两个贪污犯，都成了"牛鬼蛇神"。美术学院版画系长长的胡同两头一堵，装上木闸子，就成了天生的一所监狱。美术学院加上美术家协会托管的"牛鬼蛇神"总数加起来刚好是梁山水浒好汉的一百单八。日子很不好过，劳累、痛苦、羞辱、恐惧，牵肠挂肚地思念家人和朋友。

家被查抄，所有的文物所有的东西都被拿走，唱片、字画、书装了六车。批斗会上，被人用鞭子抽得背上的血往衣服上揭不下来。

在"牛棚"，每天一人轮流值班到大厨房为大家打饭。"牛鬼蛇神"不准吃好菜，米饭馒头倒是一样。馒头每个二两，吃三两的就是一个半。那半个馒头由值班的负责，将一个二两的馒头掰成两半。这件事，李可染一直做不来，发抖的手总是将两半馒头弄得一大一小，而且悬殊到当时觉得可怕现在觉得荒唐的程度，李可染先生为这个经常被看管的人训斥。

李可染先生从来没有经历过那么大的动荡，那么凶恶的迫害。一大家人等着他料理照顾。我的一个学生，一个形象长得像粒臭花生的年轻人，极为凶恶残暴。就是这一类中山狼使没经过恐惧和欺诈的李可染先生丧魂落魄。他已经高血压好多年了，命令他站起来说什么的时候，连手臂、嘴皮都在颤抖。

李苦禅先生当得起是一个好汉，他的工作是清扫垃圾。他有练功的底子，什么侮辱也压不倒他。什么担子他也挑得起。70 岁的老人，一举手，几百斤的垃圾一下子倒进了垃圾坑，就跟没事一样。

动乱初期，我是真诚地认了罪的。喜欢"封、资、修"文学、音乐，喜欢打猎，还有许多来往频繁的右派朋友。但是慢慢地我就不老实了，我最不老实之处就是善于"木然"，没有反应，没有表情。我想老子就是不让你看到内心活动。那时我有恃无恐，压人的几座大山，历史、作风、家庭出身在我身上已经没有影响。

1971年，我从下放的农村调回，参与北京饭店的《长江万里图》大型壁画的创作。创作组成员有画家吴冠中、袁运甫、祝大年。四人赴长江两岸写生尚未结束，北京开始了批黑画运动，我们应召返京，壁画创作组解体。没想到我的作品又被列为"黑画展"第一名，受到批判。

刚刚粉碎"四人帮"的时候，有一次在钓鱼台吃饭，廖承志同志问过我怎么跟"四人帮"斗争的？

我说我怎么敢跟他们斗争呢，最好是他们没有想到我，没有想到我就很好了，我哪里敢跟他斗争？当时因为"猫头鹰"事件、"黑画"事件，我受到伤害，好像受到伤害是一件值得吹牛的事情。我只能说幸好江青没有对我好，要是她喜欢我，我怕控制不住会做多少坏事啊？我跟廖承志同志说，我是这样看的，我顶多没有求饶。廖承志说不求饶也是一种斗争！生活就是这样，在太平年月人性都难以琢磨，何况社会动荡时候，更难预料。

怎么看过去的生活？世界的历史不是从今天开始的，人类有几千年前的痛苦，只不过没有记录。惶恐、折磨，有时候就是人的常态。生活是一个很完整的过程，充满伤痕的生活也是一个完整的生活，人生就是这样，每一个人都是这样。我们不一样的地方，就是我们不只有新社会的经历，还有旧时代的体验。现在看当年人性的扭曲，也是应该谅解的。能怎么样？人不愿意宽恕罪恶，不宽恕的最好办法就是别忘记，但是你可以谅解。在法国的时候，我去过巴黎圣母院，在圣母院的附近有一个纪念馆，那是纪念在第二次世界大战中死难者的。法国诗人阿拉贡的诗句就刻在纪念馆正门上，他说：可以原谅，不能忘记。

还能有什么更好的解脱办法吗？没有。仇恨没有用，报复也没有用，对犯下罪行的人，你就是鞭尸也解救不了你所遭遇的磨难给你身心带来的创伤。你还是要面对生活。在外国有一个格言说："别去记仇，记仇影响你对生活的判断。"这是对的。我们经常说新社会旧社会，把它分得那么清楚，实际上那个新的里面，有好多旧的东西，那些旧的让我们害怕的东西，换一个面貌再来，就像中国的封建思想，几千年来总是变换面貌出现。所以有人群围攻妓女拿石头砸妓女的时候，耶稣说：如果你们自己不犯奸淫你们就可以打她，结果再没有人敢打。就是这样，面对历史，每个人都有自己的责任。

人从历史的角度想问题就能看开一点。在最困难的时候，为什么我不感觉忧愁，就是在任何一个情况下，我都能排解困难。我也曾哭过一次，忍不住地热泪滂沱，头埋在被子里，那是读到巴尔蒙特诗句的时候，他写道："为了太阳，我才来到这世界。"读到这句诗的时候我哭得像小孩子。

在阿瑟·米勒家劈柴过冬

1953 年，黄永玉在香港听说沈从文自杀。

后来知道表叔获救的消息，黄永玉才松了口气。

因为"政治的无知"，沈从文逃过了 1957 年的劫难，但没有逃脱"文革"的厄运。很长一段时间，沈从文的工作是清扫历史博物馆的女厕所。

1983 年，黄永玉给曹禺写过一封信。

写信是因为当时曹禺到黄永玉家里谈到他跟沈从文的交往。他感慨半个世纪以来中国社会的变化，人情和政治的冷暖。曹禺说他曾是沈从文的好朋友，但是他多年来一直不敢去看沈从文。他很自责，为这件事抱歉。

[黄永玉口述]

曹禺说他不敢去看沈从文，但是我在沈从文家见过他一次。他还是看了，并不是完全没有看。只是他对表叔一直怀有愧疚，责备自己几十年。

为什么写这封信？就是因为曹禺先生那次在我家说起他的心情。他说你看你多好，有这么多朋友来看你，你也能去看朋友，我就不行，我不敢看别人，别人也不来看我。他跟巴金先生也讲过这样的话。因为这个原因我就写了一封长信给他，我说你以前是我们的大山，但你被"势位"所误。你要把原因归结到社会还是不太准确，你有自己的原因，你是因为所处的位置耽误了自己，你要把位置稳住，因为这个位置，你不敢招惹是非，不敢按自己的意志行事，就像有钱的人不敢跟讨饭的打架一样。我说以前你是我们的大海，是我们的高山，现在你变成了小土堆，变成小沟渠，为什么？实际上我知道为什么，谁都知道，他也知道。有什么办法呢。写这封信是因为惋惜曹禺一世的才华——年轻时写出那么多剧作，后来没什么像样的东西，那是一个剧作家的悲凉。其实不光曹禺，还有夏衍、茅盾，好多好多，都有这个问题。

当时阿瑟·米勒来中国访问，在曹先生家里做客。英若诚也在，他把我的信翻译给阿瑟·米勒听。吴祖光很担心，他说你这信一写曹禺准跟你绝交。吴祖光了解曹禺，但没有想到的是，曹禺后来回了一封很诚恳的信给我，他说我把你的信裱起来了，裱成一本册页。阿瑟·米勒是我的朋友，他是个很有活力的人。他来北京到我家几回，他的书里也写到我们的交往。我到美国，在他家住过十多天，他家里的桌椅全是自己打制的。他住的地方有森林，阿瑟·米勒自己带工具采伐，自己锯木头制作桌椅。我去看他，他就开拖拉机带我到森林伐木，木头运回来他自己用斧子劈开，那些木头就供他过冬的烧柴。阿瑟·米勒和曹禺完全两种状态，我对他说，我们也有个大剧作家曹禺，可惜曹禺离生活太远了。

我们很多艺术家是这样的命运。像阿瑟·米勒那样就被看成异端。

我有过这样的经历：1957 年，那时候我们买布要凭布票供应，我用布票买了一些厚布，我做了一个小帐篷带着全家 4 口人，还有朋友的孩子，我们带着狗去野外打猎、露营。从小我就养狗，在家乡我舅舅喜欢打猎，我就跟着他。1957 年，有人就贴大字报，批判我是资产阶级分子，批判我是游手好闲，吃喝玩乐。问题是他没有见过资产阶级，不知道资产阶级是什么样。真正的资产阶级可不是像他们想的整天无所事事，资产阶级是很奋发进取的，这个他们不知道。

阿瑟·米勒的成长和我们不一样，现在他死了，他在活着的时候创造力惊人，跟曹禺完全两样。在美国的时候我看过阿瑟·米勒排戏，阿瑟·米勒就坐在导演旁边，随时修改台词。演员问这样是不是更好一点，他如果觉得好，当时就改。排完戏再开车跑很远的路带我到他家去。

那年，他到中国访问出了一件大事，他到北京的时候恰好是我们的一位网球选手出走美国不归。我去北京饭店和朋友吃饭，听人说起胡娜的出走事件，听到消息说某某负责人指示，把阿瑟·米勒驱逐出境，他把胡娜出走跟阿瑟·米勒的来访放到一起处理。阿瑟·米勒是北京人艺请到中国的贵宾，胡娜是自己出走，怎么能把两件事相提并论呢？有关方面生气，态度坚决要把阿瑟·米勒驱逐出境。我就赶快告诉当时文联负责人陆石，请他赶快跟中央去打听打听，千万不能这么做，要是把阿瑟·米勒驱逐出境，国际会大震动，我说要知道阿瑟·米勒是什么人，你请人家来的，真那样做会使中国丢脸。后来中央领导过问，阿瑟·米勒没有被驱逐，他大概也不知道发生过这件事。

不爱黄霑，爱崔健

"画画的人，永远是个孤独的行者。他要对付自身、身旁、世界、所有的惊涛骇浪的人情世故，用极大的克制力维持创作环境的宁静、安详。"

在1980年代中期，黄永玉有很长的时间生活在法国和意大利。

在一本《沿着塞纳河到翡冷翠》的书里，他记录了这段异国的生活。

"每天提着一个在沙特买的简陋的小麻布袋,里头装着一支'小白云'

毛笔，一个简易的墨盒，几次到欧洲来都用的是它。跟一卷窄而长的宣纸。再就是一块厚纸板和两个小铁夹子；我在全巴黎的街头巷尾到处乱跑，随地画画。"

在巴黎的住处是好朋友为黄永玉找的，在卢浮宫墙外的大街上，一套闹中取静的典雅屋子。三楼或是五楼，电梯小，轰轰隆隆来到楼上，糊里糊涂住了一个月。从墙上大阳台可以看到卢浮宫顶门上一系列雕刻。直街拐进另一条横街，中间的丁字角就是广场，广场中一个骑马的武装女人，镀金铜像。她就是圣女贞德。

黄永玉沿着塞纳河到翡冷翠，追索印象派之源，访问梵高的故乡，寻找达·芬奇、罗丹、米开朗基罗、拉斐尔的足迹。

[**黄永玉口述**]

在国外那几年没有什么，意大利那边，我有个家，有时候回那里去，我女儿黑妞在那里定居。国外就是国外的生活，有时候杂志报纸让我写写哪个东西，我就写写。其实在生活里面不重要，在那里就是休息。中国人嘛，外国文化有时候也难免沾染到了，但不是绝对的。中国文化当然是主要的。

各人有各人的生活经历，各人有各人不同的路子。人家说黄永玉是玩家，黄永玉玩得挺开心的。我不玩，不喝酒，不听卡拉OK，不打麻将和任何纸牌。吃东西也不偏爱，不是说一定要吃好东西，有什么就吃什么，无所谓。朋友来往也不是很多，就几个小时候的朋友，三教九流都有。各种各样的朋友开阔我们自己的知识，年纪大了，走路也不方便了，这些朋友来了，跟我谈另外一方面的知识，交流交流，有一种新鲜感，就是这样。很平常，就像大家过日子一样。

除了画画、写文章，就是看看书。我没有必读书，爱读什么书就读什么，包括《老子》《庄周》《麻衣神相》，什么书都看。我这个老头子，一辈子过得不那么难过的秘密就是，凭自己的兴趣读书。世界上的书，只有有趣和没有趣两种。有益和有害的论调是靠不住的。这个时候有益，换个时候就变成有害了。苏联几十年前出过本《联共（布）党史》，被说成是一本对全人类命运至关重要紧要的最有益的书。怀疑它是有罪的。现在呢，变成一本有趣的书了。你可以用它去对照国际共产运动的发展，得出妙趣横生的结论。这是时间转移的结果，由不得谁和谁来决定。

一本书，在不同的时间，不同的历史时期，它的价值和作用完全不同。历史也是这样，正史、外史、野史，来来回回滚，我们随着年龄和阅历的增长，对历史的看法都会有变化。

读书读得最好的是钱钟书。我跟钱先生在北京西郊三里河一个大院里住过十来年，俞平伯夫妇、金山夫妇也在那里住。有的人读书像刘文彩，把读的书当成自己的财产来炫耀，就好像政治家拿官当得大来炫耀，有钱人拿财富多来炫耀一样，不但炫耀，而且架子越来越大，脾气越来越粗。有学问的人就变成脾气很大的一个人，这些人读了书，也不发挥，这是一类；还有一类，读了一本书就大发挥。像钱钟书先生这样的，古代的书、现代的书，古代外国书、现代外国书，他都能读懂，读了能消化，他把书消化以后变成一种精深的学问，这不容易。还有就是他记性好，加上见闻广，对人生有鲜明的态度，这在老先生很难得。钱先生的书写得也好，他有人生，他的人生也很有趣，《围城》是懂得人生的大书。但钱先生是教授的人生，书斋里的人生，跟世界的丰富和复杂比，还不够。

但他这样的人已经很少有了，人生百年，能像钱先生这样已经很好了。

我这个人，特别的地方是兴趣广泛一点。就连儿童画我也喜欢，中国的、外国的、非洲的，我都喜欢。音乐我也喜欢，包括古典音乐、现代音乐，还有山西梆子、西北小曲，我都喜欢。也有不喜欢的，比如香港和内地那些大喊大叫的流行音乐我就不喜欢。在香港时我就对我的老朋友黄霑说，你怎么写散文写得挺好，写歌词怎么都不通？他说香港人喜欢东扯一句，西拉一句的。在他去世前一个星期，当时湖南电视台拍一个我的专题节目，黄霑在我香港的家中接受了采访。还有什么四大天王，那些人唱得还真不怎么像话。演好声乐需要出色的嗓子，四大天王的嗓子出色吗？我听不出来。

我喜欢欧美的现代音乐，包括流行音乐。从早期的猫王，到披头士，到以后的西蒙我都喜欢。我一个朋友，音乐学院的院长赵沨，他就不喜欢现代音乐，我说你有没有看过披头士写的总谱？那个总谱看起来可不简单，它的旋律、节奏、配器学问大大的。可惜赵沨不在了。我听猫王、听披头士的时候也不老啊，1957年批判我的一个罪名就是我向学生介绍欧美古典和现代音乐，他们说我是罪魁祸首。那时候我还年轻，从香港回到内地，带回来一大堆欧美的现代音乐。那些乐曲的歌词真是好，不像我们今天这么混乱。我看过一部美国电影，电影里那个纽约联邦调查局的副局长，被黑社会雇佣的杀手绑起来了，放在汽车后备厢里面，汽车在走，整个晚上就放西蒙和加丰凯尔的歌曲，让那个陷于绝境的联邦调查局副局长活下来："你别忧愁，我愿意变成一座桥，让你从我身上渡过忧愁。"

当然，我们也有杰出的音乐家。比如崔健。他是一个开拓者，是个了不起的人。

王朔我也喜欢。我觉得在将来他的文学地位是摧毁不了的。他是很重要的一个人，是一个开拓者。王朔的书我都读了。我觉得崔健的精神，王朔的精神，是开拓性的。开拓什么？开拓一种境界。文艺的道路是需要开拓者的。比如说印象派，1875年，像德加、马奈、莫奈、毕沙罗、图鲁斯·劳特雷克，像塞尚、梵高那么一帮年轻人，一起把太阳抬到绘画里面来，这是一个开拓。一样的道理，崔健让中国有了"摇滚音乐"，王朔让中国有了年轻的舒展。不叫苦，不哼哼，把今天的年轻的社会关系、情感抖搂出来。教一切人，包括老人如何看今天的世界，今天的底层，为新世界欢欣。开拓所向披靡的幽默强势，你没有头脑和眼睛吗？怎能叫他"痞子文学"？他们从中世纪一样保守的文化禁锢中冲出来，从政治高压里面冲出来。可能他们很难让人一下子理解。需要时间，有了时间，很多事情就可以被证明。

艺术家，有的道路宽敞一点，有的道路曲折一点，我一直想崔健和王朔的问题。崔健来过我这里，王朔我不认识，王朔有一个很难听的称号："痞子文学"。有的是官方这么说他，有的是同行这么说。没关系。有没有第二个人，全北京市的书摊都卖他的书？狄更斯当年写小说，不是一本一本地写出来，他是一天写几页，由货郎带着走乡串市去卖，人们读狄更斯的小说，货郎一次来买几页，下次来下次再买，这就是狄更斯当年的读者。我一直喜欢狄更斯在他的小说《双城记》中的题辞："这是一个光明的时代，这是一个黑暗的时代。"

这不是小事。崔健和王朔出来的时候我们的社会是什么样子？精神和生活是什么样子？他们是在给别人开辟道路，他自己可能因为某种情况，闪避在另外一边，但道路开辟出来了。崔健是不朽的，他一定还有辉煌的未来，王朔更是这样。很多人把他们看得很普通。他们是思想者。他们可不是仅仅在音乐或文学行当混日子的人，绝对不能小看他们。当然他们也不能小看了自己。但是作为一个读者，作为一个音乐欣赏者，我感谢他们。真正优秀的艺术不是随便就可以否掉、贬低的。欣赏艺术的人也要有欣赏的人格，社会对待艺术不能像奴隶主对待奴隶一样。

我作为反革命钦犯的女儿
——胡风冤案的历史遗痕

1985 年 3 月 26 日，中国现代文学馆正式开馆。

这是在巴金的竭力呼吁及支持下才得以建成的。胡风应约前去参加开馆典礼。老友巴金与胡风已是三十多年未见了，看到他强打精神的病体，后来在《怀念胡风》中感叹道："一个有说有笑，精力充沛的诗人变成了神情木然、生气毫无的病夫，他受了多大的迫害和折磨！"

五十多年前，"胡风反革命集团"遭致全国性的批判，成为建国以来第一场大文字狱。按官方统计，这场冤案共触及两千多人，他们不同程度地受到不公正待遇，不少人家破人亡。胡风本人则身陷囹圄长达四分之一世纪。直至 1980 年，这一冤案首次获平反。

1985 年 6 月 8 日下午 4 时 5 分，胡风在北京友谊医院逝世，死于贲门癌。一份事先拟就的《悼词征集意见稿》送抵家属。"这份意见稿让我们感到了一阵阵的寒意。"胡风女儿张晓风回忆着那个时刻。悼词是按照 1980 年 76 号文件定的调子，沿用了里面提到"政治历史问题"的一些不实之词。在这份平反文件中，只是在政治上给"胡风反革命集团"一案平了反，在胡风的政治历史、文艺思想和文学活动等方面保留了不实之词。

这份悼词没有被接受。为了还逝者和生者一个公道，丧葬被推迟。

直到这一年的岁末，经过中央的审定，悼词有了较大改动。1986 年 1 月 15 日，在八宝山革命公墓礼堂为胡风举行了追悼会。当年从胡风手中接过"三十万言"转呈中央的习仲勋特别赶来致哀。

我爸看了平反决议说"我要申诉"

胡风先生恢复自由以后你一直陪着他吗？那时候他的状态怎么样？

张晓风：父亲是 1979 年 1 月恢复自由的。在监狱里接到公安部的电话通知，说他的自由恢复了。完了就安排到了成都，住在成都招待所里，等待安排。我们是过了二十多年以后才在成都见到面，那时候他的精神还好。之前因为在狱中长年监禁，尤其是"文化大革命"，他对恢复自由、对平反失去了信心，导致后来精神崩溃。到后来"四人帮"倒台，政治形势好转以后他的精神就恢复了正常。但他还是有老年病，后来因为前列腺急性发炎动手术，身体一下就垮了下来。我们家属跟中央要求，希望能到北京来看病，慢慢再解决问题，中央答应了。我们就把他送回北京来，他在住院治病期间也等来了平反——1980 年 9 月，中央给他第一次平反，从政治上平反，就是说不存在一个"胡风反革命集团"，这个案是属于错案、冤案，当时就恢复了名誉。平反以后，他就被安排到中国艺术研究院当顾问，我也从郊区的农场调进艺术研究院给他当秘书。

胡风先生去世的时候是什么样的情况？你还记得吗？

张晓风：他是 1985 年 6 月 8 日去世的，是胃癌，这种病跟他长期在监狱里关押有很大关系，我觉得是被监狱里的伙食搞成胃癌的，从病情诊断出来不到两个月就去世了。他去世时，我们都在。去世以后出现了一个悼词风波，因为他去世，给他的政治结论还是第一次（1980 年）平反时的结论，只是从政治上平反，不再是反革命分子，但还是有错误，有资产阶级文艺思想、有宗派主义倾向，保留了一些政治尾巴。这些结论出现在他去世以后悼词的初稿中，包括对他发表的"三十万言"的评价。这样的悼词我们不能接受，我们要求给他彻底平反。

胡风先生有过两次平反，这也是少见的情况。他个人对平反是什么态度？

张晓风：本来在他患病之前，我们已经写了一个申诉，就是看到他有病了，也希望他能在生前看到自己彻底平反。最初因为他精神有病，我们没给他看第一次平反的结论，后来他精神稳定了才给他看，他看了以后，他说"我要申诉"。他不接受那个留着政治尾巴的结论。可是他写了申诉以后，又撕掉了，他说他们不会管的。后来我们看他病得更厉害，医生诊断说是癌症了，我们就为他申诉，希望他能活着见到彻底的平反。我们替他写了申诉材料交上去，交到中宣部，一直往上交，交到党中央，希望中央重新给他的问题做政治结论。

他去世那天中宣部的人来说，政治历史问题，公安部已经给你们核实了，政治历史的问题撤销，至于文艺思想的问题，以后慢慢再说。那天他就去世了，可是悼词还是那么写，我们就不接受，拒绝开追悼会，拒绝火化遗体。他 6 月去世，到 8 月悼词的问题还没能解决，我们说还是火化吧。

问题是在什么时候解决的？

张晓风：当时，对于家属所提要求，中央的批示是：丧事分两步走，先开追悼会，再进一步复查胡风的文艺思想和文学活动，做出结论。追悼会开过了，但有关方面允诺的下一步工作迟迟未能进行。直到胡风去世三周年的 1988 年 6 月，才终于向全体党员下达了新的平反文件《中央办公厅关于为胡风同志进一步平反的补充通知》。同年 7 月 22 日，《人民日报》正式宣布了中共中央再次给胡风冤案平反的消息。

他在监狱里精神崩溃想自杀

他当年被关押的情况是怎样的?

张晓风：先是在成都，1966年2月，由四川省公安厅在市区找了一个小院子，那时是监外执行，他被判了14年的徒刑。这个小院子里有看守，不能随便出去，出去的时候有人陪着他们。一直到秋天，成都"文化大革命"闹得很厉害的时候，他被送到另外一个地方，一个劳改茶场，属于公安部门的一个茶场，在那儿给他弄了个房子居住，也是属于半看守的情况。后来又给他收监了，把他带到成都住到看守所，一人一间牢房。一直到1974年，后来情况不是又越来越严重了吗? 又给他宣布改判了无期。那个时候四川省"革委会"的人保组，说他在伟大领袖像上写反动诗词，给他改判了无期，就把他收到大监了。那是四川省的第三监狱，在大竹县，离重庆比较近。

因为在主席像上写诗词，就被判无期吗?

张晓风：开头他是说我已经满14年了，从1955年到1969年，满了14年，你是不是应该给我自由了? 他就往上打报告，据说这个报告一直送到了中央，张春桥、江青批的是"关死为止"，所以还得关着。后来就改判无期，下了一个判决书，改判无期。罪名第一是写反动诗词，诽谤党和领袖；第二是在毛主席的领袖像上写反动诗词。他被关到了大监，那是非常苦的，一个老年的有病的犯人，经常被别的犯人欺负，后来他就精神崩溃了，在监狱里就精神失常了，有几次要自杀。

在大监牢里受同监的犯人的欺负，怎么欺负? 有多长的时间?

张晓风：住在大监里。很大的房子，就是这么一排，拿竹子当着铺板，一个人大概只有一尺这么点的距离，那个时候，翻身什么的很挤的。两排中间有一条通道，通道上放了一个尿桶。他是老年人了，又有前列腺炎，老得起夜，一趟一趟的，别人当时很烦他。还有吃饭，吃的都是一些菜汤、窝窝头什么的，窝窝头也不多，他本来就个儿高，饭量也大，当时还照顾他，给他的粮食定量还多一些，干活也是照顾他干轻一点儿的活，别的犯人看得有气了，有的时候就推推搡搡，就欺负他。

他的精神崩溃到什么程度？

张晓风：崩溃到了想自杀。可是他又不知道怎么办好，拿那个大石头往自己的脑袋上砸，砸得头破血流也砸不死。这么下去的话，监狱就觉得不放心了，让他跟别人单独分开住。跟别人单独分开住也不行了，最后还是把我母亲调过去照顾他了。他那个时候都已经 70 多岁了，他 1902 年生的，70 多岁，常年的精神压抑，身体各方面都不好，精神身体都不好。

他是被关在秦城监狱吗？

张晓风：开头不是在秦城，秦城还没有修好。1955 年的 5 月是在北京的几个看守所里转。秦城修好了，这才到了秦城。后来看资料，秦城大概是 1959 年才正式修好的。胡风分子的几个人，什么谢韬、徐放、路翎，都被关到秦城监狱。他们不能联系，单人牢房，很厚的墙，就一点点儿光亮。出去放风，就是轮流放风了，外面有一个小天井，放风就在那里头转转。

关了前前后后 24 年，四分之一世纪。

他只是思想和当时的潮流不同

胡风的"三十万言"被看做是他的反动思想的总汇，当初写这些文字的时候他想到过面临的危险吗？

张晓风：为了回答文艺领导发动的对胡风文艺思想的批判，更有感于受教条主义和宗派主义的严重影响，文艺领导扼杀有影响的作家和作品，阻碍了文艺事业的发展，导致文艺事业的停滞不前，父亲从 1954 年 3 月到 7 月，写作 28 万字的《关于解放以来的文艺实践情况的报告》，也就是著名的"三十万言"。当时母亲本想劝阻他，对他说，你是出自好意，可要是追究起来不得了。父亲说，我只是向党中央和毛主席汇报情况，不会有什么事的。他没有听母亲的劝，反要她帮着抄了一部分稿子。一年后，"抄写三十万言"就成了母亲的罪名之一。

晚年的时候，胡风先生对毛泽东怎么看？

张晓风：他过去对毛泽东是很崇拜的，他们那一代人都是这样。好像是在 1938 年，他看到毛泽东的《论持久战》很赞赏，后来他对毛泽东还是很崇拜的，建国的时候他就写了长诗，实际上是歌颂毛泽东的。可是对于毛泽东《在延安文艺座谈会上的讲话》他是有保留意见的，那是 1944 年，《讲话》通过刘白羽、何其芳带到了重庆，之前他已经看到过这个《讲话》，当时在重庆的文化工作委员会讨论《讲话》，他就认为《讲话》是针对延安根据地的新形势下作为文艺方针，可是在国统区很多事情就做不到，所以他不同意把《讲话》奉为经典，作为一切的方针。文艺自有它的规律。这给他带来麻烦。那个时候在重庆包括茅盾、郭沫若，都写过文章拥护《讲话》，他没写。

反对毛泽东的文艺思想是胡风的一大罪状。

张晓风：其实根本谈不上反对，只不过就是思想、观点有分歧而已。

1954 年 12 月 10 日，《人民日报》发表周扬对胡风的批判文章《我们必须战斗》，这篇文章三大部分，最后一部分的题目就是"胡风先生的观点和我们的观点之间的分歧"。胡风跟周扬在 30 年代就已经有分歧了，那个时候，周扬属于党在上海的文艺领导，左联的、左翼的文总，代表党的领导。当时周扬跟鲁迅也是有分歧的，鲁迅对他们的一些做法也是不满意的。既然胡风跟鲁迅，鲁迅是他的老师，所以有些事情他也不赞同中央，这里就有一些分歧，这都是由来已久的。还有就是"两个口号"问题的一些论争。因为"两个口号"问题，鲁迅斥责了周扬，这也种下了一个苦果。后来党内就开始批判胡风的文艺思想，1948 年在香港地下党的刊物《大众文艺丛刊》上，就有邵荃麟、胡绳他们批判胡风文艺思想的文章。这里还有一个渊源，就是 1945 年在我父亲办的《希望》刊物上发了舒芜的《论主观》，这也是党内的文艺界认为不对的。那个时候已经引发了一些矛盾和分歧，后来到了 1948 年香港的这个刊物也做了批判，但是我父亲是不服的，认为他们都是歪曲了自己的一些文艺思想，所以他就说，他写反批评文章。

那天父亲和母亲都被带走了

1955 年 5 月 13 日，你把这个日子称为黑色的星期五。这一天起，《人民日报》陆续发表了关于"胡风反革命集团"的三批材料。"胡风反革命集团"的这些冤案就从此构成了。那个时候你是什么样的状态？

张晓风：16 岁，上高二。简直不可想象，因为一年以前，在 1954 年我父亲刚作为第一届人大代表，报纸上就有他的名字。觉得挺光荣的。没想到过了还不到一年，就又成了那什么了。第一批材料里面还没说是反革命分子，就是说反党的材料。那个时候我住在学校，那个礼拜没回去。到第二个礼拜回去，家里这两大人都不在了，就我外婆和我弟弟在。这时候才知道整个的家就不是那么回事儿了，就得当个大人了。那时我外婆 70 多岁了，我弟弟刚 8 岁。

突然一下子整个的生活就出现了这种变故？

张晓风：对。后来就这么一批一批材料的，报纸整天的都是这些。你们没看到那个时候的报纸，劈头盖脸的权威着呢，大黑标题。广播里头天天的新闻广播都是这样的。

我们那时候住在胡同里，我估计外头是有便衣的，我有时候出去外头，大概有的邻居知道了，有的小孩儿就跟在我后面喊口号"打倒反革命分子"。

那个时候感觉到这种压力了吗？

张晓风：感觉到了。感觉的压力在哪儿呢？那时候我不是十几岁吗？要加入共青团。现在共青团就不好加入了，一再地叫我划清界限。我怎么划清啊？我也不知道我父亲有什么反动行为，揭发不出来，所以入不了团，这是很大的压力。我就不是一个进步的人。我要求进步要求不来啊。不过那个时候，学校里同学老师还没有说你是狗崽子，所以对我还没有什么歧视。有些老师根本不知道我们的身份，因为我们学校师大女附中，就是后来的实验中学，那个时候高干子弟有，普通的人也有，所以一般的也不清楚谁是什么身份了。那个时候同学之间也没有那些压力。到1957年我考大学的时候，发现考不了。一个是入团入不了，一个是考大学考不了。工作也没有好工作。最后到了1961年，我就到农场去劳动了。

在这一段时间，真正让你觉得恐惧的是什么？

张晓风："文革"的时候我们在农场了。到了农场之后，他们就是老想看你这个反革命的子女，你有一些什么样的作为，给你找很多的事情，找不出来也得找，到最后什么清理阶级队伍，一打三反，还给编出了一个三批材料！他们从我接近的人，从各方面给我找。那个时候都是要揪上台批斗的。通常这些造反派革委会啊，先在台上念《毛主席语录》"凡是反动的东西你不打他就不倒"，最后就今天揪出一个，明天揪出一个，你就等着吧。用老百姓的话讲，"老鼠拉木箱，大头在后头呢。"我们就嘀咕起了，会不会揪我们。那个时候好像横竖就是这么回事吧，也不是太恐惧。

也豁出去了啊？

张晓风：对，反正到最终也没有被揪上台。我不是说了嘛，我们的这个场长愿意搞出一些大的事儿来，现在讲是政绩，那时候讲的是革命功劳。可是党委书记还是一个老革命，对我们的事情还是比较了解的。他不让揪，不让把我们揪上台，到最后还是没把我们弄上台。

你写的就是中国作协和中国文联的这些。当时批判臧克家、冰心、黄胄，这你都看到了吗？你当时在场？

张晓风：都在，就是在我们的大礼堂，前头揪斗冰心坐飞机，老太太瘦瘦的，弄得很惨。对黄胄让他下地干活儿，你是驴贩子，他不是画毛驴儿画得好吗？驴贩子。反正是批斗的什么事儿都有的，很多事我们都不知道，因为我们在农场，很多的报纸都看不到的。农场有多少人？也有个几百人。他们来的这些机关的人，不也得有个百十来人吗？

我们农场是北京市农林局直属的，在顺义。在北京市的粮种场是农林局直属的，所以北京市的这些单位要批斗啊，要搞现场的劳动啊，都到我们那儿去。什么京剧团、舞蹈学院都上来了。杜近芳、李少春、袁世海到那儿也挨批斗。一到麦收和秋收的时候就把这些黑线的人弄下来，去干活儿。干活儿就开现场的批斗会，抓革命促生产。

胡风先生被捕以后你的家庭生活有什么样的变故？家里的经济来源如何？

张晓风：那时候父亲还有一些存款。当时公安部没收了，存折都没收了，要用钱就找公安部门。后来过了几年，我母亲出来了，存款就发还给她。那时候我们就靠有限的积蓄生活，因为我还有外婆、还有弟弟。当时也没有别的收入。积蓄多是稿费积攒的，"文革"前稿费都是按版税支付的，那时版税还是比较高的。

胡风在晚年最后的时刻，他的写作和思想是怎样的？

张晓风：写作方面，他主要是把过去著作重新再版，他的评论集编了三本，他写了一个长篇后记，介绍了评论集的写作背景、时代特征、遇到的问题，同时也把自己的文艺观作了说明，这是比较重要的写作。他还写了一个长篇回忆录回忆鲁迅先生，遗憾的是回忆录写了一半，他就去世了。

路翎：一片血痕与旧迹

[徐绍羽（路翎长女）口述]

父亲在 1955 年的被捕使很多人感到意外。

2004 年 2 月 12 日，是父亲辞别人世 10 周年。在他几乎被人遗忘的时候，我再次面对他的往事。父亲走的时候是在 1955 年 5 月 16 日，我 10 岁，当时我们住在北新桥细管胡同，就是现在的田汉故居。当时他走得急，那个时候他在家里写检查，机关里来人跟他说：你到单位去写吧，单位里安静，家里环境不太好。我爸就答应了，他在家里洗了洗澡，我母亲给他买了酒，他喝了好多，喝完酒就走了，走了就再没回来。

知道父亲出事是在几天以后。我去胡同口为母亲买杂志。母亲经常要看杂志报纸，我是家里的老大，母亲就让我到胡同口去买。我到了胡同口的书报摊，买了几本杂志，几张报纸，但是那天跟往常不一样，就是我翻开杂志的时候看到写着"胡风反革命集团"的大黑字，上边点着我父亲的名字。这是特别重大的政治问题，那时候我刚上小学四年级，我当然不懂，但是我懂得家里是出事了。我很慌，拿着杂志进了院，我们的院是里院外院，我们家在里院。那天在里院和外院之间站着一个叔叔，那个叔叔看我拿着杂志就跟我要，说是看看，翻翻目录。我心想不能让他看。我不想让他看到我家里出事了。那个叔叔很固执，非要看，我就不让看，他在过道里挡着，我进不去，转身就往外院跑，我在厕所藏了一个钟头才出来。

父亲的痛苦我在细管胡同的时候已经有感觉了，在院子里我是孩子头，最大的，我经常带着孩子们跳舞。老北京的院子都是对称的，父亲开始看见我们玩他也很开心，后来我就看到他经常走神，不爱搭理人。

父亲被带走，前前后后去了好几个地方。父亲走的当年我们就搬到芳草地，在朝阳门外。细管胡同是中国剧协的宿舍。父亲出事以后，我们就被赶出来，住到芳草地。有一天公安局来人，说是让我们去看看爸爸。我跟我大妹妹被来的人开着小轿车拉去了。那是一个小四合院，正房，里边有一张桌子，糖果都摆好了，爸爸见了我们问：你们还好吗？你妈妈还好吗？让我们聊天，我们也只好问：你好吗？我们还太小，很多事情都不懂。父亲出事的时候我10岁，我二妹妹8岁，小妹妹4岁。父亲1955年被带走，隔离反省，不断转地方，很长时间我们都没有他的消息。

父亲的被捕是因为胡风的被捕。父亲跟胡风多年的交往和情谊使他们成为一条触礁沉船的两个遇难者。

当年的"胡风分子"们被分期分批送进秦城监狱。作为"胡风集团"骨干分子的父亲在1955年被捕，先是在戏剧家协会隔离反省，后关押在城里公安部所属的一些胡同里：东总胡同、钱粮胡同、安福胡同。因为高声抗议拘捕，詈骂管制人员，父亲在1959年6月被投进秦城监狱。他的牢号是0683。

从此父亲就消失了，代之以0683。

父亲在他后来写的回忆文章里写到他走进秦城监狱的情景："越野车往西郊运行。经过公路，进入森林密集的监狱区，那一带气势雄伟。监狱有森严的、寂静的、荒凉的广场和铁门的森严。铁门巨大的在寂静中的响声，我是记得的。我想：几十年的作家的道路，却进了监狱。"

父亲跟胡风的交往和忘年之谊始于1938年。那时候他16岁，经胡风介绍在陶行知办的育才学校当小先生。《"要塞"退出以后》是父亲第一次以路翎的名字写出并发表的小说，在此前人们没看到过这个名字，熟悉他的人只知道一个叫徐嗣兴的乡村小学的小先生。从《"要塞"退出以后》作家路翎出世了。这篇很少被人提及的小说发表在胡风主办的刊物《七月》1940年第五集第三期。

这个时候父亲住在重庆北碚后峰岩，他经常到附近的天府矿区了解工人的生活，然后把他看到的情景写成各种类型的小说。那些小说当时和以后都不被重视，唯一认真阅读并关注父亲写作的是当时已经享有很高文学声誉的胡风。胡风几乎对父亲写出的每一篇文字悉心阅读，不惜给予热忱的鼓励和褒奖。在胡风的鼓励和帮助下，乡村小学的小先生徐嗣兴成为作家路翎。

胡风主编的文学杂志《七月》热忱地接纳了父亲。因为他们彼此的理解和欣赏，父亲和胡风成为忘年之谊的挚友。据说，在那个时候父亲经常到胡风家里去，借书，谈文学，胡风鼓励他多写矿工的生活。胡风掌门把《七月》营造成一个具有鲜明的"普罗"个性和理论倾向的杂志。《七月》带有很强烈的同人色彩，集聚了一批志向相投的人，父亲的加入使他成为日后为这本杂志作出贡献的主要作家之一。这个时期父亲开始写作长篇小说《财主的儿子》。次年，《财主的儿子》写成，父亲带给胡风。1941年5月，胡风赴香港，准备将《财主的儿子》介绍在香港发表，12月，太平洋战争爆发，《财主的儿子》在战火中丢失。

1944年，父亲22岁，他到重庆黄桷镇文昌中学兼课，教初中国文。2月底完成三卷本《财主的儿女们》，80万字，由胡风帮助出版，胡风评价《财主的儿女们》时说："它是中国文学史上的一件大事。"文艺评论家鲁芋称《财主的儿女们》是"五四以来中国知识分子的感情和意志的百科全书"。

《财主的儿女们》的出版奠定了父亲在文坛的地位，也坚固了他和胡风的友谊。1947年路翎创作出第一个话剧剧本《云雀》，6月12日，胡风乘快车从上海出发到南京看《云雀》的演出，演出反响强烈。1949年，父亲27岁，经胡风推荐，到南京军管会文艺处工作，任创作组组长。1950年再经胡风推荐，调中国青年艺术剧院工作。1952年12月父亲赴朝鲜前线参加抗美援朝战役。在朝鲜前线，先后到三十九军、西海岸指挥所体验生活。1953年7月从朝鲜归来，陆续写出《板门店前线散记》《洼地上的战役》和长篇小说《战争，为了和平》。

1953年9月，全国第二次文代会，据说周恩来在会议筹备期间对胡乔木和张光年说，有成就的青年作家，像路翎应当提到领导岗位上来。于是父亲在第二次文代会期间被选为理事。在父亲去朝鲜期间，胡风从上海搬到北京，他的房子在地安门内的太平街，是一座独立的小院子。父亲从朝鲜回来就成为胡风家里的常客。

1955年1月胡风因《三十万言》受到批判，同时《人民日报》《文艺报》《光明日报》发表批判胡风的文章，涉及父亲。5月全国重要报刊开始批评路翎反映志愿军生活的小说。父亲被迫停笔。

1955年6月19日，父亲被逮捕。

胡风于5月18日经全国人大常委会批准逮捕，被判处重刑。在以后的岁月里，他每上诉一次，便被加刑一次，直至"文革"开始，胡风的刑期已变成无期徒刑。

包括胡风的论敌在内，都没有想到对胡风文艺思想的论战会导出共和国文坛的第一大冤狱，并且直接引发了肃反运动。

我看到有资料说，在全国清查"胡风反革命集团"的斗争中，共触及2100余人；逮捕92人，隔离62人，停职反省73人，一年以后，正式定为"胡风反革命集团"分子的有78人，其中划为骨干分子的23人，到1958年5月，给予撤销职务、劳动教育、下放劳动等处理的61人。

父亲被隔离反省不久，"剧协"有关人员通知母亲，让我们搬出北新桥细管胡同6号。人们像避开瘟疫一样，把我们扫地出门。新的住地在芳草地，靠东大桥一带。1950年代初期的芳草地是名副其实的，它的东面有一面湖，叫"野鸭洼"，到处是芦苇，湖里有没有野鸭不知道，但东大桥确有其桥，桥下面有水，据说还淹死过人。芳草地这片房区是"文联"出资修建的，一色的红砖平房，每一栋有九间。母亲余明英当时分到了两间房，不久就被别人占去一间。妈妈和我们三个孩子就挤在一间房子里。

父亲走了以后，全家赖以维持生存的工资没了，妈妈就到街道上找各种各样的临时工做，给人带过孩子，当过临时教员，扎过绢花，到街道"麻袋厂"做工。麻袋厂就是废物利用厂，这种工作非常脏，成天在废麻袋里捞来捞去，妈妈就靠这个办法养活我们。

再见面就是1964年。父亲被保外就医。我们见到他的时候他的身体状况不好，精神也很差。父亲在我心目中一直很好，在那以前很多人都说他漂亮，大家都很尊重他。我父亲母亲那时候都很美，我们家的生活也很好，童年的时候我们感觉特别幸福，特别美好，在我心中都是美好的记忆，都是幸福的感觉。我们那时候刚到北京，父亲在青年艺术剧院写剧本，妈妈在科学院工作，平时他们住在单位里，周末的时候聚一次。在南京的时候我们请了一个保姆，到北京保姆也跟到了北京，保姆跟了我们八年。那时候我们守着青年艺术剧院，父亲经常带我们去看话剧，我从小喜欢演戏，但父亲不让我们学。父亲以单位为主，他跟母亲在周末见面，平时会到剧院看排练，看演出。我记得那时候父亲来往的朋友里有张瑞芳，父亲那时候给我的感觉很潇洒。

但是再见到父亲的面我们都很吃惊，父亲几乎是变了一个人。公安局先来人跟我们说：你父亲病了，神经方面出了问题，你们要关心他，帮助他，但是你们要跟他划清界限，站稳立场。我们问怎么跟他掌握这个关系，怎么掌握这个界限，我们在一个屋子里是一句话不说呢还是怎么说？我们都拿不准。我母亲就问公安人员我们应该掌握什么样的原则，公安人员说他是孩子的爸爸，该怎么说就怎么说，总之，你们对他的关心对他有好处。

公安人员走了，送走公安人员的时候，我和母亲发现他跟离开家的时候不一样了。他的目光呆滞，形容憔悴，沉默不语。回到家里看到家人也是神情恍惚，木无表情。我们才知道他的神经有了问题。

那个时候很多人说父亲疯了。对于自己的疯狂，父亲本人从来没有认同过。他在未发表的《监狱琐忆》里写道："我因不是反革命，是冤假错案，因和监牢人员冲突激烈，几乎每日叫骂。叫骂以外唱歌抗议，因此我便被指控为精神病，被送到安定精神病院。"

在安定精神病院，父亲每天打针、吃药、电疗，一切有护士照料，没有了看守的呵斥，突然的提审，不时的捆打、戴铐，相对来说，他的生活有了较大的改善，精神也有了某些恢复。然而，作为一代天才的作家路翎已经不存在了，存在的就是他的半睡半醒的身体。

父亲回到家以后我们不说话，不是有意的不说话，是他很少开口。那时候我们住在芳草地，我们住的那个院子一共有九间，我们在第二间屋子，父亲回家以后就经常在走廊那个犄角待着，看报纸，糊信封。回到家以后他接着写。父亲1964年回来，1963年我高中毕业，因为长期生活艰辛，困苦交加，我们姐妹都营养不好，我在学校体检时候身体不合格，被查出是肺结核，大家都劝我说这个病不害怕，但我还是很害怕。我的家庭包袱、身体包袱，压得我抬不起头。我在家休学，第二年参加大学考试，怎么也考不上。我们不懂，根本白考，我们校长二十年后跟我说你们三姐妹的高考试卷根本就不送上去。不能考大学，我就去了农村小学教书去了，一周回家一次。

后来就有警察找到我教书的小学校，警察跟我谈话说你爸爸写了很多信，到处发信，他是真有病还是假有病。他这一问我想起来了，我在家也经常看父亲糊信封，他写了很多信，给国家领导人的，给党中央的，给伊丽莎白的。我在家里就见他在一个犄角里，唉声叹气，没事就糊那些信封。警察问我老爷子是真的有病还是装的？

父亲写的这些信被认为是冒犯了领袖，被认为是反革命信件。有一天，他去邮局寄信时，被当场扭送公安局，然后是第二次被投进秦城监狱。除胡风之外，父亲是胡风集团里唯一一个"二进宫"的人。

父亲第二次被拘捕的时间是1965年11月，在他保释出狱回家养病一年多后。当时的一份监狱记录这样记载着：路翎因患精神病于1964年1月2日保外就医。路翎在保外就医期间继续进行反革命活动，从1965年7月到11月，书写、投寄反革命信件39封，恶毒攻击党的方针政策和社会主义制度，于1965年11月收监。1973年7月25日北京军管会以现行反革命罪判路翎有期徒刑20年；1955年6月19日至1975年6月18日，投放北京市公安局第七大队劳改。

1973年7月，父亲住满了18年的监狱，在最后的两年被送到北京第一监狱塑料鞋厂劳动大队当捆鞋工。他在《监狱琐忆》中写道："在塑料鞋厂劳动大队，我做捆鞋工，那里的伙食常有咽不下的难吃的白菜筋。那里有辛苦的夜班，而白日吵闹，又不能睡觉，常常在夜间疲劳站着睡觉，在机器面前跌倒，而几乎危险。"

1974年1月，在劳改半年后，父亲又被移至延庆监狱农场大队劳动改造。在延庆劳动大队，犯人每天上工，父亲做过种葡萄、整理葡萄、收葡萄的工作，以及冬季的倒粪，也做过锄地、铲地、种玉米高粱等工作。他在《监狱琐忆》中写道："在延庆农场，看到犯人列队走，看着监狱农场的房屋，有荒凉的痛苦。"

但是塞外的寒冷，对这个南方人来说是更为可怕的。延庆农场要早点名，队长讲话，在冷风里抖索，是父亲难忘的。

1975年6月19日，父亲终于住满了20年监狱，可以回家了。从33岁入狱到53岁出狱，整整20年，出狱后的路翎已经是苍苍老者了，他的头发已全白，满脸皱纹，疲弱不堪，牙齿全部掉光，说话不关风。

他回来的时候我和我爱人一起去接，但我们没接着。等我们返回来父亲已经到家了。他就穿着监狱里的衣服，他没有换的衣服。监狱的车把他送到东大桥，东大桥那时候还是一片坟地，上坡下坡，他就两个包倒着走，两个包拿不动，就一个一个的倒着走。他硬是自己找到了家。

1975 年他回到家，他还老是写信，我和母亲都怕了，那时候是他一写好，我和我妈就抢着看，怕他写出什么不好的东西。我们经常得把他写出来的东西交到街道派出所去。1975 年回来按说是 20 年刑满了，他也还是要往街道派出所交检查。他在检查里抄报纸，大段大段地抄，我们很担心他，怕他写出什么不好的东西。

回到家以后他就开始扫大街。他不会扫，就跟绣花一样，他真的不会扫街，他在家里也不做这些事情。让他扫地很难堪吗？没有难堪，只是无奈，生活所迫。第二年元旦过了，我们找街道帮他说，希望他能被正式录用做扫地工，可以给他点钱。当初扫地他是想表现得好一点，扫地成了他自我改造的方式。后来街道就把他作为正式的扫地工了。

1979 年父亲获初步平反，平反的理由是说他书写、投寄反革命信件是在患精神病的情况下所为的，不予追究刑事责任；第二次平反说，不管是不是有病都不予追究责任。1980 年，父亲参加所谓"胡风反革命集团"案也有了清楚的结论：胡风反革命集团案应属错案，错判。父亲无罪了，但是他的 22 年最宝贵的年华被葬送了。

被解放以后的父亲试图重新回到新的生活中。

1981 年他去德州参加一个戏剧家的聚会，他显然很看重这次聚会，为赴德州做了精心的准备。我因为工作忙没时间陪他去，但在父亲临走时候去为他送行。我跟单位找了个借口去送他，我在永安里看到他，他很精神，看样子也很高兴。但是等他去了德州，我母亲就半身不遂了。母亲本来是陪他去德州的，母亲不放心他，想着能照料他，能帮着他处理一些事情，结果到德州的那几天母亲就病倒了，回来的时候母亲是被担架抬着回来的。

胡风一直惦记着受自己牵连而罹难的父亲。

出狱以后胡风先看病，在上海住了很长时间的医院。胡风惦记着父亲，他让儿子去看望父亲。父亲也牵挂着胡风，在胡风寿辰的时候，他去看望胡风，在木樨地，我陪着爸爸。那是1982年，我们在团结湖住着。我看到胡风，印象中他很爱笑，他们那儿有个小院儿，种了很多果树，特美，有很多人围着胡风。平反后我跟我爸去看他，胡风老是有些老了，但没有病态，我觉得我爸有病态，有时候发愣，胡风不一样，他就是很慈祥的一个老人，有时候累了他就闭上眼睛，他的表情是微笑的，这是我的印象。我爸不一样，别人给他照相他都不会笑，表情古怪。

父亲后期的状态基本上很平静，他可以专心写作了。

我回家以后看到他总是在写东西，他的桌前放着很多他写完的稿纸。我说我帮你抄吧，他不让动，皱着眉头，那我就不敢碰了。我悄悄看他桌上的东西，看到有退稿，估计那也让他的心情不好。要是有刊物发出他的诗作，他就乐，高兴得不得了。我这一辈子很少看他笑，最后的那几年才能偶尔看到他的笑。

在父亲获得解放以后真正使他体验到快乐的是第四次文代会。1984年末，父亲作为代表出席了中国作家协会第四次代表大会，他被选为理事。会议期间，他又一次见到阔别已久的文艺界的朋友们。我送他去西郊宾馆。到了宾馆门前父亲回头挥手跟我说再见。

那是我平生头一回听到他说"再见"这两个字，他从来不说这两个字，那天他说了。他跟我挥着手，脸上第一次有了舒展的笑容。我高兴地跑回家跟妈妈说，全家人听了都为父亲高兴，我们想他是真的好起来了。

那次会议父亲还中途回家了，家人都挺担心他那么老了会不会认不得路，但他还是回到了家，带回来会议的资料，发的书。然后还非要回去，晚上11点又回到西郊宾馆。他高兴，想把这个消息带给家人。

从文代会回来他的变化就是写得多了，老写，我摸出规律，他天天在写。我妈也不耽误他，他到晚上也不看电视。他躺在床上，一躺就是两个小时，我妈说他在构思呢。

文代会以后父亲写出的东西还是会被退稿，长篇的东西基本不行，经常会被退回来，只有一些小的诗作偶尔会发表出来。

1987 年，父亲 65 岁的时候写作反映改革开放、经济繁荣的长篇小说《江南春雨》；1988 年写作表现针织厂建设题材的长篇小说《陈勤英夫人》；1991 年写反映待业青年与当代青年的建设精神的长篇小说《早年的欢乐》；逝世前他一直在写长篇小说《英雄时代和英雄时代的诞生》，计 190 万字。但这些鸿篇巨制的文字都是无法出版的文字。

复出以后的父亲生活在新的时代，但他的意识还停留在被改造的 1970 年代。作家出版社的编辑朱珩清一直致力于挖掘和推出父亲的文学作品，但是她说她看到的路翎复出以后的几百万字都是无法出版的文字。朱珩青说：经历过第二次入狱，经历过第二次疯狂之后，路翎就被摧毁了。他复出以后我们看到路翎反叛性的退化，他对现实生活的隔绝，他被强行灌输和改造的思想，使他的写作完全脱离开真实的生活。

回顾父亲的人生，父亲的命运也跟我们的命运紧密相连，父亲的人生影响了我们的人生。早年，父亲出事以后妈妈就被迫辞去了工作，以前她是中国科学院地球物理研究所的话务员，父亲出事以后她就回到家里，一个人依靠做零工养活我们姐妹三人。妹妹因为长期的困顿生活，因为长期的被人歧视的境遇，形成她自闭的个性，长久以来不能跟人正常交往。家里我是老大，但是因为父亲的缘故，不能考大学，不能招工，我们长期的身份就是"黑五类""反革命子女"，这样的身份使我们长久地生活在一个被歧视被侮辱甚至被迫害的境遇之中。回首往事，一切如同噩梦。

1994 年 2 月 12 日早晨，72 岁的父亲突发脑溢血送北京友谊医院，因抢救无效辞世，父亲在最后的时刻寂寞地结束了他多难悲凉的一生。

顾骧：晚年周扬与"清污"运动

回顾改革开放三十年的思想史，周扬是绕不开的人物。

1978 年周扬复出。使他声名大振，并重领文坛风骚的，是他隔年发表的《三次伟大的思想解放运动》。周扬发表这个报告的时候任中国社会科学院副院长。报告是在中国社会科学院纪念"五四"运动六十周年的讨论会上做出的，在 5 月 7 日《人民日报》发表，产生了极广泛的影响。于光远时任分管学术工作的社科院副院长，据他后来回忆，是他与温济泽、黎澍推举周扬做这个报告。之所以没请时任院长的胡乔木担纲，是因为他们觉得，纪念"五四"六十周年，有必要重新强调"德""赛"两先生。而胡乔木想强调的内容肯定与他们想强调的内容有距离。然而《三次伟大的思想解放运动》既为周扬赢得了名声，也为周扬尔后被整，惹出一场批"异化""清污"运动埋下了因子。

文艺理论家顾骧曾经作为周扬的助手参与过他的各种讲话的起草工作，包括引起轩然大波的《关于马克思主义的几个理论问题的探讨》一文。顾骧的《晚年周扬》记录了一代思想家的人生际遇。

重执文艺和思想之牛耳

周扬认为中国 20 世纪有三次思想解放运动，还要算上延安整风。

他是 1979 年提出的，那时受社会和他自己的认知水平所限。到 20 世纪末，思想界从对历史的反思中，逐渐认识到，延安整风虽然反对了共产国际的教条主义，但又树起了新的偶像与教条。20 世纪中国历史上可称作伟大的思想解放运动只能是两次，而不是三次。现在看，延安整风不能称得上是伟大思想解放运动，它打破对共产国际的神话，对当时的教条主义作了某种反思，但是延安整风运动出现了新的偶像崇拜，把毛泽东比喻为"红太阳"的说法，高呼"毛主席万岁"，就是延安整风运动以后出现的。包括文艺整风，从正确地反对国际派教条主义到贬抑所有知识分子与书本知识，延安整风与整风中的"审干运动"，开建国以后批判运动的风气之先。

1979 年第四次文代会的召开是文学界思想解冻的标志。

第四次文代会的召开具有继往开来的意义，非常重要。这是一次在"文革"之后要恢复文艺工作，总结过去、理论上分清是非的大会。1975 年文化部恢复，文联还没恢复。文代会就由文化部来筹备。筹备工作无非两个内容，准备主旨报告和搭建领导班子。

周扬开始没有参与文代会的筹备，他还没有资格、身份。"文革"时候周扬被关起来，夫人被下放，家也没有了。1975 年，经毛泽东批示，周扬在北京卫戍区关了几年之后被放出来，但还拖着个尾巴，还不能公开活动，因为犯修正主义政治错误。那年国庆招待会上没有他的名字，当时上国庆招待会名单对老干部是政治表态，意味着没有问题了。周扬的名字是被江青划掉的。1977 年 10 月我去访问周扬，他住在万寿路中组部招待所，此时我任文化部理论组组长。1977 年是"四人帮"虽已被捕，但"文革"并没有被彻底否定的一年。"抓纲治国"是总口号，抓纲，即抓"阶级斗争"的纲。党的"十一大"认为党的主要任务是批"右"

而不是反"左"。对"文化大革命"仍然认为是"及时"的,"必要"的。刘少奇还没有被平反,毛泽东关于文艺问题的两个错误"批示"仍然不能触犯。这些依然像一条无形的绳索从政治上、思想上捆住人们。1978年三中全会后形势变化,但文代会怎么开,调子怎么定,都还不知道。筹备工作由林默涵、冯牧组织,当时林默涵是文化部副部长,冯牧是党组成员,牵头起草报告。但是指导思想不清楚,没法搞,那是大的历史转折时期。后来胡耀邦同志请周扬出山,领衔筹备第四次全国文代会工作。胡耀邦一篇讲话,周扬胸有成竹的一个报告,文代会的主旨报告"纲"就在此年春天拉出来了。

当时胡耀邦是中宣部部长,胡耀邦在文艺方面强调"双百方针",强调文艺自由。他大胆起用周扬。1979年秋天,第四次全国文代会召开,邓小平致"祝词",周扬在大会上作了《继往开来,繁荣社会主义新时期的文艺》的主题报告。会上周扬当选为全国文联主席,文代会后,他调中央宣传部任主管文艺的副部长。

"异化"的风波和"清污"运动

1983年,周扬在纪念马克思百年忌辰学术报告会上,就人道主义与"异化"理论问题,作了学术性探讨,遭到某理论权威横暴压制与打击。在十二届二中全会上,周扬受到了批判。随后,某些人操纵在全国范围掀起一场名曰"清污"和批"异化"的运动。并以组织名义勒令周扬作出检讨。周扬对新华社记者作了一番谈话,按照组织上要求,承认了"轻率地、不慎重地发表了那样一篇有缺点、错误的文章"。周扬的谈话,被大肆利用,以大字标题,在《人民日报》一版头条的突出位置发表,等于周扬在全国人民面前作了公开检讨。周扬对他所认定的真理,作这一番诛心之论,精神上受到强烈刺激,内心极度的痛苦。从此一蹶不振,两年后，一病不起，郁郁而终，含冤而死。

　　周扬病了以后我经常去看他。习近平的母亲齐心大姐也经常代表习仲勋去北京医院看望老同志和周扬。到1985年夏天后，周扬的病情已进入膏肓，药石无效。不能言语，只是偶尔喉咙里吐出一两个含糊的音节；不能识人，一年之后，他成了植物人，靠鼻饲延滞生命。医生"谢绝探视"。那几年，我每隔两三个月探视一次。北京医院管理很严，从大门到住院大楼有三道门卫，混是混不进去的。我每次去是拿陆定一的探视牌，这是周扬夫人苏灵扬教我的"诀窍"，定一同志长期住院，以医院为家。我还记得定一同志的病房号是205。王昆仑老伯、沙千里老伯、赵朴初老伯住院时，我去探视他们，也顺便拐进周扬的病房探望。苏灵扬积劳成疾，也很少去医院了。除了医院的医生、护士外，常年雇用一名护工照料。我去探望，对周扬来说已经毫无意义，倒不如说是我自己灵魂的需要，一种自我心理的需要。

　　在他病重期间我做了几件事。1985年第一次医院报病危的时候，中央想在他辞世之前给他平反。胡耀邦想了一个办法，告诉习仲勋，习仲勋再找秦川（时任《人民日报》社长；《人民日报》是隶属中央书记处的），让他找周扬的夫人苏灵扬，想办法把周扬被批的文章《关于马克思主义的几个理论问题的探讨》重新发表，发表了就等于是平反。这个任务就落到我的头上。那时我刚从中宣部出来，着手编了一本《周扬近作》，用了两个星期，编辑整理审订，将这篇被批的文章收录进去，然后由作家出版社很快出版。1985年我写了一篇关于周扬的文章《兰叶春葳蕤：读周扬同志近两年来的文艺论评》，实际上就是对他被批判的这几年所写所思的一次回顾，我明确地写道："复出后的周扬同志，一直站在时代潮流的前列。"这篇文章在《人民日报》以一个整版发表。一篇文艺评论发一个整版，在海外看来是为周扬平反了。1986年我又写了一篇文章《当代知识分子的心声》，充分肯定了周扬在新时期对于马克思主义思想理论发展做出的新探索，我在文章的最后写道："这次探索的是非得失，要由实践来检验，要由历史与人民来评判；也只能由历史与人民来评判。"

　　1988 年，于光远也出版过一本纪念马克思百年忌辰论文集，用的就是周扬那篇《关于马克思主义的几个理论问题的探讨》作书名，署名即为：周扬等。于光远说他出版这本书的目的就是为了表达他对周扬的支持。

宗璞：痴心肠要在葫芦里装宇宙

自 2000 年春，宗璞患眼疾，常年奔走在医院。

母亲任叔明去世后，父亲冯友兰的生活和工作都是由宗璞照料，她说自己身兼数职：既是门房，又是茶房，还是账房。在父亲生前，住医院，上手术台对宗璞都不是新鲜事。2000 年这一次眼疾手术却令宗璞怀着极大的恐怖。进入晚年，宗璞的境遇却跟父亲相似。晚年的父亲是准盲人，可是他从未停止过工作。他总是手拈银须，面带微笑，安详地口授巨著《中国哲学史新编》。在宗璞身陷黑暗之时，父亲的形象多次出现在她的记忆中，父亲仿佛在冥冥中给予她精神的援助，砥砺她怎样面对灾祸。

手术之后，宗璞的视力已经很可怜，还能感受光亮，但是不能再阅读。

"因两眼视力不平衡，我看到的世界不很端正。楼房车辆都有些像卡通。作为眼疾患者日子过得糊里糊涂。无论怎样睁大眼睛，眼前还是一片黑暗，无边无涯，没有人帮助我解脱。"

宗璞眼疾加重，她的作品，包括长篇小说就只能通过口述来进行。

每天几百字的口述，由助手记录下来，再念给她听，再作修改润色。

2009 年 5 月，经过多年的冶炼，宗璞的长篇小说《西征记》由《收获》（长篇增刊）杂志发表，同时由人民文学出版社出版。《西征记》是总题为《野葫芦引》的四卷本长篇小说的第三部,前两部是《南渡记》《东藏记》,后面还有《北归记》。《东藏记》获得第六届茅盾文学奖。《西征记》紧接《东藏记》,有评论称:"文字细密从容、优美温婉,弥散着书卷气息,却又大气磅礴。"

写作完《西征记》,宗璞住到了医院,一待就是数月。

82岁高龄的宗璞形容自己是"四余居士"。"四余"者——运动之余,工作之余,家务之余,和病魔作斗争之余。

葫芦里装的是什么药

《野葫芦引》多卷本长篇小说,是以抗日战争时期西南联大的生活为背景,你描写了中国知识分子在当时身陷国难时的境况。西南联大,在你的记忆中很重要吗?

宗璞:我写这部小说并没有想着重写西南联大,只因为我生活在那个环境中,自然是离不开的。我也写到当时的社会和别的方面,尤其是《西征记》正面写了军旅生活,纵然不一定能写好,我也要写。我希望人们记住这一段历史,记住我们当年把侵略者打出了中国。西南联大一直被人称誉,现在有人指出它的优点,诸如思想自由和学术自由等,这也不是凭空冒出来的,这是在民国时期几所大学的优秀传统。"风景不殊,晋人之深悲;还我河山,宋人之虚愿。"这是我父亲在西南联大纪念碑题写的碑文,那一代知识分子的精神气象和民族气节令我感念至今。

1980年代开始,你写《南渡记》《东藏记》,现在又完成了《西征记》,你付出二十多年的心力写作这部多卷本长篇小说,为什么?

宗璞:完成这部书,也是对历史的一个交代。最初写《南渡记》的时候,我有两年是在挣扎中度过的。一个只能向病余讨生活的人,又从无倚马之才,如椽之笔,立志写这部长篇小说《野葫芦引》,实乃不自量力,只该在挣扎中度日。四部书中,《东藏记》写作时间拖得太久,差不多有七年的时间,实际上是停的时间多,写的时间少。1988 年,第一卷《南渡记》问世以后,我全部的精力用于侍奉老父,可是用尽心力也无法阻挡死别。1990 年父亲去世,接下来的是我自己的一场重病。直到现在病魔也没有完全放过我。

2001 年春,《东藏记》出版后,我开始写《西征记》。到秋天又一场大祸临头,夫君蔡仲德那年九月底患病,我们经过两年多的奋战,还是没能留住他。2004 年春,仲德到火星去了。

2005 年下半年,我又开始"西征",在天地之间踽踽独行。经过了书里书外的大小事件,我没有后退。《南渡记》脱稿在 1987 年的严冬,《东藏记》成书在 2000 年的酷暑,《西征记》也在 2009 年夏天出版。我有时下决心,再不想它了,但很快又冒出新的意思,刹不住手。

在计划中还有《北归记》,预计会在什么时间完成?《北归记》会写什么?

宗璞:因为健康的原因,我很难给写作排定时间表。我一直是且战且行,一部作品完成的时间很长,也是不得已。《北归记》那一段历史比较复杂,我只能写人的命运,写他们的抉择,他们的幸与不幸。

为什么给这部书取名"野葫芦引"?

宗璞:最初小说《南渡记》的第一、二章在《人民文学》发表,取的名字是"方壶流萤""泪洒方壶"。当时为这部书取的名字是"双城鸿雪记",不少朋友不喜欢这个名字,所以改为"野葫芦引"。这是最初构思这部小说想到的题目,葫芦里不知装的什么药,何况是野葫芦,何况是葫芦引。

作家对自己的著作都会有执着的情感,《野葫芦引》令你执着的情感是什么?

宗璞：1988 年，我独自到腾冲去，想看看那里的人和自然，没有计划向陌生人采访，只是看看。人说宗璞带书中的角色奔赴滇西。我去了国殇墓园，看到一眼望不到头的墓碑，不禁悲从中来，在那里哭了一场。在滇西大战中英勇抗争的中华儿女，正是这本书的主要创造者，他们的英灵在那里流连。"驱敌寇半壁江山圆圆挑，扫狼烟满地萧瑟春回照，泱泱大国升地表。"这几句词，正是我希望表现的一种整体精神，我似乎在腾冲的山水间看到了。

生活的目的是助父亲写书

从 1948 年在《大公报》发表处女作《A.K.C.》算起，你在中国当代文坛耕耘 60 年，是文学潮流变迁的见证者。1978 年是中国社会和政治解放的时候，也是文学和思想复兴的时刻，那个时期你重新开始中断多年的写作吗？

宗璞：1978 年，正是改革开放开始的时候，我有一个最深切的感受，好像头上戴的多年的紧箍——孙悟空戴的紧箍摘掉了，我多次说到这个感觉，也不止我一个人有这样的感觉。1977 年的时候已经哑了很多年的文坛又开始活跃了，最先出来的就是刘心武的《班主任》，他写得比较早。我是 1978 年春天开始写，《弦上的梦》是写"四五"天安门事件的。当时我的小说一般都寄给《人民文学》杂志，编辑不敢发表，编辑看了觉得很好，但是往下看，就放弃了。天安门事件还没有平反，小说不能发，搁在那里了。一直到 11 月，中央做出决定，给天安门事件平反，我这个小说就在 1978 年 12 月的《人民文学》发表。

为什么会想到写《弦上的梦》？

宗璞：天安门事件，因为那时候大家对这个事情感触太深了，比如我的先生，那时候他经常去天安门，在那儿看见大家哀悼的心情，还有一种急迫感。我想那时候大家有一种为整个国家着急的心情。整个天安门广场人山人海，有很多花圈。我不是常去，我也去过，很多的花圈，一层一层的，大家不止是悼念周总理，是在为我们国家民族的命运担忧。正好我也接触到一些年轻人，他们也去天安门，他们挨了打，这些年轻人是一些被迫害的人的子弟，看到这些我就写了《弦上的梦》。这篇小说后来获得1978年全国首届优秀短篇小说奖，这一届短篇小说奖第一名，就是刘心武的《班主任》。

现在我们坐在三松堂，不能不说到你的父亲。那时候，你父亲是什么样的状态？

宗璞：我父亲是在1979年春天开始决定写《中国哲学史新编》，1979年他是84岁了，到真开始写的时候就85岁了，他一直想用马克思主义的方法论来写一部新的中国哲学史。以前写过两本，出版社说接着写下去吧，我父亲不愿意接续以前的方法写，他要重头来，用了十年光阴。1990年我父亲去世时是95岁，他写成了150万字的巨著。我觉得这是一个奇迹，他写的并不是凭想象的或者自己编著的东西，他写的是需要真知灼见，需要脑子非常好才能写出来的，他到后来眼睛已不能看，就请了助手来记录，那时助手也很不好请，好像一切都没有现在方便。我的生活在那时还有一个目的，我把它摆在第一位，就是支持我父亲写这部书。

冯友兰先生在晚年终于迎来了可以相对自由思想，自由表达的时代。

宗璞：父亲最后的日子，是艰辛的，也是辉煌的。他逃脱了政治漩涡的泥沼，虽然被折磨得体无完肤，却幸而头在颈上，他可以相当自由地思想了。1980年，他开始从头撰写《中国哲学史新编》这部大书。当时他已是85岁高龄，除短暂的社会活动，他每天上午都在书房里度过。他的视力很可怜，眼前的人也看不清，他用口授的方式，完成150万字的大书，这可以说是学术史上的奇迹。父亲在生命的最后两年中不能行走，不能站立，起居需人帮助，甚至咀嚼困难，进餐需人喂，有时要用一两个小时。不能行走也罢，不能进食也罢，这些都阻挡不了他的哲学思考。一次，因心脏病发作，我们用急救车送他去医院。他躺在病床上，断断续续地说："现在有病要治，是因为书没有写完，等书写完了，有病就不必治了。"

毛泽东与冯友兰的"知己之谊"

冯友兰先生一生争议不断，晚年他跟毛泽东的关系，他在"文革"中参加"大批判"的写作班子，包括"批林批孔运动"中的作为，一直被学界所争议。

宗璞：父亲的失落最突出的就是"批林批孔"那段时间。他参加了"批孔"运动。"批孔"时声势浩大，是黑云压城城欲摧的气氛。父亲成了众矢之的，烧在铁板下的火，眼看越来越大。他想脱身，想逃脱烧烤，哪怕是暂时的。他逃脱也不是为了怕受苦，他需要时间，他需要时间写《中国哲学史新编》。那时他已80岁，我母亲曾对我说：再送进牛棚，就没有出来的日子了。他逃的办法就是顺着说。

20世纪的学者中，受到见诸文字的批判最多的是冯友兰。甚至在课堂上，学生们也先有一个指导思想，学习与批判相结合，把课堂讨论变成批判会。批判胡适的文字也很多，但是他远在海外，大陆这边批得越紧，对他反而可能是一种荣耀。对于冯友兰来说，就是坐在铁板上了。在这样的情况下，当时的哲学工作者，除了极少数例外，几乎无人不在铁板上加一把火。

毛泽东对冯友兰先生是欣赏的，他们互相欣赏的友谊保持到"文革"

之前吗?

宗璞: 他 (毛泽东) 是曾经对我父亲说,你写的书我都看。他很关心我父亲写的东西。他们见过面,毛泽东请过父亲去中南海吃饭,这在我父亲写的回忆录里都有记录。后来是这样,1966 年,我父亲被揪出来,受到批判,后来毛泽东就在一次讲话里说,要讲唯心主义还要去问冯友兰,他还说要讲帝王将相去问翦伯赞。后来北大"工宣队"的人就把我父亲解放了,放他回家。原来他被关在北大的 38 楼,在学校里那是一个算作牛棚的地方。

说起来,我父亲对毛泽东,有一种知己之感,我觉得这个感觉是很自然的,好像毛泽东很了解他,知道他的价值,这是一种知己之感。有人说是"知遇之感",我说这完全不一样。"知遇之感"是他知道你有才华就让你当教育部长或者当什么来使用,这种叫"知遇之感"。"知己之感",是说在"文革"大家都是罪人,他还能理解你的价值,这是"知己之感"。我父亲还比较信任毛泽东的话。他们有一段时间彼此欣赏。在"文革"以前,毛泽东请他吃饭,开会的时候也总是问到他对一些事情的看法,父亲写的文章他也都看。还有周恩来,对我父亲也有影响。

你小的时候对毛泽东、周恩来有印象吗?

宗璞: 对毛泽东我没有印象,对周恩来有点印象。就是刚解放的时候,我表姐孙维世住在我们家,还有我的六姨是从解放区来的,住在我们家,我的外祖父也住在我们家。有一次周总理来我家看我的外祖父,那天只有我一个人在家,我外祖父出门了,他们都不在家,我不知道周总理是谁,就请他坐在客厅了。那时候我已经上大学了,我很懵懂的,对他们这些人也不是很清楚,对周恩来的印象也没有很特别的,因为家里总是来客人。他带着一些人,他们坐了一会儿,我正好有个同学在我房间里,我就跟我同学说话,过了一会他们就说他们要走了。那会儿我们住在清华乙所。后来有一次周总理带着很多演员要看一下清华园。孙维世在我家,我跟她在家门口等他。

你跟孙维世交往多吗？在"文革"中，周恩来也没能保护她，被红卫兵打死。

宗璞：小的时候倒是经常在一起……她在我们家住过。她是我的亲表姐，我二姨的女儿。

思想是通往觉解的过程

看《三松堂自述》时，看到冯友兰先生对思想改造的思考，他自认是一个旧时代的知识分子，怀着真诚的愿望期待自己能被改造。

宗璞：一个哲学头脑的改造似乎要更艰难一些，他需要思想的依据，就是说假话，也要在自己思想里能自圆其说，而不是不管不顾地照着说。于是便有了父亲连篇累牍的检讨，他被放在烧热的铁板上，只有带着叮当作响的铁铃跳动。不论遇到什么挫折，遭受多少批判，他仍顽强地思考，不放弃思考。不能创造体系，就自我批判，自我批判也是一种思考。他自我改造的愿望是真诚的，没有经历过20世纪中叶的变迁和六七十年代的各种政治运动的人，是很难理解这种自我改造的愿望的。

所幸的是冯友兰先生在最后摆脱了政治漩涡，晚年可以专注自己的学术和思想。

宗璞：父亲自1949年后，生活的主要内容就是检讨，但是他并没有完全失落自我。他在无比强大的政治压力下不自杀，不发疯，也不沉默。在这混乱的世界中，在他的头脑里，有一片——哪怕已被挤压得很小——清明的哲学王国，所以他在回归自我时很顺利。有作家因胡风问题被投入狱，出狱多年后还是低头哈腰，检讨不完；1949年后有画家自巴黎回国，"文革"中遭批判，他认为画画浪费了纸张，每天沿街捡马粪纸，以赎前愆。从1979年起，父亲基本结束了三十多年的检讨生涯，每天上午在书房两个多小时,口授《中国哲学史新编》。他的最后十五年,一切都围绕着《中国哲学史新编》的写作。父亲甚至说:"现在治病,是因为书没写完。等书写完了,就不必治了。"

"修辞立其诚"与"讲真话"

"修辞立其诚",是冯友兰先生晚年强调的,它和巴金先生的"讲真话"相似。

宗璞:思想是通向觉解的过程。父亲把人类有思想这一特点发挥到极致,他生活的最大愉快就是思想。在他的生活中,在中国的土地上,恰恰遇见一段历史,这段历史的特点是不准思想。如果只是不准思想也还罢了,只要不说究竟怎么想,别人不会知道。问题是不准想,还必须说,那就只能说别人的话,这就是思想改造。幸亏有了新时期,人们知道还是自己的头脑最可信。父亲采取了不依傍他人的态度,"修辞立其诚"。需要提倡"说真话",这是我们这个大时代的大悲哀。

那个时代的知识分子,要用自己的头脑思考是艰难的。

宗璞:就像我父亲当年的处境,他是非说不可。我父亲和普通人不一样,我们还可以保持沉默,父亲一有什么事情就让他来发表意见,要他来表态,从解放以后他就生活在聚光灯下,因为毛主席也特别关心他,一有什么事情就要他表态。所以别人后来责备他说为什么你不沉默?哪里知道他必须说话的苦衷。

巴金老人在他的《随想录》中的"真话集"里说:"表态,说空话,说假话。起初别人说,后来自己跟着别人说,再后是自己同别人一起说。起初自己还怀疑这可能是假话,不肯表态,但是一个会一个会地开下去,我终于感觉到必须甩掉'独立思考'这个'包袱',才能'轻装前进',

因为我已在不知不觉中给改造过来了。"每一个亲身经历过那一段历史的人都能体会老人的话是何等真实痛切！

你跟巴金有过交往么？

宗璞：我认识他，我敬佩他，尤其是在他写了《随想录》以后。我有一年到上海去拜访他，记得也没有说什么话，是李子云跟我一起去的，我看到他，内心就非常感动。我跟他说我还没见过您呢。他说哪里，60年代你到北戴河组稿，你去找郭沫若组稿，住在作家协会的招待所，就在那，我们已经见过面了——我就是这么个人，见过人的面也不记得。

改革开放以后，巴金先生对讲真话的反省深刻而痛切，他说得那么真诚，对自己当时的处境，对自己的行为做了细微的剖析，我看还没有人这么做过。这些年我记忆深刻的，只有两个人在反复强调"说真话"，一个是巴金老人，一个是我父亲。他们都是从自己的境遇出发，对自己进行全面的检讨和剖析，我父亲检讨，巴金老人也检讨。

这些年来你对知识分子的自由和独立精神"情有独钟"，这跟你的经历有关吗？

宗璞：每个人的精神面貌的形成都是由他的经历决定的。我经历过抗战，深感祖国强大之必要。我又经历了"文革"，深感如果没有个人的自由和尊严，生不如死。如果亿万人只用一个脑袋思考，真辜负了造化孕育了这么多的万物之灵。知识分子若是没有独立之精神，知识也只是货物而已。而作为一个知识分子，必须首先是一个诚信的人；行为一路歪斜，遑论独立。

邓贤：辉煌的梦，悄然死灭的青春

邓贤当红卫兵的时候 13 岁，小学还没毕业。

红卫兵里除了和邓贤同龄的孩子，还有和姐姐同龄的孩子，15 岁，初中生。

这一年，红卫兵运动在全国蓬勃开展。红卫兵们大胆无畏，他们以毛泽东的名义控制各个城市。在中国的很多城市里，红卫兵围攻"右派分子"、行政官员或企业负责人，批斗各种"反动权威"，把他们扫地出门并接管他们的机构。

邓贤的父亲是参加过缅甸远征军的老兵，"文革"中成为被革命的对象，被第一批抄家。即使被抄家，邓贤还是崇拜革命，渴望脱离资产阶级的家庭。那时邓贤像现在的年轻人一样，渴望寻找自我，渴望实现自我价值，现实给他们提供的可能就是革命和造反。

年少的红卫兵冲到革命的对象家里，把那些人吊起来随便打。这样的造反场面使邓贤心惊胆战，内心疼痛。但是作为红卫兵，他更多感觉到的是威风，街上的警察被赶走，学校的老师和校长被打倒，他们可以为所欲为。

1968 年 5 月，在另一个国家法国也爆发了"文化革命"，是月，以巴黎大学为中心的学生运动席卷全国。拉丁区筑起几十处街垒，警察与学生冲突不时发生，造成流血事件；1000多万工人以占领工厂为特征的罢工浪潮与学生运动相呼应，使整个法国陷于瘫痪。

"'文革'期间，对于外面的世界我们真不知道。看《参考消息》才知道巴黎也有红卫兵，东京也有红卫兵，但是我相信肯定是中国的红卫兵运动影响了周边的国家，或者说影响了世界。中国的红卫兵让全世界各个国家的青年躁动的激情被点燃。"

1968年，当年的红卫兵们响应毛泽东的号召上山下乡。

三年后，邓贤来到与缅甸北部山区接壤的云南陇川农场插队。一河之隔的国境对面就是今天闻名世界的毒品王国金三角。毗邻中国云南边疆的金三角在这个时期崛起一支外国红色游击队。中国知青上山下乡，大批私自越境的中国知青给红色游击队输入源源不断的新鲜血液。在持续十年的上山下乡运动中，成千上万的中国知青前仆后继，像飞蛾一样扑向燃烧的金三角战场。然而十年之后，浩荡的知青返城浪潮汹涌而起。当1989年最后一个知青怀着壮志未酬的心境，带着被战火创伤的肢体回到国内，这场历时20年，国家耗资300亿元的中国知青运动到此终结。

1992年，邓贤推出长篇纪实文学《中国知青梦》引起社会广泛反响。

1998年，邓贤再次深入金三角，寻访当年浴血奋战的红色知青，完成《中国知青终结》。

传奇的经历，悲怆的命运，成为一代知青的历史缩影。

革命的激情化为回家的渴求

你是云南知青，当年的插队生涯对你形成的最大考验是什么？

邓贤：我插队的地方在宁昌，那里的生活条件比任何地方都苦。兵团有四个师的建制，我都去过，条件最艰苦的是二师，完全是穷山恶水，树都很少，那是佤族地区，那里的大山很可怕，是我见过最荒凉险峻的大山。我在云南待了17年，去过很多地方，去过一师、三师、四师，一师在九陇，三师在滇西，四师在河口，那里有热带植物，怎么说也是郁郁葱葱的，虽然艰苦，蛮荒，但是毕竟还有树木。可是宁昌真是贫瘠之地，那个地方真叫苦。刚去插队的时候，知青热情高涨，自己动手搭茅屋，睡竹床，点煤油灯，喝南瓜汤，唱革命歌曲。但是生活的重锤很快粉碎了城市学生对理想、对世界和对自身的全部看法。

知青的命运也出现变化，据说知青的非正常死亡比例逐年增多。

邓贤：1971年春天，第一批成都知青到云南插队不久，就有惊人的消息传来：十名平均年龄只有17岁的刚刚到边疆农场的女知青，在一个夜晚被一场大火吞噬，大火过后，人们只在废墟里找到一堆紧紧拥抱的蜷曲的残骸。有一个统计，1978年1—10月，云南垦区知青非正常死亡人数就高达153人，另外失踪34人。其中自杀39人（还有未遂者数十人），跃居各种非正常死亡人数之首。不仅仅云南，在新疆、内蒙古、黑龙江、海南岛等全国各大垦区，知青非正常死亡率急剧上升。

当年云南知青率先发出返城请愿活动吗？

邓贤：那是到上山下乡运动的后期，云南知青出现百人卧轨、千人绝食、万人下跪。这些事件轰动全国，我在《中国知青梦》中都写过。知青们用最激烈最极端的手段表达要回城的渴望，他们占领团部，宣布全兵团罢工，绝食。他们的诉求直截了当——就是我们要回城，我们不是农场职工——当时还不敢说上山下乡是错误。他们绝食、自焚、割腕，什么都有。把农场领导扣为人质，直接打电报给党中央，不停地打电话，发电报，要求回城。

知青大规模返城潮流开始的时候，也是中国社会经历十年浩劫之后复苏的开始。

邓贤：那是新旧交替的时候，只是天空时阴时晴，变化莫测，谁也弄不清楚,都不敢轻举妄动。知青们占领领导机关,号召更多的知青罢工,以激烈的方式表达要回城的诉求。这些知青都是当年的红卫兵,在决定自己命运的时刻,他们的红卫兵情结就再度萌发,悲情,悲壮。知青卧轨和大绝食行动是红卫兵运动的再次预演。加上那时社会上出现的为那么多右派平反,拨乱反正,科学的春天,知识分子待遇的改善,这些对他们都是鼓舞。知青们多年怀有的革命激情最后化成"我要回家"这样最基本最可怜的人权诉求。

红色的堂吉诃德们

当年红卫兵一代,除了奔赴中国的乡村插队支边,还有越境革命的。这些知青是什么样的状态?他们为什么会把自己投放到异国的革命理想中?

邓贤:当时红卫兵的道路就是上山下乡,但是那些特别狂热和坚定的红卫兵拒绝当知青,他们觉得当知青是堕落,他们出国当缅共、越共、马共。当时国外有很多游击队,他们就去参加游击队,渴望直接解放全人类。这些人怀有革命理想,他们的理想在中国不能实现就到国外去寻找,把革命的火种散播到世界是他们的理想。他们参加境外游击队去打仗,在游击队内部又谋反,策划暴动,组织红色军队。然后被缅甸昆沙的军队全部剿灭,这些知青被砍头,被剥皮。他们主要是两类人的后代,黑五类和红五类。黑五类就是父亲被打倒,他们不服从,觉得自己应该是红色的;红五类是想证明自己作为工人子弟、农民子弟的革命颜色。这一批人应该有两三万人,全国各地都有,内蒙古、黑龙江、北京、四川、云南和贵州最多。

这些境外知青为什么以切·格瓦拉为革命旗帜和偶像?

邓贤：格瓦拉对他们来说，就是一个符号，国际革命的符号，游击战的符号。因为毛泽东是不可效仿的，他指挥千军万马，怎么效仿？格瓦拉是可以效仿的，不就是一个人到处跑，开展丛林游击战。一个富有家庭出身的阿根廷人，医科大学生，过着衣食不愁的优裕生活，生性浪漫激情似火，女友如云应有尽有，有一天他忽然抛下令人羡慕的富裕生活，只身到另一个贫穷的邻国古巴干革命，过一种出生入死和艰苦卓绝的丛林战生活。没有人知道他在追求什么，也没有人认为他的头脑是正常的，因为他同整个资本主义世界的逻辑背道而驰。这就是切·格瓦拉，我觉得他就是一个红色的堂吉诃德。

当年的知青到缅甸最多，为什么会有那么多知青奔赴那里参加战斗？

邓贤：当时缅甸最容易去，因为边境全是知青，脚一抬就过去了。而且缅共的招兵站就设在国境线上，云南边界全是缅共控制地区，到处是缅共根据地，容易过去。越南那边不好过，有知青去了一些，老挝那边也可以过。马来西亚和泰国就隔得远，也还是有人过去，通过去缅共再绕道马来西亚和泰国。当年我在云南插队的时候就知道，我在边境上看得见他们招兵，你只要抬脚就能过去。越境的知青还有很多是在国内犯了事，打砸抢，被通缉，就逃过去了。

据说，境外的知青比国内的知青境遇更悲惨。

邓贤：1998年，我出版《中国知青梦》之后又开始写作《中国知青终结》，我带了四万块钱去东南亚和金三角寻找他们。他们的生活极其悲惨，比知青惨多了。因为知青回去得早，早一天回去，命运就会改变早一点时间。他们回城很晚，知青大返城是回城的高潮，但是那些在境外的坚定分子，一直到中国和缅甸共产党合作以后他们才回城。这些境外知青，他们回到祖国时，有的眼睛被打瞎了，有的被炸断一条腿。还有知青在缅境内造反，被关在牢里最后被枪毙。

回到人的常识和常态

在红卫兵和知青的时候，你们知道在西方有红卫兵运动吗？

邓贤：完全不知道。那时候收听外台是犯法的事，要枪毙，要坐牢的。当时收听外台叫收听敌台广播，会被当特务、当国民党枪毙。当知青时谁收听外台绝对判刑，那个时候没有法律。很多人被枪毙没有什么法律依据，定你一个反革命罪就可以枪毙。当时没有法院，我们现在提国家，那时没有国家的概念。你如果是反革命，就被枪毙。当年很多人被枪毙，不就是一个人保组长点点头，一个革委会的主任就可以杀很多人。他可能在家里跟老婆吵了架，出来看你不顺眼，就可以把你杀掉，就这么简单。

在1970年代法国和日本也出现红卫兵运动，"左翼革命"成为青年运动的世界性潮流。

邓贤：是我们影响他们，不是他们影响我们。虽然我们当时闭关锁国，不知道外面发生什么事，后来听说外国也有红卫兵就很自豪，觉得全世界都跟着我们造反。当时我们的口号是"赤遍环球是我家"，这是毛泽东的诗词，"大旗挥舞冲天笑，赤遍环球是我家"，多么豪迈。

当年的红卫兵，浩浩荡荡，不可一世，问苍茫大地，谁主沉浮？人人狂妄，变得整体狂妄。狂妄也是可以传染的，这一代人只有经历过挫折才知道自己真实的处境。当年的红卫兵后来演变为知青的"我们要回城"这样一个可怜的最基本的人权诉求，那时候这一代人已经经过了炼狱的考验，他们回到了人的常识和常态中。

现在知青运动过去30年，对当年的激情你认为需要怎样的反省？

邓贤：我们这代人在这一生做了两件大事。第一件事是做魔鬼，我们把整个社会秩序颠覆，我们做许多亲者痛仇者快的事，实际上危害了整个民族的生机。另外就是我们被迫完成了自我历练和自我教育的残酷过程，最后以此完成自我拯救。红卫兵和知青上山下乡，这两个运动是有承接关系的。跟红卫兵运动相比，知青上山下乡运动挽救了我们这一代人。它让我们体验苦难，也认识苦难，我觉得从这个意义上讲我们应该是被挽救的一代。前面没有那种狂热，没有那种巨大破坏性，你不做魔鬼，不被惩罚，能完成最后的自我救赎吗？所以知青们，千万别把自己看成是无辜的一代，受害的一代。你灵魂里没有迷狂，没有轻信，没有盲从，没有暴力，没有那些导致罪恶的东西，你会步上那样的道路吗？

让我们谈谈救赎吧，我觉得这是我们现在这一代人到了中老年以后，应该深入反省的地方。红卫兵一代，知青一代，反省越彻底，对我们的后代，对我们的国家和民族就越有益。

对它的反省可能是我们留给后代的最后一份财富。

第三部分

微弱而积极的声音

崔卫平：微弱而又积极的声音

　　曾经看娄烨执导的电影《颐和园》，在靠后部分看到崔卫平出镜。

　　其时她是北京电影学院教师，跟人讨论问题，身边围一群年轻人，而彼时她所在的城市激情与慌乱共生。镜头闪了几秒过去。这镜头好像也是她在日常生活里的映像，比如在沙龙，在公开的论坛，在会议厅。总之只要看到她，就多半是在发表意见。"持不同生活意见者"，有次看到崔老师自我介绍时的这句话，我觉得这个说法很有意味，准确概括了她的特质。

　　很早知道崔卫平，还在她作为文学评论家做诗歌研究的时候，她对寄居北京昌平精神病院的诗人食指的解读，对卧轨自尽的诗人海子神话的解析令人印象深刻。2002 年，我供职报纸之后，同事们在传阅她的译著《哈维尔文集》，在此前我已读到过她的随笔《分享哈维尔，分享共同的底线》，后来看到更多她译介的东欧思想论著和文化评论，也看到她在文化沙龙或论坛上的公共发言，因此有了对她的访问。

　　2006 年 7 月我去波兰采访，著名知识分子亚当·米奇尼克是受访者之一。崔老师译介了他的《通往公民社会》。我带给米奇尼克那本译著，他签了名回赠我，我又转交给崔卫平。我觉得这样的书籍之旅很有意味。

后来到捷克访问时我也会在书店里找哈维尔的书带给她，哪怕捷克文看不懂，也是很好的纪念。现在我的书架上收藏着她的译著及随笔集，伊凡·克里玛《布拉格精神》中译本、她做长序的切斯瓦夫·米沃什的《被禁锢的头脑》，她的《迷人的谎言》《积极生活》《知识分子二十讲》……应该说崔卫平是长久致力于公共生活以及知识分子精神研究，又勇于表达的学者之一。

在承担和戏谑之间

我们选择"文化和思想批评"这个话题比较冒险，我选择你作访问人物也不太讨好。这是一个明星的时代，一个游戏、谐谑和解构的时代，严肃的东西容易惹人发笑。而你一向是以"严肃""深刻""承担"著称。所以我们坐在这里，双方都在冒险。

崔卫平："戏谑"可以看作一个社会宽松的信号，许多戏谑的段子所表现出来的人民群众的智慧，是那些大部头的著作赶不上的。至少人们一发笑，所谓虔诚的东西就倒塌了。笑无论如何是人们正当的权利，是和自身保持距离的需要，也是对付一切腐朽僵化事物的利器。但是假如事情到了这一步——人们用笑声推翻了旧的权威，同时把笑声树立为新的至高无上的权威，只允许笑，不敢不笑，不笑就被认为是傻瓜，就是不识时务，那么新的专制又产生了。在这个意义上，不是一味地去笑，尤其是跟着别人傻笑、哄笑，多少是有点冒险。

我看到有传媒在介绍你的个人履历时说：著名学者、文化和思想批评家、翻译家。媒体在评述你的时候用"犀利"和"尖锐"这样的词语来形容。你给我们描述一下自己，你真实的状态是什么样的？

崔卫平：我想自己是"敏于思，拙于言"的那种人。在生活中一般我是一个倾听者，并不激烈抗辩。经常有这样的情况，和别人谈话时，我会眼睁睁盯着别人看，脑子却不知道想到什么地方去了。可能头脑在抗辩，嘴上却说不出来，结果就写成了文章。细想起来，好像我有这样的感觉：生活是一个需要加以保护、呵护的东西，它是一个有机体，一个活物，有一层翳，不能随便破坏这个"翳"，否则就伤害了这个有机体。即使用言词长驱直入，大加鞭挞，也是不合适的。我尊重和生活的这种距离。

那么思想呢？就你而言思想意味着什么？我们知道有的人不知道思想为何物，而有的人思想的价值大于生活的价值。

崔卫平：至于思想，那不是别的，那是生活赠予我们的一份礼物。思想的活动使得我们拥有双份的生活：你经历了很多，在生活中有各种各样的碰撞、各种甜酸苦辣的体验，当它们降临时，都是不经意的、偶然的；但如果你把它们在头脑中"回放"一遍，就如同追加了一份，你可以按照自己的理解把它们重新排列组合，求得某种理解，你生存的疆界就扩大了一倍。这个过程也是治疗和恢复自己伤痛的过程，有许多本来是裂缝、皱褶的东西，在你回过头来沉思、反省的时候，就不知不觉抚平了。我没有想到过自己所写的东西是"犀利"的，但也许我选择站立的那个位置是一个比较大的裂缝，一个更多的人都感到的痛点，所以看上去有点尖锐。

双刃的言词之剑

要是说思想家的思想是一把锋刃的话，现在我们就借助这把利刃来切割和剖析一下什么东西。我看到你说"良知战胜黑暗"，请问你说的良知是什么，黑暗是什么？你能具体指出吗？

崔卫平：在说到"良知"的时候让我们谨慎点，这不是一个大声嚷嚷的话题。"良知"是我们身上最微弱的力量，它通常不出声，不大声喧哗，不指手画脚，更不盛气凌人。它像影子一样忠实于我们，保守我们的秘密和隐痛。有时我们感到什么地方不对劲，感到不习惯和不自然，正是良知以一种温和的方式在提醒我们：有什么地方失掉了正当的比例，忽视了应有的分寸。在这个意义上，有人将良知称为"内在的神告之声"，我们也不知道从哪儿就拥有了这种本能。

"黑暗"的问题有点复杂。我使用这个词更多地涉及我们自身人性的缺陷，盲目，尤其是历史或环境的混乱和不公正对于人们精神上心理上所造成的伤害，即所谓"我们自身的黑暗"。如果我们批评周围不合理的现象，却对自身的"黑暗"毫无知觉毫无反省，结果还是会通向你所反对的那个东西。比如我们刚才讲的，如果现在存在一种"笑的暴力"，不笑则死笑则活，那么在它背后，仍然拖着一条浓重的遗留的阴影。我想健康的笑是将自己也包含在内，健康的思想是包含对自身的反省在内。

你的一篇文章的题目是"知识分子和生活"，你认为我们有知识分子吗？知识分子用萨义德给出的定义是：思想独立不屈不移。

崔卫平：为什么我们没有自己的知识分子？那你说我们有自己的工人、农民吗？我明白你的意思，你指的是知识分子要起到某个作用。我相信不同的环境中知识分子的作用不一样。我觉得当前中国的知识分子和西方知识分子不一样在于，中国知识分子要维护和帮助建立社会的一些基本价值，维护人类的一些基本原则，而不是像法国知识分子一味地出奇，萨特就是一个语不惊人死不休的人。对中国来说，我们在思想上"拨乱反正"的工作远远没有完成，一些基本的尺度、界限还有待建立，如果社会有走向无序和解体的倾向，那么知识分子的工作就在于帮助建立秩序和整合。所谓知识分子的"独立"，不应该理解为个人的某种突出作用，在中国，尤其是指推动整个社会走向进步和文明。

我有一个发现，就是中国很多年轻的有创造力的作家都不愿意承认自己是知识分子，好像"知识分子"是一个令人羞辱的身份。余华就说：不喜欢中国的知识分子。

崔卫平：我不知道余华说那句话的具体语境是什么，但是反过来任何人都可以说"不喜欢中国的小说家"。如果现在知识分子的确是个"令人羞辱的身份"，那么我要说，我就是一名中国知识分子。本来我以为只有等自己死了以后才可以这样说。

文学及个人经验

你关注当下语境中的中国文学吗？文学在你的经验里是什么？为什么在公众那里文学越来越不重要了？你觉得哪儿出了问题呢？

崔卫平：举一个例子来回答你的问题。不久前看电视，看到介绍一位北大生物学教授（对不起，记不得他的名字了），他是我国研究大熊猫以及白叶猴的专家，他说自己研究的动物都是"黑白的"，他克服重重困难建立野生动物保护地的工作令人钦佩。他解释自己为什么会走上了这条道路，是因为看了杰克·伦敦的小说《荒野的呼唤》。时隔几十年，他居然十分动情地对着摄影机复述《荒野的呼唤》中的情节。我想这就是小说在不写小说的人们当中取得的最大成功。

你是想说，文学不仅仅是语词的迷宫，不仅仅是写作者自恋或自虐的宣泄。

崔卫平：文学是我们行动和生活意义的一个源泉。当然，对于从事文学的人来说，文学还有别的意义或者根本没有什么意义，但我想说的是，搞文学的人，不要把对文学对于他本人的意义，看作文学所拥有的意义的全部。换句话来说，文学不是建立在其他的文学作品和其他的文学作者的基础之上，小说不是写给那些也写小说的人看的。小说要返回到不写小说的人们之中，返回到这些人的生活和阅读之中。对于我本人来说，文学几乎给了我一切，正是文学教会了我关注自己以外的人与事，教会我用惊讶的眼光看这个世界，让我知道不同的世纪、时代、民族中的宽容和信念。

东欧文学、哈维尔与我们共同的底线

关于东欧文学其实我们有很多话要说。在东欧的捷克，我们知道有卡夫卡，有昆德拉，现在又有哈维尔。卡夫卡在中国的作家中处于文学的正席，昆德拉是毁誉参半，哈维尔则干脆处于隐匿的位置，只在文学和思想的沙龙里出现。

崔卫平：卡夫卡当然很精彩。他的"我不是你们想象的那个我"的决然态度，对于正在面临某种"不可阻挡"的大潮裹挟的个人来说，永远具有支持意义。昆德拉的拒绝签名也是如此。哈维尔的情况不一样。我借用一个古典的区分来指出他们的区别，那就是"被诗人歌颂的英雄"和"歌颂英雄的诗人"。这两种人分别处于行动的世界和言词的世界。当哈维尔是一个荒诞派剧作家时，他和卡夫卡一样属于后者，是一个诗人；而当他签名、呼吁、受难时，他是一个在现实生活中采取行动的人，他是英雄。他所写下的那些文字，是需要自己的行动在后面作为支持和担保的。比如拒绝谎言、"生活在真实中"，比如倡导社会良知、呼吁从良心出发的政治，不仅说而且要这么去做。这样的行动能力对我们许多人来说，是非常陌生的。人们把大量的聪明才智、时间精力都花在"能指"的无限滑动上面，但愿不要看到那么一天，我们身边许多同胞淹死在自己的唾沫之中。

就文学的品质而言，卡夫卡是令我们尊敬的。昆德拉给我们丰富繁杂的感觉。哈维尔则让我们内心亲近，他的文学、他的思想和他的行动结合起来就使他成为一个具有力量的人。

崔卫平：说得好！与我们内心相接近，是与我们内在的责任感相接近，正是这种责任感使人们获得力量。一个人不管是什么职业，什么身份，他在内心深处总是对某些事情抱有不同程度的责任感。在这种责任感中，他感觉自己像一个人而不是小丑。哈维尔说过，一个人的秘密是他责任感的秘密。

我觉得引进和翻译哈维尔是你对中国知识界的贡献。作为捷克作家的哈维尔和作为总统的哈维尔为我们提供了一个新的向度。关于哈维尔，你还能告诉我们什么？

崔卫平：哈维尔是一个有信念的人，他相信头顶上有一个更大的秩序，用中国的话来说，就是"天道"。人们在这个世界上所做的事情，都在看不见的天上某处被永远地记录下来，永远地给予评价。每一件事情都不会被遗漏，没有东西被遗忘，每一个人都要平等地接受天道的审判。因此，对于那些蒙受羞辱和失败的人们来说，他们并不是孤独的——"尘世岁月并不能抹去人间的失败招致的尖锐痛苦；并非我们自己才意识到这些失败"。另一方面，对于那些为恶的人来说，他所做的一切都有着抹不去的记载，他要是认为"死后哪怕洪水滔天"那就大错特错了，在浩浩荡荡的天道面前，个人都是渺小的、脆弱的。在这个意义上，每一个人都要为自己手上正在做的事情负完全责任。而另外一些人，那些手中掌握更大权力的人，他们则要为民族的命运和明天担负更大的责任。

我最近看了你译的哈维尔在美国大学的演讲《向政治告别》，看到他说：我们的世界、人性和我们的文明正处于历史以来最重要的转折点上。我们比先前更有机会去理解我们的处境和我们前方的困惑，并且朝向理性、和平和公正而不是导向我们的毁灭。我觉得这样的声音应该让更多的人听到。

崔卫平：我最近正在读波兰知识分子米奇尼克的著作，这个人被称为"波兰的甘地""波兰的路德"，他前前后后反复说的一句话是："我们只有一个波兰。"他强调不管什么时候，波兰社会的各种力量不要互相为敌，波兰是所有波兰人的波兰，不要把其中的一部分人划分和隔离出去。那么，我想说的也是——"我们只有一个中国"，在这片大地上所有的人都可以在不违反法律的情况下按照自己的意愿生活，所有人的命运都是紧密联系在一起的。伤害其中一部分人，哪怕只是为数不多的一小部分，就是伤害这个民族的手指或者脚趾，就会波及整个民族有机的整体生活。

你的译著《布拉格精神》也是能够给我们精神养分的一部书，以前我们只知道东欧的捷克有米兰·昆德拉，现在我们除了知道哈维尔，还知道克里玛，作为有良知和道义感的作家，他们更应该成为我们精神的财富。

崔卫平：据我所知，国内要出版捷克另外一位小说家赫拉巴尔的一系列作品，先是他的一部《我曾侍候过英国国王》，捷克人对这个赫拉巴尔推崇不已，超过昆德拉。这个人更多地继承了布拉格精神中哈谢克的传统而不是卡夫卡。《世界文学》上发表过他的一个中篇译本《过于喧嚣的孤独》。匈牙利作家凯尔泰斯赢得 2002 年诺贝尔文学奖，在给他的授奖辞中有一句令人印象深刻，说他不仅描写了暴行的残忍，同时还有"暴行被实施时的轻率"。如果是这样，这个作家很有穿透力，许多人类的暴力并非是以可怕的面貌出现，它更多就是轻率的、轻浮的行为，结果对他人、社会、历史造成了难以弥补的伤害。

幸福是一道宽广的风景

除了哈维尔，你还研究波伏瓦、伍尔芙，这些女人是20世纪最杰出的女人。你个人的思想品质和锋芒深受她们的影响吗？

崔卫平：伍尔芙是我心仪的作家，我曾经大段背诵过她的段落。那些长长的变化起伏的句子，用她自己形容别人的话来说，能够"悬浮起最脆弱的微粒，包容起最模糊不定的形体"。在复杂周折的句式背后，是她率直的头脑，率直的性情，率直的目光。对于波伏瓦我有很大的保留。她写作方面的抱负当然是令人赞叹的，但是她在各方面太模仿萨特了，简直就像一个女萨特，女性并不是要模仿男性才找到自己位置的。我记得第一次读《第二性》那种失望的感觉，我觉得她在东拼西凑。

你有一篇《为阿伦特一辩》的文章广受瞩目，阿伦特是德国哲学家海德格尔的情侣，海德格尔因为在二战中为纳粹效力受到知识界的道德指控，你要为阿伦特辩护什么呢？

崔卫平：阿伦特和海德格尔好的时候才18岁。四年之后，海德格尔打发她离去。我喜欢阿伦特的宽广无私：在离开男人之后，她不会细数自己在哪儿受了损失，列出自己的伤痛，把它们当作自我炫耀的东西，要不就是变得愤世嫉俗。她把损失限制在不失去自己的尊严和完整性的界限之内。我也喜欢她能够面对自己忠直无欺：尽管海德格尔做了那样不光彩的事情，她承认是海德格尔最早开启了她的灵性，赋予了她看待世界宽广的眼光。她身上有一种今天非常难得的忠诚的品格，同时具有一种无可遏制的生长性。在离开海德格尔之后，她自己走了漫长艰辛的道路，她把生活中消极负面的东西经过提炼，转变为积极正面的东西，转变为了对于世界的爱和积极参与。中文版译作《人的境况》的那本书，她本来给它起的名字叫做"热爱世界"，它的德文版就叫做《积极生活》。

你对生活的愿望是什么呢？说说你的幸福的标准和尺度。

崔卫平：我喜欢一个流传久远的表达，即古希腊雅典的政治家梭伦所说的，幸福是"中等的外部供应、做着高尚的事情和过着节俭的生活"。这是从正面来说的。从负面来说，幸福就是能够抵御不幸，能够从不幸的打击中恢复过来，从挫折和失败中重新站起来。没有人可以说，他这一辈子不会遇到坎坷，不同的在于有人能够恢复和再生，有人则一蹶不振，从怨天尤人到自暴自弃。人若要拥有承受能力，能够从伤痛中恢复过来，对于个人来说，则要求他生活面不要太窄，生活中有多个支点才能把他这个人支撑起来；同时需要一个更加文明、宽容的社会环境，需要人们之间不是冷漠而是相互信任和团结互助。

杨炼：提问者，诗人和思想家的姿态

2012 年 1 月 28 日，杨炼从英国赴意大利接受 2012 年度诺尼诺国际文学奖。

本届评委会主席由诺贝尔文学奖得主奈保尔担任，他在颁奖仪式上宣读授奖辞："杨炼的诗歌是中国当代思想的制高点之一，通过他的诗歌不断提醒当代人'诗歌是我们唯一的母语'。生命与诗歌的流亡，不只是从土地出走，更是将边境推向尽头。游吟诗人超越了时空。"

"一批用中文写作的诗人，长期居住在外语环境中，参与世界各地的文学活动，甚至以作品的译文获奖，这是中文文学史上的一个新现象。"杨炼谈及诗人海外获奖的现象时说。

1992 年初，杨炼抵达纽约。这是他自 1988 年 8 月 8 日去国之后，到达的第三座城市。先后旅居悉尼、伦敦，然后是纽约。偌大的纽约认识的朋友寥寥无几，住在窗口开向哈德逊河的房间里，感到自己在沉下去。"四月 / 以河流为幻影 / 河流那忘却的颜色 / 以我们为幻影"。这是杨炼在那个时刻写下的诗句。出版于 2000 年的诗集《大海停止之处》，收入了杨炼 1982 年至 1993 年间的全部诗作。那两年，被杨炼称为漂流途中"最黑暗"的时期。

"生存的压力且不去说,用什么填满'为什么写'和更严酷的'怎么写'那个黑洞,是更为黑暗的体验。顾城就是在这个黑洞中消失的。他的悲剧,集历史的遭遇和写作的困惑于一身。他写于同一时期的作品《鬼进城》与其说是新的美学探索,不如说是现实连贯性的崩溃。"杨炼说。

为了抵御现实性的崩溃,杨炼经历了很多艰困的时刻。"诗人得找到一种能够归纳现实的形式,以使自己的语言——和自己——活下去。作为当代的中国诗人,在远离故土的外国,'无根'的痛苦是经常性的体验,'无家可归'的悲哀甚至是一种必须。在每个早晨醒来,陌生的房间都在提示我一个梦中的房间。"杨炼说。

在他的中国梦中有一幅永久的画面:北京西郊,圆明园废墟附近,一间由教室改造而成的名为"鬼府"的小屋,半块玻璃黑板做成的书桌记录了杨炼作为青年诗人的全部经历。在他的书柜里,珍藏着两只骨灰盒,一只是母亲的,另一只是老保姆的。她们在那儿,让他总是感受到两束呵护的目光。杨炼认为:"一个人能在任何地方生存写作,因而不必抱怨命运把你抛到了哪里。真正的问题,不是'我离开中国多远了',应该是'我在自己内心和语言里挖掘多深了'。"

回顾过去 30 年,思想和文化交流是杨炼漂流生活中最温暖的部分,同时为他提供了精神资源。"很多非常优秀的朋友,比如诺贝尔文学奖获得者沃尔科特、索因卡,和逝去的布罗茨基、苏珊·桑塔格等等的友谊很令人感动,我们一起在纽约的联合国大厦朗诵诗歌,一起聚会聊天,还有当代最好的视觉艺术家、思想家,以及各种艺术节、美展上遇到的同行,这些对我的创作形成非常好的氛围。从精神交流的丰富方面讲,我是满足的,这也是对那种艰苦孤寂的一种补偿。"杨炼说。

苏珊·桑塔格生前,自 1997 年相识之后,杨炼每次去美国,都会打电话给她,也多次去过她在纽约的俯瞰哈德逊河的美丽寓所。"每次交谈,都热烈深刻,她的头脑像一架思维机器,不停地超高速运转。那实在不像一个女人的思维状态。话说回来,她的家,正处处体现出男性之旷达和女性温柔的组合：谁见过把一辆铮亮的摩托车——她儿子的礼物——停在客厅里的？但她招呼起客人来，又活脱一个家庭主妇。苏珊当过妻子、当过母亲，晚年又和一位女士同居，在性别上，也是如此特立独行。"杨炼回忆道。

"所有的文化都建立在良心之上。"这是杨炼对以苏珊·桑塔格为代表的欧美知识分子的评价："实际上一个文化，或者一个社会需要一种来自内部的但是又保持距离的清醒的观察和批判，或者批判性的思考。"

杨炼与阿拉伯著名诗人阿多尼斯做过对话《诗歌将拯救我们》，可以视之为他的思想表达："实际上，诗人是在不停地把自己创造成新人，我们在每一行诗里都在寻找一个自我，同时写完这行诗后我们又在抛弃这个自我，而文化的活力就来自个人的不停的创造性。"

2008年，杨炼当选国际笔会理事。2011年，他第二次竞选，再次以最高票连任。国际笔会是1921年成立的国际作家组织，总部在伦敦，是世界唯一的国际作家联合体。现有145个分会，会员分布在不同的国家和地区。现任主席是捷克作家格鲁沙，副主席是纳丁·戈迪默、英籍印度裔作家拉什迪，国际笔会的执行机构是有11人的理事会。杨炼之前在国际笔会担任职责的华人是林语堂。1975年夏，国际笔会在维也纳召开，林语堂被选为副会长。

作为诗人，杨炼对自身的文化命运有着更为透彻的意识。"诗人必定是流亡者，但他的'流亡'一词，被赋予了主动、积极的含义，那其实是创造性的自我本来的精神定义。也因此，'孤独'成了'独立'的同义词，'距离'提供了反思自己母语和文化的能力。生存挑战的急迫，反证出诗歌对存在的意义——它绝不只是装饰品，它是每个诗人最后的安身立命之所，而且，仍是我们古老文化的鲜活的能源。归结到底，人性之美蕴含了诗歌之美。这美丽不依赖外在时间。诗歌本身就是时间。它终将安顿我们，尽管历尽劫难。"杨炼说。

优秀的中文作家应该是思想者

2008 年你参加国际笔会理事选举发表竞选纲领，其中提到"每一个中文作家都必须是思想家"，为什么这样主张？

杨炼：当选理事要有自己对未来工作方向和目标的阐述。我在竞选纲领中提出"每一个中文作家，都必须是一个思想家"。我觉得中文作家要通过不断地整合思想资源——不仅是古典中国、当代中国，也包括西方的——所有的思想资源，使当代的中国文化，成为世界文化的一个有机组成。也就是说，我们从简单的只是被动的——比如被邀请参与一些国际的或者是什么组织的活动，越来越变成主动地提出我们自己的思想方法。我们同时根据这个思想来设计文化项目。去年（2011）我策划组织了中英诗歌节，今年在柏林国际诗歌节，我们将做一个关于 1989 年全球历史的回顾，命名为《1989 世界全球历史》。我也是策划者之一。但是我们不是把今天推回到过去，而是让过去成为现实的深度。因此我们强调的是二十多年来的政治、文化、语言、文学各个层次的变化过程。实际上所有的东西最终都落到一点，就是要对当代作家，作为人的位置和作为创作的位置有一种深刻理解，由此确定自己的工作方向。

你怎么看国内的诗歌写作？现实的问题是，文学或者具体到诗歌写作几乎处于社会边缘的状态。在公共领域，几乎很难听到作家和诗人的声音。

杨炼：回顾过去 30 年，中国的变化真是天翻地覆，速度不是太慢，而是太快。具体到文学，具体到诗歌创作，我觉得诗人面临亟待转型的现实，同时又能够深刻地理解诗歌的价值和意义，还能够不仅用思想表达，而且能以创作呈现出这样一种质量，我觉得对诗人的要求和诗歌的要求极高。国内文学界，我认为首先是作家或者诗人的质量不够，或者说作家和诗人作为思想家的分量不够。至于边缘化还是不边缘化的问题，其实不太重要。具体到诗歌，据说中国现在写诗的人就有两百万，这已经是整个斯洛文尼亚全国的人口，那么你说什么是边缘化？如果真把这些诗人搁在一起，那就是中欧的一个小国。如果中国的诗歌界真能建立比较正常的诗歌判断标准和诗歌判断能力的话，就这两百万写诗的人，就已经比盛唐时代热闹多少倍了。所以我不认为数量构成问题，重要的是质量，这是中国作家或诗人最大的问题。

最终我们会获益于漂流的过程

从 1988 年旅居澳大利亚开始，到现在你有二十多年的漂流生活。这种漂流状态给你的身心带来什么样的影响？它们对你的写作是成就吗？

杨炼：曾经我跟高行健有一个对话，题目就是："漂泊使我们获得了什么？"我认为流亡，或者说漂流的状态，其实古往今来莫不如此。杜甫漂流到四川和我漂流到伦敦其实并没有什么根本的区别。当然以今天我们这个语境而言，如果概括为一个方程式的话，那应该说是距离产生自觉。用一个比较具象的例子来说，就像我在希腊，土耳其的爱琴海岸，其实就是古希腊的地方，我有一次站在古希腊的城岗的废墟上，远眺地中海，突然我有一个感觉——后来变成了一句诗——就是"远眺创造几何学"。因为你在远眺的时候，你的眼睛里不是只有眼前的这些大理石柱子，大理石的废墟和一直到地中海之间的果园，远处的地中海的闪光和地中海上空的那种蓝天，构成一种整体。

实际上我觉得，不管诗人的漂流的起点是否是因为政治，但是最终我们会发现我们获益于这个漂流的过程，其实远远大于被迫离开祖国的那一刻的痛苦。我虽然住在伦敦，走在街上说着英文，或者在各种国际文学活动里经常用英语和别人交谈，但是所有这些交谈，除了我面前的交谈对象以外，其实真正的交谈是与我内心那个说着中文土话的潜在的中国诗人在对话，在反思中国的语言，反思中国的现实，在反思中国诗人在中国环境之内的位置，反思中文诗歌与世界诗歌的这个关系。所以我说所谓思想家就是这样的，你要把你的整个生活，每一分钟的呼吸，都变成思想进步。

在你的周围，你会遇见很多杰出的作家和诗人。在你看来，杰出的作家和诗人，他们具有什么样的品质？他们对世界具有什么样的价值？

杨炼：应该这么说，我并没有刻意跟国际上的优秀作家和诗人交往，都是随机的，比如在各种诗歌朗诵会，或在什么文学活动等等之间的接触，有的作家比较熟悉，有的作家是萍水相逢。但是，简单来说，我觉得这些作家确实是非常到位的人，这个听起来好像起点很低，但实际也是最高的一个点。比如说布罗茨基和沃尔科特——我跟布罗茨基和沃尔科特在纽约联合国总部西大厅朗诵诗歌。那是布罗茨基一生中最后几次朗诵之一，是在他去世前不久。布罗茨基除了朗诵自己创作的诗歌之外，还朗诵他翻译的苏联女诗人茨维塔耶娃的诗。他用俄文的风格诗歌朗诵英译的茨维塔耶娃的诗歌，特别的激情，音韵感极强，把那种俄文的音韵感带到不是那么有音韵感的英文中，语言之内。朗诵了一段之后不得不停下来，因为灯光的缘故——他的健康已经很不好了——停下，要求灯光弱一点，然后再重新开始。就餐的时候我们坐到一起，我就跟布罗茨基谈论诗歌的层次，俄文风格的译文朗诵。布罗茨基是以持不同政见的诗人著称的，他被授予诺贝尔文学奖，但是我们在聚集的时候主要谈论的是轻松的诗歌形式的问题，在形式的背后能感觉到他作为人的真诚。布罗茨基一生遭禁、被囚、被逐、流亡和获奖的经历，使众多的批评家和读者很容易给他和他的创作贴上意识形态的标签。但实际上，布罗茨基非常反感对他的这种有意和无意的利用。布罗茨基更强调诗歌和政治的不同，诗歌相对于政治的独立。沃尔科特也是如此，这两人看得出来是铁哥们，走路都搂在一起。阿多尼斯简直就是一个质朴的老朋友，他喝酒聊天的那种方式你说是一个老农民也不过分。我们在柏林做了一个关于诗歌思想深度的对话，对话的题目叫"诗歌是我们唯一的母语"。

实际上当我们直接触及诗歌本质的时候，不管表面上看起来形式怎么千变万化，实际上始终有一个压舱石，那就是作家对人的处境、对人的生存的深度的表达。

最根本的绝境是我自身

在海外二十多年的漂流，你的思想最大的变化是什么？

杨炼：最大的变化就是以往的思想得到了确认和加强。这个确认是建立在冷战之后，本来以为资本主义一统天下，以为这个世界大同了。但是十年一觉扬州梦，到"9·11"一声爆炸，突然之间这个梦破碎，人们发现这个世界面临着更加血腥和严酷的现实。而且全球资本主义带来的这种感受，实际上是更极端的绝望，因为在意识形态冷战时期，人们似乎还可以在两大思想阵营之间寻找一种选择，今天则是放诸四海而资本主义。这个时候，我原来拥有的人性永恒的处境就幻灭，这种黑暗感很久笼罩着我。这是为什么我后来生发出诗意的反抗的意识——我的反抗有几个阶段，政治的反抗，文化的反抗，最终落实为诗意的反抗。诗意的反抗定义就是全方位的困境和个人反抗。我突然发现我跟整个传统文化的精神联系，确实我的诗歌创作一直在不停地回到屈原的《天问》，他是从宇宙开创之初问起，穿透整个神话历史和社会现实，回到诗人自我。屈原叩问两百个问题，没一个有答案，他不停地用更深的问题涵盖以前的问题。这种专业提问者的姿态，就是我们今天作为诗人和思想者的姿态。

作家怎样建立有价值的写作？在国际化的写作中更容易建立标准么？

杨炼：对整个人的根本性处境的思考。对人性的根本性处境的体验在国际化写作中更为彻底。我不认为强调外在困境一定能给作品加分，你的分数就是自己挣的，九十分就是九十分，没深度搁哪儿也没深度。为什么像帕慕克的《我的名字叫红》这样的东西，我看了以后很感动，它没有那么政治化，虽然帕慕克在现实里是一个对土耳其政府，尤其是对那里的宗教思想控制持反对立场的作家，但他的作品我看到的更多的是自我反省，自我追问，是他对广博知识的占有，对艺术丰富性的深刻理解，是他充沛的创造力。这样的作品搁在手里沉甸甸的。真正的最严酷的处境就是"我自己"，最根本的绝境就是"我自身"。所以一部文学作品如果要反抗，就是反抗这个界限。

周国平：我怕配不上我所受的苦难

　　1992 年年底，在女儿妞妞离开自己一年后，周国平把自己关在屋里，开始写《妞妞》。

　　在《妞妞》的书中，主角只是一个仅仅活到一岁半的婴儿。周国平写下了妞妞的可爱与可怜，记录了在死亡阴影的笼罩下抚育女儿的爱哀交加的心境，他形容是在摇篮旁兼墓畔的思考。对于周国平来说，妞妞的故事成为生命中最美丽也最悲惨的故事。当年的《妞妞》，以哲学的悲恸感动了无数的人，几乎所有的父母都不忍却又忍不住去读它。

　　"作为一个研习哲学的人，上天把一个特别的灾难降于我，大约是要我体悟人生的某些基本真理，并且说给更多的人听吧。"

　　在妞妞离去五年之后，周国平又做了父亲。他又有了一个女儿啾啾，和妞妞一样可爱，但拥有妞妞没有的健康。"我全部的父爱在这尘世间又有了着落，因为在此时此刻，啾啾就是我唯一的孩子，就是世界上一切的孩子，就像那时妞妞是唯一的和一切的孩子一样，因为一切新生命都来自同一个神圣的源泉。"

　　《宝贝，宝贝》描写的是妞妞的妹妹——啾啾的故事。周国平记录重为人父的全部欢欣，书写了在经历中年丧女又老年得子后多年的人生体悟。"人世间真实的幸福原是极简单的，小生命带来的幸福感是无与伦比的。最强烈的感觉是，你就在奇迹之中，你难以置信。"66岁的周国平说。

唯一的孩子，一切的孩子

1992年，你开始写《妞妞》，你写到了妞妞的可爱和可怜。这么多年过去，这种爱哀交加的心境，现在抚平了吗？

周国平：我想是这样的，不管一个人经历了什么样的事——痛苦也好，喜悦也好，实际上随着时间的流逝，这种感觉总是会被时间冲淡的，这是一个不可违抗的规律。但是并不意味着——因为很多人会问这个问题，说你有了一个新的孩子，一个健康生长的孩子以后，是不是你会忘记妞妞？实际上如果我没有一个新的孩子，没有啾啾，随着时间的流逝，随着我生活场景的变化，妞妞对我来说，肯定也会越来越被时间冲远、冲淡，这是不可违抗的。但是另外一方面，这并不意味着我就把她忘掉了。实际上这种东西，我觉得是人内心深处潜伏着的，往往有时候在潜意识里面，有时候突然翻起来了，不知道什么时候碰着那个开关了，当时的心情又马上显现出来了，你又会非常难过，甚至又会痛哭一场。有人说你有了啾啾以后，是不是就治愈了过去的伤痛。我说啾啾是啾啾，妞妞是妞妞，其实是没有办法弥补的。我说啾啾不应该，确实也不是妞妞的一个代替。

妞妞在的时候，实际上我做父亲是很投入的，我真觉得当爸爸是世界上最愉快的事情。其他什么事情都很难比这种强烈的程度，包括性爱，包括事业上的成就。一个孩子把你生命中本真的核心东西调动起来了。妞妞离开以后，实际上我这种父爱就没有寄托了，很长时间我觉得自己就是悬空着的，啾啾的来临使我的父爱又有了着落，这对我是莫大的安慰。

《妞妞》可以说是一本哀伤之书，哀伤的情感让你的思考深邃，让你的表达具有震撼力。回过头再看《宝贝，宝贝》，这可以说是幸福之书。幸福能带给你深邃的思考吗？

周国平：我想从震撼力来说，《宝贝，宝贝》肯定和《妞妞》是不一样的，是比不上《妞妞》的，因为事件本身是不一样的，生活本身是不一样的。但是我想，苦难有它的意义。虽然，我非常不喜欢美化苦难。苦难来了你没有办法拒绝，你只能承受，承受的过程中，你可以表现出有尊严的态度，这是人生很重要的方面。但是不能因此去贬低没有苦难的平凡生活的价值，因为人类的基本生活是由平凡生活组成的。我是想通过《宝贝，宝贝》这本书，来挖掘平凡生活的价值是什么。这本书我基本上是写啾啾从出生到六岁的经历，跟婴儿和幼儿在一起生活，都是很琐碎很细微的事情。但是这样一个养儿育女哺育小生命的生活，是人类千百万年来不断重复的，这实际上构成了人类生活的一个基本内核，难道没有价值吗？我跟孩子相处的时间，我真的感觉对自己是一种净化。

现在女儿啾啾也上学了，教育的问题是大家普遍关心的，你从女儿身上体验到的教育的问题是什么？

周国平：这个问题很大，实际上现在一个非常极端的应试教育笼罩了孩子们，从小学开始就笼罩了。作为一个家长肯定有很多亲身的感触，在这个问题上，我有一个比较中庸的态度，一方面我把应试教育这样的框架看成是一个既成事实，你必须去适应它，但是在这个框架之内，尽最大的可能进行素质教育，这是家长的责任，当然也是好的老师的责任。尤其是智力教育，我不在乎让她去认多少字，考试怎么样，我在乎的是她的智力教育，她的好奇心，她的提问能力。小孩子是很可爱、很聪明的，从两岁三岁开始，小孩还会提很多问题，说很多精彩的话，所以作为一个家长来说，最重要的就是要做一个细心的观察者，她说错话以后，你鼓励她，或者提出问题以后，你跟她讨论，让她的智力生活能够处于活跃的状态。

我看到一个说法，你的写作更多的是表达个人的悲欢，少有对时代的哀苦的思考。

周国平：我不同意这种说法。我觉得从作家或者学者的角度来说，关注的层面有不同，这是非常正常的。不可能一个社会都是斗士，都冲在第一线去斗争，如果社会是这样的，那太可笑了，也很可悲。第二，实际上我并不是不关注社会，我也许没有以最主要的精力关注社会，但是我作为社会中的一员，我对社会的问题是有感受的，而且我有时候也会表达，比如对教育问题，我写过不少文章。第三，这样说的人太狭隘了。我回顾我的写作方式，包括《妞妞》也好，写《宝贝，宝贝》也好，好像这个题材是私人的，其实超脱一点看，一个人走到世界上来，其实都是很偶然的，不过是人类的一个个例而已。实际上人性的很多东西，是通过你这个个例表达出来的。那么我把自己作为一个案例，我来思考人生，研究人性，我觉得这种做法应该不是狭窄的做法。通过我的思考、我的感受、我的生活，我从里面体悟出的东西是有一定普遍性的，这种普遍性对别人是有用的。大家通过自己的生活去体会人生，去观察人性，这是好事情。比如《妞妞》，看起来是写了一个一岁半的小孩，其实写了人生共同的问题。首先像这样的病例——孩子夭折的这种情况，其实比例很高，很多家庭都有这样的灾难，那么这种灾难一定要让它沉默吗？通过这些灾难真正去思考人生这种不可避免的苦难——苦难的表现形式是不一样的，每一个人在不同程度上都会遭遇这样的困难，只是形式不同而已。

生命中最深刻的存在也可能是无奈的，不可避免会被日常生活潮流淹没，这是你的感慨吗？

周国平：人不可能总是在苦难中生活的，在一个沧桑记忆中，是活不下去的。人的生存本能会逼迫人从那里尽可能地跳出来，否则人类就没有办法维持下去。对于个人来说其实也是这样的，如果你总是在沧桑里面的话，那你要么就是神经病，要么就是毁灭，你没有别的路可以走。你要活下去，就不能在那里生活，你就得往前看、往前走。但是有些人会从道德方面理解这些东西，觉得你很无情，我觉得不是这样的。因为最后你还是带着这个创伤在那里走，并不是说这个创伤没有了。你不过是不要在苦难里面生活，停留，老是在那里受折磨，自己折磨自己，我觉得这是不对的。

悲恸的父亲，所有的父亲

在你的心灵自传《岁月与性情》里，也有一个孩子的死和一个父亲的哀恸令人心动。那就是郭世英和郭沫若。郭世英最后自杀的时候你还能记得起来吗？郭世英，我以为他就是一个时代的标本，他是唯一的孩子，也是一切的孩子。

周国平：当然，那几天的事情我记得非常清楚。郭世英死于1968年4月22日，年仅26岁。世英究竟是自杀还是他杀，已成谜案。他的死要追溯到"文革"年代，他在北大读书的时候，他的罪名是组织所谓的 X 小组。如果是现在的话一点事都没有，就是三个年轻人在一起交流，他们喜欢文学，喜欢哲学，在一起写文章、写小说、写诗歌，互相传阅。但是这些文章内容和当时的时代格格不入。现在的人完全没法想象，你的文章稍微出格一点，和当时思想不一致的话，就有危险。他们是处于地下状态，后来被发现了，三个人都被抓起来。张鹤慈被判劳教三年，后来碰到"文化大革命"，就一直关着没有出来。孙经武是出来了，然后当工人。郭世英当时是受到了周恩来总理的保护，没有判刑，就作为自愿劳动到河南黄泛区，在那里学种棉花。

1964 年世英结束休学，没有回北大，而是去了农大。1966 年，"文革"爆发，农大就开始抓他北大时期的问题，开始斗他。"文革"分两派，他两派都不参加，但是造反派觉得他态度不明确，"农大东方红"反复给他下通令，有一段时间突然不准他自由活动，一定要在学校里，不准外出，外出要汇报。当时农大想整他的时候，到公安部去调查他的材料，公安部明确告诉他们，说这件事情是无产阶级司令部处理的，就是周恩来处理的，你们不要过问。农大造反派那边要整他又整不下去，但最后他还是被抓起来了。惨剧发生在这一天清晨，他从那间用做牢房的学生宿舍四楼房间的窗口坠落下来，落地时双臂仍然被反捆着，绳索深深地勒进皮肉。

那会儿你能经常到郭沫若的家去吗？

周国平："文革"期间我经常到他家去，那个时候郭老也很孤独。1967 年，郭民英自杀，郭世英是 1968 年去世的，他们相差一年。那天我去他家的时候，我记得很清楚，那是星期五的晚上，因为我是郭家的常客，进郭家，警卫一看我就放行，从来不需要登记。但是那天，警卫说郭世英不在。过去，郭世英不在我也能进去，但是那天就没有让我进去。我在门口给他姐姐郭庶英打电话，他姐姐把我领进去。一进去我一看家里面非常惊慌，非常紧张，当然我也很紧张。因为上一次农大要整他管他的时候，郭世英曾经向我表露过要自杀的念头，他曾经说这样活着没有什么意思。我和林铭述当时都在，我们就劝他，说这就是一浪一浪的，还会过去，过去以后还会再来，但是他觉得这样活着没有什么意思。我第二天跑去找他，根本找不到。然后那天晚上，我去林铭述家，一进门林铭述的妈妈就告诉我，郭世英自杀了。于立群让郭沫若给总理写信，要和总理说，其实第二天郭沫若就有机会见到总理。后来我知道郭老没有说，于立群很生气很痛苦，说你怎么不说呢？他说我看总理太累了，我也是为了中国好，只说了这么一句话。

郭世英之死促成了郭沫若的觉醒。

周国平：他的两个儿子连续自杀，当时我看到郭老非常悲伤，郭老平时是一个沉默寡言的人，有时他高兴的时候，会给我们朗诵他的诗，或者是一帮年轻人让他谈毛主席诗词，那时候不让谈别的，他就给大家讲毛泽东诗词，他谈兴还是很大，完全没有障碍，他是很平易近人的。经常我在那里看什么书，他就会过来跟我搭话。我不懂日语，有时候看看日本画册，他就告诉我那个日文是怎么回事，就给我讲一番知识。实际上郭世英去世以后，家里面是不谈这个事的，我们再去他家的话也就是跟孩子们玩玩，他们也不愿意谈，都回避，郭老更不会谈。后来，我很快毕业就去了农场，我跟郭老通信，有一封信给我特别的震撼，他说的大概意思就是，我把世英从农场叫回来，就好像把一棵嫩苗从土里拔了出来一样，他说结果是什么你是了解的。郭老在那封信里面还说，希望你在农村扎根，扎根一辈子，扎穿地球扎到老。听起来是豪言壮语，但是我后来反思，实际上这里面有一种惨痛。

当时实际上郭世英是有一个愿望，就是干脆不回学校，就去农场。但是家里面还是劝他上学，他最后听从家里的劝说上学了。为此郭老很后悔，他觉得如果世英不回来的话，可能就没有这个事了。我曾到他劳动的农场去过，那里农场的人员说他太好了，大家都喜欢他。我也跟他的中学同学，101中学的同学们做过一次座谈，大家都非常喜欢他。因为郭世英是一个特别平民化的人，一点干部子弟的架子都没有，平时跟人在一起开玩笑，性格开朗，劳动也是非常能吃苦，到哪里，人们都喜欢他。如果他不回北京的话，真的可能就会逃过这一劫。

你跟郭家的交往是到什么时候？郭沫若最后的心情你了解吗？

周国平：郭世英去世以后我到农场，我跟郭老通信，跟于立群通信写的多一点。我开始不敢跟郭老通信，我是比较胆怯的。因为平时跟于立群聊天比较多，所以我平时是给她写信。后来郭老自己在于立群给我的信上面署名"老兵附笔"给我写了一段话，我就给他回信了。我把我当时在农场写的一些革命的诗寄给他看，然后他就给我评点。"我这个老兵非常羡慕你，你现在走的路才是真正走的路。可惜我老了，成为了一个一辈子言行不一的人。"当时读到这些话，我从中读出了一些悲凉。我去农场一年半的时间，离开农场以后，被分到广西资源县，当时跟于立群还通过信，但是跟郭老就没有通信了。直到最后我快离开广西的时候，才知道郭老去世的消息。

各自的朝圣路

1978 年是思想解放的开始，你在自传中称为"解冻"，"解冻"的标志是什么？

周国平：当时真是让人很兴奋的状态。那个时候我从农村出来了，从广西回到北京，恢复高考，我是第一届研究生考回来的。当时北京非常活跃，有几件事情我是记忆非常清楚，当时也很兴奋的。一个是在历史博物馆前面，当时是工地，有很多围栏，围栏上面刷了很多大字报，那个时候是贵州的一些青年在那里写大字报，后来我也跟他们几个人认识了。然后就是西单，当时我们学校就在这附近，我几乎天天都去看。我觉得用"解冻"这个词是特别恰当的。开始有一些苗子从土里面出来，然后有一种新鲜感，春天来了。当时，我们社科院研究生院的院长是周扬，副院长是温济泽，这个人很好，是热血沸腾的一个老人，他给我们做报告的时候真是新鲜，讲中国的落后，讲我们比西方，甚至比小国家弱，人家给我们的《百科全书》20 卷，我们跟他们交换一本小小的《新华词典》，我们太惭愧了。他讲我们这种文化的落后，真的是一种很振奋的感觉，觉得生活又重新开始了，有很多事情可以干了。

人文思潮，包括西方的哲学思潮就从那个时候掀起来的。

周国平：对，因为在这之前，其实很长时间，我们处于思想和文化禁锢的状态，包括我们哲学系的学生，其实也很难看到一些当代的、现代的哲学著作。"文革"前我看到过，内部刊物里面可能会翻译一些，譬如萨特的一些文章，当时还是郭世英拿给我看的，我是看不到的，我们哲学系的学生是看不到的，他爸爸可以看到，他拿来给我看，我才知道西方有存在主义。当时我们的课程非常教条。但是到上个世纪80年代初的时候，有些信息开始进来了。一开始都是介绍性的，比如西方的存在主义，有哪些哲学家，有些简要的介绍。然后慢慢就开始有一些翻译了，当时包括我们这些不年轻的年轻人也在做翻译介绍的工作。尼采的《悲剧的诞生》是1986年出版的，那时北京一拨青年学者组织起来搞了一个"文化：中国与世界"，出了一批这样的书，包括萨特的一些主要的著作开始翻译了。

西方的人文思潮进入中国，对中国的思想环境影响很大。

周国平：对，当然不够深，当时在知识青年里面几乎成了一种时尚。那个时候是精神性的时尚，现在是物质性的时尚。现在的标记是物质，比如说一个比较好的物质环境，酒吧、摇滚。但是那个时候人们真是以读这些书、买这些书为时尚，或者谈论这些作家，谈论尼采、谈论弗洛伊德、谈论萨特成了一种时尚。

你经历了中国不同时期的社会变迁，禁锢的时代，浩劫的时代，解冻的时代，思想解放的时代，物质主义的时代，回头看这几个时期，你有什么特别的感受？

周国平：当然70年代就不用说了，这是十足的文化专制，没有思想自由和言论自由。毛泽东也公开说的，言论就是要一律，也就是没有自由，一点都不回避，也不避讳。当时我最强烈的感觉是什么呢？一方面因为我在这样一个时代生长，受这样的时代教育，所以思想的框架，不可能突破。我也没有外在资源，西方的思想，新的东西读不到。实际上还是想去顺应这个框架做一个当时认为的好青年。但是另一方面，人是有精神本能的，对事物会有自己的感受。但是这种东西是被批判、被压制的，所以内在的冲突非常强烈。到了 80 年代你一下子觉得，被压抑的东西其实是对的，现在可以把它释放出来了。所以我觉得思想解放运动或者改革开放的功劳是很大的。确实思想的空间、言论的空间还是大大地开拓了，跟以前是不能比的。

1980 年代的思想启蒙深刻地影响了当时的社会，也对后来产生不一样的影响。

周国平：这个思想开放的成果，我觉得延续下来了，这是不可逆转的。有人把 80 年代称为新启蒙时期是有一定道理的，实际上这是一个思想重新觉醒的过程。那个时期大家都很快乐，有很多梦想。到 90 年代初以后，文化的、政治的、精神的环境，有一个比较大的变化。再加上市场的发展，90 年代的情况就有点不一样了。一方面是物质化，可能更多的人不关注思想，不关注精神，把追求物质作为人生的目标了。但是就从关注思想的这些人来说，他们更深入了。不像 80 年代的时候，浮在表面。我记得 90 年代初的时候，有一场所谓的人文精神失落的讨论。因为当时过多地注意了知识分子被边缘化，好像 80 年代的春天一下子没有了，有一种失落感。但是我觉得，知识分子要在社会上做这种风云人物，思想成为一种时髦，这并不是一种特别正常的情况。所谓的这种失落，其实是应该的，知识分子应该在某种意义上要边缘化，就是你与这个社会潮流和这种风云有距离，不要做风云人物。我认为知识分子其实最重要的还是思想要深入，这样你才有可能对社会有真正的积极意义。

人要把神性活出来

在以往对思想家的研究中，尼采是唯一让你心仪的吗？

周国平：当然不只是尼采了，思想家哲学家里面我佩服的人还是比较多的，像大家公认的康德——康德改变了哲学史，应该说现代的整个哲学史是由他来奠定的。古希腊的很多哲学家我也是很喜欢的，包括苏格拉底、柏拉图。但是，我对尼采有种特殊的喜欢，我觉得他在近代以来，非常真实地去面对人生的问题，像这样的哲学家是不多的，尼采应该说是最突出的一个。

另外我非常喜欢他的表达方式，他的这种文体、文采，语言并不华丽，是很质朴的，非常有力量，而且很有个性的一种表达方式，这是我喜欢的。他的世界观，我很欣赏他"破"的那一面，而不是"立"的那一面。他对以往的哲学思想提出一种批判，这些批判非常深刻，但是他想"立"的东西，比如说权力意志、超人，这些我都不喜欢，我觉得这些东西实际上都不会有长久的影响。他"破"的那一面确实很有影响，而且很有力量。

哲学家通常致力于建立庞大的思想体系，你这么多年一直在写散文类的书，这样的写作会让你安心吗？

周国平：又安心又不安心。安心是因为我没有建立体系的野心。首先我认为我自己不是这块料；其次我认为可能现在的中国，也没有人是这块料。因为真的要建立一个体系，不是仅仅依靠有了一些思考、有了一些知识就能建立的。哲学史上、思想史上那些真正建立体系的人，他们是改变了人类思想的走向，否则你建立一个体系是没有用的。实际上你继承的精神传统，同时你又让这个精神传统重新整合了，只有这样的人，这个体系才是有价值的，否则就是没有价值的。我觉得我们做不到这一点，所以我也没有这个野心。

但要说不安心，我也不愿意仅用散文这种形式表达自己的思想，我的散文含有人生哲学的比较多，到一定的时候，我可以写一本书，比较系统地来谈人生哲学。我安心，是因为我没有放弃这种想法。但是这和建立体系是两回事，不过是把自己思考的东西比较系统地写出来而已。

现代社会、现代人不断会遭遇到各种困境，灾难、疾病、冲突、动荡，在这样普遍的困境之中，人怎么能安顿自己呢？哲学或者宗教能够吗？

周国平：实际上安顿自己的一个前提就是，不要有重大的灾难落到自己的头上，有重大灾难落到自己头上的时候，谁也安顿不了，从这一点上来说，人是可怜的。我们人类很自负，觉得自己是宇宙的主人，是自己的主人，其实，绝对不是。人类不过是大自然一个偶然的产物，其实人类的生存是充满灾难的，而且最后人类的结果也是不妙的，总是要毁灭的，这是没有办法的事情。所以我们真的要安顿自己，只能是做梦了——就是说，我们在一个局限的小范围内，在没有灾难的情况下，在比较太平的生活的情况下，我们要好好地安顿自己。也就是说，人不要把次要的东西看得太重，真正把人生比较重要的东西抓住就行了。我觉得安顿自己就是一个价值观的问题。

你说人要与世界建立一种精神的关系，如何建立？

周国平：我讲与世界建立精神的关系，实际上是指信仰的问题。人在这个宇宙中间的存在是特别孤立的，是非常暂时的现象，这是很悲伤的存在，它没有源头，信仰是为了给人的精神追求找到源头，这个东西你能证明吗？你不能证明，但是不应该去否认它。

信仰对一个人来说是一个根本的需要，它并不是外加的东西，这是由人的处境决定的。人生有限，人终有一死，但是人要有精神追求，要为人生找一个根本的意义，一个终极的意义。你怎么去找？我认为不仅宗教，实际上西方的哲学，那些被我们称为客观唯物主义的哲学家，他们基本都相信这个世界不仅仅是一个物质的世界，这个宇宙不仅仅是一个物质的宇宙，它是有一种精神本质的，这种精神本质我们不管把它叫成什么，叫它上帝也好，或者柏拉图把它说成是理念也好，黑格尔称它是绝对精神也好，名称不同，但他们都希望这个世界本质上是精神的，而不是物质的，这样才能说明我们人的灵魂的精神追求，它是有根源的，否则就很可怕。

关于信仰问题，实际上柏拉图也说过，信仰是一种冒险，是一种精神的冒险。像法国哲学家帕斯卡也说这是一种赌博，我们宁愿把赌注下在"上帝存在"这一面，而不要下在"上帝不存在"。如果把赌注下在"上帝存在"的话，那么上帝存在，那你就赢了，上帝不存在，反正就那么回事，你也没输什么；但是如果你下在"上帝不存在"这一面的话，人是没有前途的、没有价值的。

你有宗教信仰吗？你研究尼采，尼采说上帝已死，你怎么看他这种判断？

周国平：我不是基督徒，我也不信任何宗教，但是我觉得，对于灵魂的这种宗教来源，不管我们叫它什么名称，世界的精神本质，我们宁可相信它是有的。而且按照这个来安排自己的人生，这样的人生是会有意义的。我是从这个角度来说，就是你和世界不仅仅是一个物质的关系，应该还有一种精神的关系。其实尼采这个说法是讲了一个事实，就是说，因为上帝是一个符号，代表了西方人的一种信仰，即相信人生是有最高价值的，用上帝这个符号来代表这个精神价值。但是随着科学的发展，人们越来越看到，人类不是宇宙的中心，人们突然发现一向认为是最高价值的精神价值，是虚伪的，是不存在的。所以尼采在 19 世纪下半叶的时候，提出这样一个论断，实际上是表明欧洲的普遍的情况：人们对上帝的信仰，对最高价值的信仰，已经不是真正的信仰了，人们在做样子，心里面已经不相信了。他把这个喊出来了，你们都没相信，实际上，上帝已经死了。

但是另一方面，尼采批判基督教，但他是有宗教精神的。他觉得人类是需要这个最高价值的，需要有这样一种信仰的，应该在这个基础上建立这个最高信仰，但是他没找到。他认为，在没有找到的时候，人不要骗自己，所以他就说现在是一个虚无主义的时代，我们要承认这个事实。我们这一代人的勇气表现在哪里啊？就表现在我们能够敢于在无神的荒原上继续前进，肩负着人生的无意义，我们还在那里寻找，我们在孜孜不倦地寻找信仰，哪怕你没有找到，还是有意义的。哲学不是信仰，哲学实际上是一种寻找信仰的途中，在路上，一直在路上。从根本上来说，人类始终是在路上。

人生的终极意义在你那里是什么？

周国平：我从小就喜欢想这些问题，后来就老有人问，你想出点名堂没有啊？你这个人生的意义到底在哪里，你找到了没有啊？我真的不能说出来我真正找到了这种意义，但是后来我发现，这种寻找本身就是有价值的。寻找就可以使你的人生有一种与众不同的格调，你就不会在乎那些没有意义的东西了，这种世俗的、物质的、名利的东西，你就不会太在乎了。我也总是觉得，像什么神啊，神性啊，你要去找看得见摸得着的，能够证明的，这是不可能的，永远不可能。这些是人类为自己找到的一种说明方式，一种表达方式。只要你相信这种表达方式，相信人身上是有神性的，相信我们活着要把这种神性给活出来，那你就是不一样的。

不在一条船上的知识分子
——1990 年代的思想版图

1993 年夏天，汪晖从瑞典坐船去俄罗斯。先是从美国去瑞典斯德哥尔摩开会，会后许多人一起坐船去彼得堡。一艘客轮上有旅居海外的学者苏绍智、金观涛、严家其、刘再复、李泽厚、余英时、林毓生、张灏、李欧梵、北岛、高行健、李陀、甘阳、刘小枫、刘禾，有来自国内的王元化、朱维铮、陈平原等等。那是不同见解不同立场的知识精英唯一一次聚集在一条客轮之上。在汪晖的记忆中，这样的情景以后再没有出现过。因为很快他就经历了知识界的分野，经历了持续 10 年的思想论争潮流。

1 美元 =1250 卢布

1993 年来自斯德哥尔摩的一艘客轮行到彼得堡，其时正是叶利钦实施改革时期。

一美元兑换 1250 卢布，汪晖身上装满鼓鼓的一小包卢布。在彼得堡去看一场芭蕾舞《天鹅湖》的演出——世界一流的舞剧，买黄牛票，13 卢布一张。售票处卖全本《天鹅湖》的票价是 50 卢布一张。"1 美元兑 1250 卢布，一场全本《天鹅湖》50 卢布，那时候叶利钦的改革使俄罗斯遭遇严峻的现实。"1993 年在俄罗斯看到的现实使汪晖感到震撼，"极度的国有资产流失，普通人丧失基本的权利，寡头私有化，权贵和寡头们合法地利用民主化瓜分政治权力和社会财富。"

离开彼得堡，告别知识界的友人，汪晖回到做访问研究的哈佛大学。不久即去芝加哥，参加一个暑期研究计划。40 天的议程，汪晖跟三个俄国人和斯里兰卡人住在一起，三个俄国人都是叶利钦的顾问，其中一位是俄罗斯科学院政治学所的所长。时值俄罗斯修改宪法，三人的工作是为新宪法的起草做理论准备。

"这些人干什么？坦白说，就像中国大陆某些幼稚的自由派，把美国的东西抄到俄国，美国讲市民社会，他们就把市民社会弄到宪法去，美国弄什么，他们就抄什么。"

1980 年代中国社会开始的经济改革使汪晖对俄罗斯改革持冷观态度。

1993 年 10 月，叶利钦命令军队炮轰议会——白宫。

"叶利钦的行为让我感到非常震惊，炮轰白宫——那些白宫的议员是民主选举的产物，鲁茨科伊是叶利钦的副总统。哪有一个总统命令军队去炮轰议会而且是民主议会？这是一个公然的违宪行为，可是美国和西方的舆论一边倒地支持叶利钦的炮击行动，说这是反对前共产主义分子。"

"那时候中国知识界把美国模式视为最佳楷模，1989 年后我们对美国完全理想化。但是叶利钦炮击议会的行为使我对美国政府和美国社会舆论在民主问题上的双重价值标准深感质疑。"作为社会科学院研究生院第一届博士，汪晖从 1980 年代就介入对社会问题的关注。"研究生院有二十多个博士生，一个班完全不同的专业，一半跟经济领域有关，好几个人是直接参与经济改革的。我的同学里有 80 年代中期提出价格改革的代表人物之一，有著名的自由派经济学家，有德奥经济学的专家，等等。同学之间曾经做过那么多讨论——无论是关于所有制改革和价格改革，还是市场环境以及政治体制，这些讨论也直接反映在80年代到90年代有关改革的讨论之中。"

"我认为中国在80年代经济改革中已经积累了比俄罗斯更为成熟的经验。这一时期俄罗斯私有化过程产生的问题非常严峻，中国也有相似问题，但在当时，俄罗斯自私有化形成的社会问题更为严峻。"

汪晖的困惑也是其时中国知识界的困惑。"1989年以后，许多知识分子把希望寄托在俄罗斯改革的模式上。等到后来发现俄罗斯改革模式有些讲不下去了，就开始讲东欧其他国家。俄罗斯改革和东欧改革的确有值得我们学习的经验和教训，但如果不对这些经验和教训做更为具体的历史研究，我们难免又犯教条主义的毛病。"

那个时候，知识界有一种幻想，好像只要民主了，一个国家所有问题都解决了。

"民主是一个重要的社会价值，但如果不从具体的历史过程中去理解探索民主的实践，我们就丧失了对民主进行再讨论的可能性，因为民主——不同形式的民主，不同类型的民主，还有不同社会当中根据什么条件来寻找民主，这都是需要讨论的问题。可是如果把民主制度简化为一个可以简单复制的模式，或者认为民主可以解决一个社会的所有问题，问题就很大。因此，要想推进民主，就必须对已有的民主化过程进行反思。"

一座县城400座庙

1990年代中国思想界开始出现分化，形成实质性思想观点的分野乃至对峙。知识分子有的出国留学，有的沉迷于中国古籍，还有的自此脱离了学界，经商或者从政。

汪晖选择的是下乡。1990年，在陕西秦岭大山里的一段生活使他获得对中国乡村贴身了解的机会。

完全是在乡下，大山里边生活。在"文革"当中，汪晖经常下乡劳动，但从来没有在西北那么穷的地方生活过。汪晖在乡下做乡村调查，第一次看到中国乡村的社会组织瓦解所造成的严峻问题。那个地方在商洛的山区，近亲结婚很多，犯罪率极高。据说有一家黑店，开店的两口子杀死了差不多40多个人。当时是轰动的事情，但是没有对外公布。

汪晖去调查乡里分田以后地界的纠纷——农村里面的械斗很严重，宗族的内讧和械斗很严重。这些事情产生的根本原因是分田以后，公社瓦解，乡村的社会组织完全涣散。基层政权不能起到保护社区的作用，所以才会出现大族小族互相械斗的现象。因为政府失去了对土地的控制力，当地的犯罪率奇高，监狱人满为患，拿一个小学校关犯人。

"这是1990年的时候。我们的三农问题到1999年才公开化。但是我1990年在陕西的时候，感觉这个问题非常严重。分田之后造成的社会组织涣散是犯罪非常重要的根源。还有财政空虚，我在的县是贫困县，林业矿业各种加起来才600多万元收入，一年财政支出1300多万，700万要国家补贴，由于教育条件比较差，当地在国家资助下建一个精细化工厂，但还没有完工，就知道产品不可能有销路。宗教大规模复兴，建庙占去了大量的土地，我在的县建了400座庙。这些乡村的现实对我来说是很大的震撼。我没有想到人民公社瓦解之后，中国的乡村也面临这么严峻的新现实。"

"我强烈地感到深居京都的知识分子与这样的现实之间存在非常遥远的距离。在1990年代的文化和思想潮流里面，我们——包括我自己在内——脑子里面没有这样的世界。"

"当地的人对北京不了解。县里的人对我非常好，他们对我没有偏见，说你将来回到北京，能不能到中央去给我们说说，多拨一些扶贫款下来。我哪有这个能力？有一个县干部对我说的一句话让我非常震动。他说现在不让我们搞运动，不搞运动，我们的工作怎么做？第一次听他说我非常的反感，因为在北京我们都知道，运动就是整人。在当地，一年除了农忙的时候，都要发动一些运动，比如说纪委要搞乡村整组运动，看党员干部有没有贪污腐败。农闲的时候有学雷锋的运动，有植树造林的运动，有计划生育的运动。我逐渐明白这些运动是在特定条件下形成的社会运作方式。当时地方财政比较空虚，县政府的干部经常不能报销公费医疗；没有足够的财政支出，区、乡、村都没有有效的行政。搞某种运动，派工作组，是最小成本解决当地社会问题的一种方式。土地分了，公房也分了，村干部没有工作的地方，党员没有学习的地方，党员想要发挥党员的作用做工作也没有办法做。所以在那里，许多农民没有安全感，我接触到的许多老一代农民有怀旧感——未必是要回到过去，而是感到现在不安全。"

一个问题，两边争锋

1991 年春节期间《读书》杂志搞一个座谈，汪晖已经从乡下回来。

"我作了一个发言，讲乡村的状况。那次讨论《读书》发表时没有用真名，就用 ABCDEFG，我记得我是 J，我就讲我看见的乡村问题，谈了乡村中的运动的问题。对我来讲乡村的经历给我提供了一个反思的契机，我们对于中国社会很多问题的理解太脱节。我们的兴趣开始转向中国的历史、现代传统等等，总之，不再是单纯地从西方的思想潮流里面寻找自己的思想资源。从乡下回来之后，我开始反思过去这些年我们所面临的很严峻的问题——怎么看待我们自己经历的社会运动？怎么看我们经历的文化运动？我觉得必须反省我们自己的局限，尤其需要检讨我们对于中国当代现实的理解。"

1996 年，汪晖应邀到《读书》杂志担任主编，先是开始了有关"亚洲"话题的讨论，不久就做了关于"乡土中国当代图景"的讨论。"中国知识界的视野中缺少乡村的视野，也缺少亚洲和其他非西方地区的参照，在这样的知识图景下，对中国和中国问题的理解不可能不是片面的和肤浅的。"

《读书》杂志逐渐介入对中国现实问题的关注。一场在思想界持续10年的争论和交锋也就此开始。

1994年7月21日，时任《北京青年报》记者的杨平在评价崔之元的文章《制度创新与第二次思想解放》时称中国出现了"新左翼"。这是第一次提出"新左翼"这个概念。他在文中指出，这一思潮在中国的出现应该说是对于财富再分配过程中种种不合理现实的一次反动，站在第三世界不发达国家的角度对于全球资本主义的不公正秩序进行批判。新左翼理论的各种探索无疑是极富启发性的，它为改革开放进入到实质阶段的中国人民重新思考现实和历史，提供了许多崭新的观点。

自此一些秉持批判立场的大陆学人有了"新左翼"或"新左派"的雅号。应该说明的是，尽管自60年代就存在西方马克思主义的"新左派"这一阵营，但在中国大陆的本土语境里此"新左派"却非彼"新左派"，自由主义者在很大程度上将中国的"新左派"与中国过去的"左派"挂起钩来，说他们是"从坚持社会主义的原版意义出发，谴责斯大林体制是没有真正实行生产资料的所有制改造，以及没有实行真正的直接参政的人民群众大民主"。基于对"左派"政治的本能反感，被列为"新左派"的学者对这一称号并不认同，汪晖在一篇文章中就说："我本人从不赞成用'新左派'和'自由主义'来概括知识界的分歧和论争，也反对一切给别人戴帽子的方式。"

像以往学术界的情况一样，当事人的反对并不能阻止学者们使用这一概念，于是，"新左派"这一称谓逐渐得到了学术界的认可。从争论的情况看，被划归"新左派"学者有：汪晖、黄平、甘阳、崔之元、王绍光、胡鞍钢、韩毓海、何清涟、王晓明、王彬彬、戴锦华、温铁军、许宝强、旷新年、张旭东等人。

被列入自由主义阵营的学者有朱学勤、徐友渔、樊纲、盛洪、汪丁丁、贺卫方、季卫东、冯克利、邓正来、刘军宁等人。相对于"新左派"而言，"自由主义"的命名则要简单得多，它与西方的"自由主义"思潮一脉相承，更多地受到了西方自由主义的政治思想、经济思想的影响，在学术研究中一直试图运用西方的理论资源来诠释中国的发展前景。具体讲来，在对基本国情的判断上他们认为中国还远远没有卷入全球化，内在的陈旧体制与意识形态正严重地阻碍着中国的社会进步，为了社会发展必须坚定不移地扩大对外开放；在自由与民主的关系上，强调自由先于民主；在效率与公正的关系上，强调发展优于公正；他们认为社会分化是发展的必然代价，完全没有必要为解决社会公正问题而放弃对效率的追求，效率最终将解决目前存在的社会公正问题。同时，自由主义者将市场经济看成是解决一切社会问题的灵丹妙药。

李泽厚曾经评价思想界的状况说："中国的新左派不够公正，自由主义不够宽容，文化基督徒不够谦卑。"杜维明在观察中国思想界境况时评价道："思想界聆听的能力不够，负责任的批判少，起哄的批判多，不能聆听就不能对话。在一个冲突的时代，应该建立一个对话的文明，有了对话的文明，才可以逐渐培养和平的文化。"

汪晖：我不是愤怒，我是悲哀

《读书》的困境

现在卸掉《读书》的工作，你有什么感觉？

汪晖：我没什么感觉。我在编杂志的同时也做研究，现在不担任编辑工作了，精力可以更集中于研究工作。做了十一年多的编辑工作，对中国知识界的生态不能说烂熟于心，也相当了解。我仍然会关注当代问题。关键的问题是我们到底要什么样的空间，这不是个人的问题。

有人说《读书》的变局有幕后推手，你也说《读书》的变局有各种力量在推动，那是什么样的力量？

汪晖：关于这次事情，我已经就我所知的做了叙述，不必重复了。知识界有争论是很正常的，但我也多次说过，如果把对问题的争论引向对杂志本身的攻击，就不大正常了。比如我们发表了一篇从乡村角度看"文革"时代的文章，人们可以从自己的相关研究出发与作者商榷，但要是利用这种讨论攻击《读书》是在为"文革"翻案等等，就别有用心了。这种思想氛围对于讨论而言是很不利的。事实上，此后我们也就不能再讨论这样的问题了。这就是我所说的合力。

《读书》，一本杂志何以搅动中国知识界思想界如此大的动静？

汪晖：我想主要有两个原因，一是《读书》自创刊开始，就一直从思想和知识的领域介入中国的变革；二是围绕着90年代以降的一些社会变化，知识界发生了争论，进入21世纪之后，这些争论通过媒体和其他途径，成为公共话题和激烈辩论的主题，而其中的一些讨论就是从《读书》开始的。比如说，围绕经济学的作用、俄罗斯改革、金融风暴、战争与反恐、三农、医疗改革、国企改制、私产入宪等等问题，《读书》发表过不同观点的文章，其中一些引起了很大的反响。此外，我们发表的一些文章的看法与主流的看法不大一样。

你当初办杂志除了被邀请，还有别的用意吗？你的想法实现了多少？

汪晖：我被邀请参加《读书》的编辑工作事出偶然。在被邀请之后，我当然会思考，也找不同领域和不同观点的学者征求意见。比如，有学者希望《读书》能够反映学术界的新思考，我当然很同意。90年代前期，至少在我熟悉的朋友中，有一种自我反思的氛围，希望能够弥补我们在思想和知识上的局限。后来我们在《读书》做的一些工作多少反映了这些想法，比如我们开展关于亚洲、拉丁美洲、欧洲等问题的讨论，原因是我们觉得知识界的主流——也包括我们自己——都把关注的重心放在自身的处境上，而唯一的参照就是西方，主要是美国；我们发表有关乡村问题的讨论和札记，也是觉得知识界的讨论有点自我循环，如果不能将更为广阔的中国问题带入思想领域，我们的自我理解也是有问题的。这些工作原先的《读书》做的相对少些，我们希望继承原先的传统，开拓一些新的领域和视野。我们邀请其他国家和地区的学者参与我们的讨论，也是觉得在一个特定的历史氛围中，知识界看待问题的目光往往相对单一，需要引入一些不同的声音。

这些想法实现了多少很难说。办杂志必须从现有的条件、资源出发，我们在组织讨论方面做了很多工作，但即使如此，不是所有领域、所有问题上，你都能找到满意的文章；尤其是在知识界自身的准备比较薄弱的环节上展开讨论，就比较难。要说困难，这是最大的困难。

回顾过去你主持《读书》的十一年，有什么遗憾吗？

汪晖：我认为中国知识界过去这段时期的讨论是有重要的成果的。在中国和世界的巨变中，许多知识分子发出了反思性的、批判性的和建设性的声音，产生了深远的影响。我过去说过，在后社会主义国家中，中国知识界的这些讨论难能可贵。有关三农、生态问题的讨论，激发了许多年轻人的热情，他们去乡村从事社会实践。我觉得这样一场真正的自我教育的运动是意义深远的。说到有什么遗憾，那就是在讨论中不得不去纠缠刚才说的这些事情。对于一个知识分子而言，名誉、尊严和生命一样重要，面对这种恶意的攻击，不回击、不斗争是不可能的，但最终这变成了一件个人的事情，它再大，也与社会的进程没有多大的关系。这是多悲哀的一件事啊。就是到现在我们讨论十年的思想变迁之时，这些事情还是不断在纠缠。就我而言，我希望这是最后一次谈论这些问题。

你做《读书》主编的十一年，恰恰是中国知识分子集体分化、变化最大的十一年，你怎么看《读书》的经历和与中国知识分子的变化？

汪晖：中国知识分子有忧患意识，关心自己社会的变迁，这也反映在《读书》近30年的传统之中。其实，20世纪的历史中，中国知识分子始终在持续的分化过程之中。我们恐怕要习惯于一个分化的状态。80年代大多数知识分子支持国家的"改革开放"政策，以现代化为中心形成了某种共识，但真的不存在分歧吗？也不是。有些分歧由于政治的原因是被压抑的，不可能真正展开；有些分歧则由于塑造了共同的敌人而趋于缓和。这些条件在90年代发生了变化，分歧公开化和尖锐化了。《读书》发表的争论和围绕《读书》的争论，都反映了这些变化。

你能预期新的《读书》的前景吗？

汪晖：《读书》是经过几代人的努力形成的平台，我希望这个平台能够为中国思想和文化的发展继续发挥作用。《读书》的各位编辑都很有经验，对中国的思想和文化有着真诚关怀，他们会继续推动这些讨论的。从这一次我们离开《读书》的过程看，事情会如何变化，我自己也在观察。我曾经讨论过当代中国和世界逐渐形成的一种新型的政治形态，即"去政治化的政治"的形成，我觉得我们的思想讨论面临的困境也正是"去政治化的政治"条件下的困境。

合谋与绞杀

关于《读书》变局，你用过一个词是"合谋绞杀"，为什么会有这样的感觉？

汪晖：这是个比喻吧。2000年"长江·读书奖"事件过程中，有人在报纸上发表的文章以及大量网络上的攻击早已经不是什么讨论，他们希望打倒我和《读书》杂志。但他们的方式与他们批判的"文革"暴力有什么差别吗？《读书》的讨论与这样的方式是绝缘的。把思想讨论转化到对杂志或个人的攻击之中，其实是思想无力的表现。从科索沃战争到反恐战争，从三农危机到医疗改革，在这一系列的具体讨论中，他们发表过什么经过认真研究的文章？他们总是在谈什么"新左派"和"自由主义"，离开了这些命名，好像就不能提出真正需要讨论的问题了。离开对具体问题的探究，思想不会有什么真正的力量。越来越多独立思考的年轻人不再愿意听他们的那些说法，也是自然的吧。

有媒体在做你的访问时使用了"汪晖的愤怒"的标题，愤怒是你唯一的感觉吗？

汪晖：那是媒体加的标题。对我而言，如果讨论的水准总是停留在这个层次上，我会觉得有些悲哀。我希望《读书》或者《读书》事件能够变成一个契机，让人们重新思考过去十多年来许多有识之士提出的真正有价值的问题，通过反思有关的争论来推进我们的讨论和思考。如果我们不去推进有关具体问题的讨论，而总是纠缠什么派别问题，除了表明我们没有反思能力之外，大概什么也说明不了。其实，就我所知，除了少数媒体知识分子之外，大部分学者和知识分子都在做自己的研究，我希望中国的媒体能够提供一个真正的思想讨论的空间和平台，不要将难得的空间浪费在无谓的争论中。老实说，你要是将"新左派""自由派"的字样拿掉，这些讨论什么内容也没有。我不是排斥主义之争，今天的中国的确存在有关不同的改革道路的争论，但是，这些争论只有在有关具体讨论的氛围才能实质性地展现出来。

在你的任内，《读书》一直被批评"党同伐异"，排斥"新左"之外的声音，限制和损害了一个公共表达空间。你不同意这种说法吗？

汪晖：任何一个杂志都有自己的取向，这一点没有什么可以争论的。就《读书》杂志而言，只要是有质量的讨论，我们从来是欢迎的，而且求之不得。我在别处已经列出过一个作者的名单，实际的名单比这要大得多，哪一派的看法没有？刚刚读到刊登在《联合早报》上曼彻斯特大学教授刘宏先生的文章，他对将《读书》说成是"新左派"的阵地感到不满，因为这是对许多给《读书》写稿但从不认为自己是"新左派"的学者的不尊重。与十年来中国媒体中盛行的声音相比，与大多数的刊物相比，《读书》中不同于主流的声音多一点，这是宽容，而不是相反。比如媒体中全面肯定全球化和 WTO 协议的时候，我们发出过不同的声音；在主流的声音强调私产入宪的伟大进步时，我们发表过反思的讨论。《读书》没有排斥别的声音，但希望也发出自己的声音，不想"万喙同鸣"。也不妨问一问：在那些批评我们的排斥异己的媒体或者知识分子主持的园地中，有哪些报刊和刊物比《读书》更有包容性？

我们希望将一些人们习以为常的说法作为反思对象，让一些在主流媒体中被压抑的声音发表出来，这有什么问题吗？发表这些声音并没有排斥任何其他的声音。在媒体舆论的汪洋大海中，难道不能有一点不同的声音？有不同的声音就是排斥异己，把这些不同的声音都压抑掉，才是一个有益的媒体环境？再说"不好读"，我们在可读性问题上做了很多努力，且不说《读书》杂志发表了许多优秀的作者精心写作的文章，就说那些不那么好读的文章，也需要具体分析不那么好读的原因。不分青红皂白地谈论好读与否，其结果也就是用大众文化的逻辑来衡量一切，让我们无法触及许多尖锐但并不赏心悦目的问题。《读书》十年来的发行量始终在十万册左右徘徊，就知识分子刊物而言，这已经不是很小的数量。其实，在大众文化的社会里，有一些致力于反思的刊物是必须的。如果知识分子也赞成以大众文化的逻辑一统天下，我们也就不可能有什么知识分子文化了。

旧事重提，"长江·读书奖"曾经令你深陷困扰。现在你仍然认为是无辜的吗？

汪晖：当然是无辜的。"长江·读书奖"进行的时候，我人在美国，从未参与其中的任何一项工作，也从不了解相关的任何程序。现在有关的档案都在三联书店的律师处，随时可以查阅。这个奖的规则是由知识界的许多人共同参与的，据说有百位推荐委员，十多位评审委员。我既没有参与这些委员的产生工作，也没有参与推荐和评选工作——在美国的时候，我既不知道自己已经被推荐，也不知道我的书被评选出来。如果有人觉得程序有问题，就去批评他们参与制定的程序，为什么要将攻击的矛头对准我个人？现在评奖的公信力不好，不了解情况的人对此进行批评是可以理解的，但这些直接参与其事的人蓄意地对我个人进行攻击，这是什么行为？现在这些档案俱在，当事人也都在，如果这些人还想就此进行攻击和纠缠，也许诉诸法律比诉诸舆论更有效率一些。这种想要置论敌于死地的方式早已使我对他们毫无信任。

分歧是真实的

"新左派"是你被外界认定的一个标签，这个标签让你很反感，为什么？

汪晖：我并不是反对"新左派"这个概念，我反对的是用"新左派与自由主义的对立"来描述中国的思想图景。原因很简单：被划分在"新左派"中的许多知识分子之间有很大的差别，而所谓"自由主义阵营"也同样如此，比如批判性的自由主义者与新自由主义者之间存在着分歧，这个分歧随着思想争论的发展也在逐步发展。这些左翼的自由主义者算是自由主义呢，还是新左派呢？上述二分法模糊了中国社会和中国知识界面临的复杂现实。

中国知识界存在尖锐的分歧，但分歧是具体的，是能够从具体的社会、政治、经济和文化主张中呈现的，在讨论中，我们需要在诸如三农问题、产权问题、战争和恐怖主义等问题上展开，这样才会有积极的效果。过去十年中，中国知识界思想讨论的一些成就和进展都是在这样的具体讨论中取得的，而不是在有关这一派、那一派的炒作中取得的。就我个人而言，除了发表过少量有关当代问题的讨论之外，我的主要精力集中在思想史的研究上，这些研究很难用新左派或自由派等概念来加以描述；我和陈燕谷先生编选的《文化与公共性》一书中有许多自由主义的当代经典，这样的工作算是哪一派呢？老实说，我也不大清楚。

你和批评你的论者的真正分歧在哪里？

汪晖：分歧是深刻的，但恐怕不是他们描述的那种分歧。比如有人说，分歧在于"新左派"批评市场、资本、全球化，而"自由主义"批评权力和专制等等；又有人说"新左派"关注平等，自由主义者关心自由。我认为这些说法要么不准确，要么是误导性的。我在《当代中国的思想状况与现代性问题》《一九八九社会运动与"新自由主义"的历史根源》

《"科学主义"与社会理论的几个问题》《是经济史，还是政治经济学？》等文章中，从不同的角度阐明的是在市场化进程中国家与市场、权力与资本、政治与经济等范畴之间的内在关联，指出这种二元性的叙述不但无法揭示今天中国面临的根本问题，而且也掩饰了许多在市场、自由、产权等名义下展开的实际的社会过程。比如，一些新自由主义者说中国最大的问题是权力、国家，因此主张"国家退出"，但国企改革过程中出现的严重问题不正是在"国家退出"的名义下展开的吗？这是以"国家退出"为名最大的"国家介入"。在这个复杂的历史转变中，整体性的国家概念和市场概念难以清晰地揭示我们的社会关系，我们需要透过这些范畴把握真实的过程。再比如说，有许多人支持美国的伊拉克战争，说那是推进民主，他们有没有从那些战争受害者的角度想过这种"推进民主"的实质意义？即使在平等与自由的关系问题上，分歧也不那么简单。90 年代以降，市场意识形态占据主导地位，许多自由主义者将哈耶克奉为楷模；进入 21 世纪，随着社会分化和社会危机的发展，他们当中有许多人开始关注公平问题，不再多谈哈耶克，而是大谈罗尔斯，有关北欧的民主社会主义也因此成了话题。我觉得这是积极的转变。但是，对于北欧国家各自的状况，社会福利制度形成的具体历史条件，他们面临的困难和克服这些困难的各不相同的途径，我们研究得很少。我们需要学习不同的社会经验，但中国有自己的特定历史条件，将复杂的历史经验简化为几个理论教条，未必有利于我们的社会实践。我反对的是各种形式的教条主义或者说拜物教。

在《读书》十年文选中，有一本叫做《重构我们的世界图景》。其实，许多分歧与其说是观点上的分歧，毋宁说是各自拥有的世界图景极不相同。一个对第三世界的经验做过系统研究的人与一个只是看西方的经验的人，在如何看待中国的问题上一定是不同的；一个研究三农问题的学者，与一个只是讨论市场化和全球化的学者的看法也必定不一样。不但是观点，而且是趣味。这些分歧是真实的，也值得我们通过扩展我们的知识视野和思想视野来展开实质的讨论。

知识分子的独立感、自由精神是宝贵的，但是一个人要是表现出独立意志，又容易陷在周遭环境的绞杀之中。

汪晖：独立和自由是很重要的价值，但我看许多独立不羁的学者倒从不把这些话挂在嘴上。中国许多号称反体制的人物其实依附体制最深，许多身居高位的人也做出一副追求民主的样子。在权力与资本密切相关的氛围中，右翼化的潮流恰恰在体制内最为流行。但你要是和他们的思想不合，他就说你是拥护专制。我看这个方式本身才是专制的。在这方面对话语做一点政治经济学分析还是必要的。在今天尤其需要辨别的是"去意识形态化的意识形态"和"去政治化的政治"的新格局，在这个新格局中，许多自我描述是不能轻易相信的。

你怎么看自己？你如此的坚定和坚持，你认为自己的思想和理论无可怀疑吗？

汪晖：我也是在这个潮流里面出来的。我跟你谈到我的一些经历，我把这些经历看作是一个自我质疑、自我修正的过程。我在《当代中国的思想状况与现代性问题》中说，这篇思想札记其实是自我清理的产物。1996 年，我刚到《读书》时邀请朋友写关于亚洲的文章，并不是因为我觉得自己很懂亚洲，恰恰相反，是因为我感到了思想的和知识的局限，也认为这个局限有普遍性。我们邀请台湾的朋友来讨论台湾问题，邀请日本的学者来和我们一起讨论战争与革命，不是因为我们或我自己有了什么现成的答案，恰恰相反，这是因为我们也在同样的困惑之中，所以我们希望展开研究和讨论。

铁凝：文学体制不是铁板一块

1979 年的冬天，铁凝是"战战兢兢"见到茅盾的。

茅盾和巴金曾经是铁凝在少女时代遥望的两座文学高峰。遗憾的是直到巴金病逝，她也没能见过这位文学前辈，而茅盾则有珍贵的一面之缘。那时铁凝还在农村插队，劳动之余写些儿童文学作品。北京组织了全国儿童文学创作座谈会，邀请她参加。在那次笔会上，铁凝和同伴们荣幸地被邀请到茅盾的家里。那是一幢种满草木的四合院，就是现在的茅盾故居。那天天气很好，阳光明澈，庭院一片明丽。铁凝和同去的几位儿童文学作家被领到茅盾的书房里。

"大家都感觉慌乱，大气不敢喘，能感觉到自己猛烈的心跳。"时隔多年之后，铁凝回忆那个时刻。从全国各地来的年轻人像现在的追星族一样簇拥在茅盾先生的身边，因为敬畏甚至不敢靠前。其实也没什么好怕的，就是一个老人，但还是慌乱。那时茅盾的眼睛不好，要看清来的人很吃力，他跟前来探访的年轻人一一打招呼。

那次会见说的话并不是很多，但是因为紧张，谈的什么话铁凝都不记得了。

2006 年 11 月 12 日，在中国作家协会第七届全国代表大会上，49

岁的铁凝当选为新任主席。她的名字和茅盾、巴金并置，成为中国作协 57 年历史中第三任主席，首位女主席。海内外媒体聚焦这个时刻，宣称"铁凝的当选使中国作协主席走下神坛"，"中国作协主席，一个平民时代的到来"。

11 月 21 日上午，在河北作家协会的办公室，我专访刚刚履新的铁凝。

窗外是冬季飘落的第一场雪。石家庄被铁凝称为"我们的村庄"，其时她刚从北京出席作代会返回石家庄。回到庄里的铁凝也重回安静的状态。

玫瑰是一种爱的象征

在新一届作协领导中，你是主席，王安忆和张抗抗是副主席，有人形容中国作协开启了"玫瑰门"。你的小说《玫瑰门》写的就是人与人之间的纷争，中国作协会成为"玫瑰门"吗？

铁凝：是指新的领导机构里吗？我没有看到什么纷争或者仇恨。至少我看到的作家，还有我本人不是。作家之间，甚至不同艺术派别之间应该是能相互理解的。这次作代会上，很多优秀的作家知道自己不在候选人之列，他们表现出来的理解和善意，让我很感动。我看到中国作家群体的成熟，所谓和而不同。就是说他可能不认可你的艺术追求，不喜欢你的作品，但人与人之间可以做到互相欣赏、相互尊重。我觉得这是中国作家群体的成熟，它对我来说是宝贵的。这也是我在作代会上的收获，一个意外的收获。

如果一定要说"玫瑰门"，"玫瑰门"的含义也是多样的，我认为玫瑰是爱的象征，是一种爱的信息，这种爱不是狭隘的小恩惠。它在我的小说中，也在我的内心里，我想人心都有最柔软的一部分。我同辈这么多优秀的作家，我觉得他们比我更智慧，你有友善愿望的时候，跟他人完全是可以沟通的。

在作协主席选举中，有人对你投了反对票。你的前任是茅盾和巴金，

人们会拿你和他们比较。你还有很多同样优秀的同行，你也会被比较。你的当选除了鲜花和掌声，可能也伴随着质疑。

铁凝：选举主席的整个过程，比我预想的要好得多。我感谢投我票的人，因为在我前面矗立的是那样的两座丰碑，投我票的人我觉得至少是给了我宽厚的认可；不投我票的人我也同样感谢，让我知道我还有很多差距——他为什么不投你的票，会让你不断地想，你会不断地使自己更好，虽然使自己更好不容易。

不同的声音现在有，以后也都会有。重要的不是被异议、被质疑，重要的是被异议、被质疑以后你怎么做、做得怎么样。一个人心里有一个广大世界的时候，你能面对整个世界，也应该能面对这个世界的各种异议和质疑。我希望我是这样的人。

作协主席干什么

在作协体制中，"作协主席"是一种荣誉职务，还是一种实际权力？我们看到茅盾和巴金在任时，"作协主席"更多是一种荣誉象征，他们似乎并不介入作协的日常工作。

铁凝：我个人认为作家协会不是一个权力机构，作协主席也不是权力的代名词。但它也肯定不仅仅是一个荣誉性的职务。作协主席这个位置对我而言，是全新的，也只有几天时间。我跟前两任没有可比性，他们创造的巨大文学财富，拥有的巨大个人魅力和影响力足以覆盖中国文坛。但这些今天已经没有了，甚至现在中国文学也不在社会的中心位置。不在中心位置是正常的，没必要为它感到悲哀，这是第一；第二，我不是里程碑式的作家，也绝不存在巨大的个人影响，所以我说，这次作协主席的产生，跟前两任相比，不仅仅是年龄的下降，其他的一切也都降下来。

但是，在这个位置上，我愿意努力，让自己成为中国作家里一个优秀的代表。这意味着什么呢？意味着服务意识、团结能力和实干精神，对我来说这是最主要的。团结作家、为作家服务，使他们写出优秀的作品，这是我最深切的愿望。

服务功能具体是什么？你说你担任河北省作协主席，经常要找钱，为什么找钱，怎么找？找到的钱花在什么地方？

铁凝：说起来难为情，但又是责任所在。怎么跑钱？就是设法打通各种环节。我在河北作家协会担任主席十年，上任之初，我们只有债务，别的什么都没有。现在，你见到的作协大院有几方面的功能，正门是河北文学馆，里面陈列着河北从古代到近现代的文学史，属于永久性的陈列。文学馆有一个展厅是灵活的，可以办各种书画展览，进行各种文学活动。贾平凹、冯骥才都在这里办过他们的个人书画展。后面的一部分，就是作家协会的办公区。有一个功能就是文学院——文学院的合同制作家可以在这儿活动。文学馆建有河北作家资料库，收集保管河北省作家协会会员的档案。有一个八万册容量的书库。还有几家杂志社，河北省作家协会主办的杂志、报纸的编辑部，都在这个文学馆的楼上。此外还有一栋作家公寓，外地作家来石家庄，他们没有地方住，或者住宿有困难，可以住在作家公寓里。

筹建文学馆是你任河北作协主席的一件大事，筹建困难吗？

铁凝：现在觉得像做梦一样。当时看就是一个狂想，当时连北京现代文学馆都还没建成。我们文学馆开馆的时候，很多人不相信。河北文学馆到现在还是全国唯一一家省级文学馆。

建文学馆花了 6500 万元，跑钱非常困难。第一步是立项。很多环节都是我在那几年了解的：立项就要说服计委，说服省领导，让他认为这是重要的事情，要一步一步地走程序。省长也不完全说了算，要找各个分管副省长。当时一位管钱的常务副省长对我们很不屑，说作家有什么了不起，省里这么穷，你们还想弄什么文学馆。一个省再穷，文学馆这点钱也还是拿得出来的，你在别的地方浪费的钱比这个多得多，公费吃喝，大量吃饭、请客的钱，我知道一个乡政府半年吃喝的费用就是 40 万元，我都不知道这怎么吃的，用那些钱建一个文学馆，改善作家的境遇和生活有那么难吗？那个常务副省长说，你们下个世纪再说吧，现在省里财政困难。下个世纪，那可不行。我觉得必须说服他们，见了那些领导，我反复就是那些话。

有一次，我跟党组书记被人轰到走廊上，党组书记当时就哭了，一个男的，比我大十岁。我说你哭什么，他说你怎么能让人轰出来呢？你是作家，怎么能受这样的委屈呢？我说没事，他轰就轰了，他轰我出来我没丧失尊严，因为我不是为个人的事求他，我是为作家的文学馆求他，他只要答应，让我给他跪下来都行，我就是跪了，也不会丢掉我的尊严。当然，最后河北文学馆的建设得到了省委省政府的决定性支持。

作家供养制的双刃剑

作代会以前，作家洪峰上街挂牌乞讨，被媒体狂炒。莫言谈到洪峰乞讨行为时说，洪峰是在争取一种公平。中国很多地方还存在着作家供养制度，洪峰却得不到这个制度的保护。更多的人批评洪峰作秀，以他为耻，认为应该取消"作家供养制度"，你怎么看？

铁凝：我想在当下的中国，"作家供养制度"恐怕一时是不能取消的。我们这么一个大国，国家是可以拿出一定的钱来，供养一部分优秀作家的。供养作家在很多国家都有先例，比如法国有很多文化和文学艺术基金，用来支持作家和艺术家的创作活动。我出访以色列，以色列有一个希伯来作家协会，政府要拿出钱来给他们办纯文学杂志，给他们租房子住，让他们开咖啡馆——咖啡馆的收入也是作家的。

为什么强调专业作家制度是必要的？我现在不是专业作家，不存在替自己说话。据我所知，像王安忆、张抗抗、刘恒他们都是专业作家，这样一些顶尖的作家，怎么配不上国家出一点钱，有一个相对体面和安定的生活呢？对作家来说，住房也许不是最重要的，有钱就可以买房子。但是医疗呢？子女教育呢？社会保障呢？创造一个和谐宽松至少是小康的生活，有助于解除作家的后顾之忧，专心写作。我们这样一个大国，如果养不起几个作家，可能就是一种悲哀。

怎么避免作家因养而生的惰性？合同制作家制度能奏效吗？

铁凝：作家体制的变革势在必行。实际上专业作家群体，在文学体制中在逐年缩小，更多的是采取合同制作家方式。比如河北作家协会（我不说中国作协的作家，我还没有掌握全部情况，但据我所知，中国作协机关里没有专业作家，它只是一个服务性机构，和各省的作家协会还不一样）有5个专业作家，还有30个左右合同制作家名额，人是不固定的，一期两年，在这两年中，政府拿出钱来资助作家写作，不限定写作的题材和内容。"合同制作家"是一个竞争机制，它不养一个不写作的人。

作家的"离心"倾向

不能回避作家对作协的疏离这个现实，前有李锐退出中国作协，后有湖南、上海省级作家退出，你怎么看作家跟作协的离心倾向？

铁凝：李锐退出了中国作协，但没退出山西省作协，他还是山西省作协的专业作家。作家要的是什么，他要的只是一个相对正常的生活环境和条件。

专业作家制度为作家提供的保护是，可以使作家不用为一把米忧愁、焦躁。虽然我们说悲愤出诗人，但我们是一个大国，我觉得实际上花在作家身上的钱是没有多少的。制度提供的是一种保护，作家的写作还是独立的,作协不会干预作家的写作。同样,一个作家写不出好作品的时候,作协是没有办法帮他写出好作品来的。一切还得靠作家自己。

最近作家陈村上书中国作协党组,为史铁生陷于困苦状况呼吁救助。你愿意回应吗?

铁凝:像史铁生这样优秀的作家,我想国家尽全力帮助他解决遇到的困难,应该是义不容辞的。这也是作协特别应该具体关注的。这个作家一直坚守着纯文学创作,坚持自己精神的高度,但是他的身体非常不好,这么大的一个反差。从个人的角度,我觉得也应该关注。

专业作家制度为什么现在还不能完全取消,还有一个原因是我们的法制体系还没有健全起来,在法制不健全的情况下,作家全部成为自由职业者,作家的权益是没有办法保障的。比如盗版的问题,作家的权益会受到严重侵害,著作权被侵害,被无情地践踏,这在我们国家还是很严重的;比如现在很多纯文学的作家也有好的收入,但是探索型、实验型作家,他不为市场所左右坚持自己的文学追求,他的生活怎么办?除非他有另外一份工作,比如他是一个记者,一个大学老师,一个出版社的编辑。但他没有这样的工作怎么办?这时候作家显得很无力。所以我要替中国的优秀专业作家说一句话——专业作家制度并不意味着吃闲饭,也不意味着铁饭碗。

以往文学体制是依靠作协组织、文学评奖、文学期刊的运行,以这样的方式组织作家,团结作家,与作家相互依赖。现在的问题是,文学期刊经营非常困难,影响力贫弱,还有文学批评的公信力也受到普遍质疑,文学评奖也很难有权威感。在这样的情况下,文学体制怎样运行?作家协会如何凝聚作家对作协的信任和信心?

铁凝:这是一个很重要的问题,但作协不是一个人的作协,我想有一个新的领导机构,这个新的领导机构有党组书记处,他们在运行着很多工作。应该说他们也很难,他们也在力图扭转和改变,比如说针对大家对评奖的质疑，也采取了随机抽取评委、增加外地评委的比例数等办法。新一届的领导机构刚成立，工作还没有交接，我已经回到庄里了，还没有来得及真正地为今后的工作目标思考。给我一些时间。我觉得我们会正视这些问题，这是值得关注，而且是必须面对的问题。但这不是一个人的事，还有13位副主席，还有整个主席团，还有党组书记处，可能大家都有很多的见解，把这些见解聚到一起总会找到解决办法的。

作家都有道德系统

2000年，高行健获得诺贝尔文学奖的时候，作协有一个简短的表态，那个表态被批评为狭隘，缺少大国风范。海外流散文学、流散作家，也是中文写作的一部分，你怎么看他们？

铁凝：我觉得有一个大前提，不管什么样的、不管在世界什么地方的华文作家，只要是爱国的，爱这个民族的，都应该被充分地注意和关注。我上个月在日本和大江健三郎有过一次恳谈，他让我很感动，本来不知道要见面，后来安排了一个小时，他谈兴很浓又延长了时间。他谈到了对中国文学的希望，随同的一位女士开玩笑说："大江健三郎是一个比中国作家还中国的作家。"他对中国文学抱有特别高的期望，他很赞赏国内很多优秀的作家，包括流散在海外的中文作家。

我想我会更加关注这些作家的写作，我会更加具体地关注，有些作家的作品我以前读过，以后我要读得更多，因为他们也是中国文学的一部分，这你不能否认。

你会因为担任作协主席而疏于写作吗？我们看到茅盾、曹禺和巴金因为担任领导而很少再写作。

铁凝：我想如果我当作家协会主席以后就把我变得不是作家了，那我自己首先会特别遗憾，我会对自己有很深的失望。还有一个很重要的，我只有在不断的写作中才能有话跟我的同行说，借用海岩电视剧的名字"拿什么拯救你，我的爱人"，我说我拿什么跟你沟通呢，我的同行？写作是我热爱的一件事，一个人在生活中可能会有一些东西不再有了，或者他身不由己，但是他爱的职业被保留，或者他喜欢的事能够继续做，那是一种幸福。写作对我来说是一种幸福，我怎么会放弃呢？我愿意离文学近，我不愿意文学把我抛弃，不愿意让文学跟我说再见，我也不愿意跟文学说再见，不愿意跟我的读者说再见。

在作家中，你是一个特别的人，你是作家，是作家协会主席，还是中央候补委员，你有这么多政治的角色，你怎么把这些角色统一在自己身上？对政治的介入影响或者限制你的文学表达的纯粹性吗？

铁凝：我觉得我本质上是一个作家，一切都是以这个作为出发点的。第二，我不预先设置把文学和政治人为对立起来，因为没有一个作家没有政治主张，就像英国作家劳伦斯说的，每一个作家都会依附一个道德系统，不管你做什么样的宣言，没有一部小说，没有一个经典，没有一个优秀作家的小说里面没有政治，关键在于你对政治的理解，是一个狭隘的口号，还是一时的政策。政治也包括作家对世界的态度和立场。

2001年，我跟余华参加大江健三郎的一个作品讨论会，大江健三郎就是一个范例，他对政治对社会的关心和关切程度，一点也没有让他的艺术受损害，他在艺术、技艺的磨炼上对自己有非常苛刻的要求。反过来，这一切也没有减低和削弱他对政治的关注，他对国际问题、对和平、对战争、对人类发展都有自己的态度，他的文学和思想视野开阔而深广。当时余华有一个发言，记得他说，他以前确实是厌恶政治，也想远离政治，但是读了大江的一些作品以后，他有一个重新的认识和思考。作家不是一个写字的匠人，你在技巧的磨炼上可以说是一个工匠，像一个缝鞋的人，差一针这鞋就合不上。但是作家还是应该比匠人高出许多，高出来的是他对人生的体察，对世界的关切，对生存本身的思考。

崔永元：我一定要知道真的历史是什么样

我经常觉得这个民族特可笑，因为我们有五千年历史，是林语堂还是陈寅恪说的？他说这个民族有五千年历史，非常了不起。他说，不管怎么个混法，能混五千年就了不起。我觉得他一针见血。在我眼里，这个民族五千年以后，现在我们就能看到结果，基本还是个混的状态。这个民族浅薄，没有文化，不重视历史。我说这个话根本就不怕得罪谁，就这么浅薄。

——崔永元

2001年，崔永元病了。他的心理医生说你喜欢干什么就干什么。

"我喜欢历史，高考可以考96分，尽管是假历史，可倒背如流。后来很偶然的机会，开始看书，听别人讲，上网，知道哪些是假的，激起了我浓厚的兴趣。我一定要知道真的历史是什么样，这就是我现在最大的乐趣。"崔永元说。

纪录片导演陈晓卿在看32集纪录片《我的抗战》时评述道："这是冰山的一角。"

崔永元把他和他的团队所做的工作形容为乘着泰坦尼克号行进。

崔永元说："我们所面对的历史是一座冰山。就像是在泰坦尼克上做事，我们对我们工作的前景难以描述。但是我们能做的就是要吸取泰坦尼克的经验，小心谨慎地工作。也可能我们会在安全的航线中看到完整的冰山，也可能我们会误撞冰山导致沉没。我们就是在这样一种状态下，小心翼翼地前行。"

在位于北京怀柔区的新新小镇，有一偏僻的别墅区。

电影传奇馆就建在这里，崔永元和他团队工作的驻地也在这里。

专访崔永元的时候，他的制作班底正在搬家，每个房间都堆积着准备搬走的物品。

因为地处偏僻，跟外界沟通交往不很方便，所以崔永元决定搬家。

在搬离怀柔之前，崔永元在制作间里审看《我的抗战》最后一集《活下去》。在审片之前崔永元抓紧时间在办公室里小憩，曾经被失眠困扰的最著名的抑郁症患者崔永元，在走廊里响着嘈杂脚步声和纷乱人声的时候，可以深睡一个小时。

精神力的复原依赖的是口述历史这剂良药，现在崔永元的生活用他自己的话说是"特别的快乐、充实和满足，很少有什么东西能够对我构成诱惑"。

做口述史的工作始于 2001 年。

那一年崔永元去了日本，在 NHK 参观，NHK 有一个影像库，有一个特别行动组让他大感兴趣。"这个特别行动组不像我们，哪儿出事赶紧派过去，哪儿发洪水了赶紧派过去。他们就是做采访，那些采访也不知道什么时候能够播出。一个特别行动组，NHK 每年拨给它很多钱。我去那里看，一个小姐在那里操作。她就问你要看什么？看中国啊，上面密密麻麻的。问看中国什么？我说看东北。问东北看什么？我其实就是想看抗战，不好意思说。"

崔永元鼓足勇气说想看张学良，张学良调出来了，看九·一八，搜索出来了。

"最早的是 9 月 21 日，就看这个。她给我打开了视频，30 分钟，张学良的演讲。我记得很清楚，里面讲了一句，委员长说，两年之内，不把日本人赶出满洲，他就辞职。这是张学良演讲里说的，我当时很受刺激，真的。我知道我们中国最牛逼的纪录片的创始人陈晓卿，他那里也不会有这个资料，而且这30分钟拿回来谁也不会把它当回事。"

崔永元特别受刺激，回来以后，马上去找台长。他说："我们中央电视台应该有这样一拨人来干这个事，我们的广告费这么多，每年拿出一个亿或者几千万专门做历史资料的收集，从公益讲也有用，我们做一个历史事件，做深度报道有画面有内容，长远讲是给子孙后代留下资料。"

台长拍着崔永元的肩膀说："小伙子，先忙别的去吧。"

崔永元想了想，他觉得不能再等了："那些人太老了，他们年纪太大了，他们慢慢的在失去记忆。"

你永远处在探寻跋涉的过程中

《我的抗战》呈现了国民党抗战，做这些内容有什么禁忌吗？

崔永元：这个早没有了，我注意到2005年胡锦涛总书记讲话，他说抗日战争就是由正面战场和敌后战场组成的，这个表述非常明确。我们呈现的也是如此，实际上抗战也是由这两个战场组成的，各有各的打法，各有各的战绩，也各有各的不足。我们尽量做到正面战场上的22次重大战役都能呈现；敌后战场的几次辉煌战斗，也尽量都呈现。

但采访一些人，比如"百团大战"的人，找不到线索，很费劲，就找了杨成武将军的女儿，让她帮助找到了参战者做叙述人，那集我还不是太满意，叙述者太少。"百团大战"描述得不是特别清晰，只讲述了几次规模不大的战斗，但其实是歼灭了三万日伪军，显然不是一两次小规模的战斗能够达到的，但是我们没有找到更重要的参战者。动手晚了，这是我们这个团队普遍的遗憾。每次采访的时候都唉声叹气，怎么没有

50年前就开始干这个事。当年拍《甲午风云》的时候，他们还能采访到北洋水师的士兵。但现在不干，将来会更晚。

抗战历史在你的认识过程是怎样的？

崔永元：在我们读教科书的时候，老听到一个词"全民抗战"。这个"全民抗战"过去我们理解得不深，我小时候理解的就是老百姓也参加。今天看，为什么非要说"全民抗战"？我觉得就是希望用这个词暗示对方，我们在叙述这段历史的时候，带着你们呢。

我本人知道国民党抗战是非常晚的事情，小时候看抗战电影的时候，认为跟日本人在一起的那些人就是国民党，也就是说是日本人加上国民党在跟共产党打。

后来我去云南，腾冲、龙陵、松山，很多战场去了。有一次我们去松山，找了当地的一个老人做向导，那个老人是国民党老兵，他不认识我，是当地安排的。他的家人扶着他，我们往山上走。不是有壕沟吗？非常难走，我说老人家您不用上去了。可他什么也不说，让他儿子扶着上去，上去后给我们指，这是哪座桥，这是哪座山，能清楚地说出他的班长和最好的战友当时倒在哪里。当时我们拿一个小 DV 在拍，讲着讲着他忽然就高喊每一个战士的名字，当时我特别的难受。这可能是我生活中第一次看到国民党军人并产生了由衷的敬意。

后来我就开始大量看这方面的资料，到 2006 年重走长征路的时候，人特别多，有富余出来的人，我就突发奇想，两件事情一起干。大张旗鼓地走长征；同时派一个小组去云南，采访了 103 个参加过抗战的国民党老兵，我们没有声张，也还是有一些顾忌吧。

什么顾忌？

崔永元：如果当时媒体知道我们一边长征，一边在收集国民党抗战的资料，肯定会有人说三道四。这 103 个老兵在一年以后我们回访时，一多半就没有了。当时还真抢救下来一大批珍贵的口述资料。

在这些访问当中，有哪些人和事让你深有感触？

崔永元：我全都没有参加，因为我在走长征路，后来资料入库的时候我才看到。2007 年，我在美国和日本买回来了很多这样的纪录影像。美国的影像非常具体，质量非常好，还有一部分是彩色的。日本这部分，特别值得研究，几乎看不到被他们屠杀的人的尸体。在叙述南京之战的片子里你也看不到一具尸体。那是当年在日本公开放映的影片，叙述主线非常清楚，中国的伪政府很烂，对人民不好，文明之旅、光荣之旅的日军拿下了南京城，他们在清扫路面、修马路、修下水道、恢复店铺，把做生意的人都请回来，给老百姓家家户户发粮食，组织选举。选完后把行装整理好，带上战友的骨灰又踏上了新的征程……从这些影片看，你会觉得日本在实施文明的过程中，损失了很多年轻的生命，而对南京这个城市没有任何损害，所谓的损害也是在炮火中毁坏的城墙、城市马路、下水系统，但他们还都给你修理好了。

残酷的历史真相被日本的这些影像遮蔽掉了。

崔永元：被遮蔽掉了。让我们对历史感兴趣的人，或者研究历史的人，如果想知道历史真相就特别难。你永远处在探寻跋涉的过程中，你知道得越多就越糊涂。

《我的抗战》想传达什么？

崔永元：想法特别单纯，不指望大家在 32 集里能了解抗战的全貌，也没有可能。你看到的只是每一个独特的个体生命在战争中的境遇，我们不需要下判断。它给我们提供了超过我们以往教科书上对抗战的认识，包括讲故事的方式。

比如在一集里，八路军被鬼子包围到群众中间，让群众指认。我们在以往的抗战片看到的，都是群众保护八路军，而这里是群众把八路军指认出来，不指认所有人都要受害。上纲上线的人可能会说，这是在诬蔑根据地的老百姓，这是很小很小的个例——现在我们说什么问题，哪儿中毒了哪儿有什么事，都归到个案——但其实我们想告诉你，个体叙述就是这样千奇百怪。

过去没有人关心他们，也没人听他们的故事

你们做了3500多个口述者的故事，是怎么找到他们的？尤其是那些台湾国民党的老兵。

崔永元：最早是没有系统的、杂乱无章的。我们的口述历史是从电影的采访开始的。我记得采访苏里，《平原游击队》的导演，他说杀鬼子那个场面你知道为什么那么像吗？因为我就杀过，他就讲起他怎么拼刺刀，怎么用匕首刺敌人，那个拼刺刀的就是他自己。我们被这样的采访激发，就发现不能功利，这就是口述史、战争史、社会发展史。我们那时候就开始慢慢转向。

大概用了两年的时间完成了这个转向，再不做功利的采访了。采访一个人，最好请他从6岁开始讲起，记起来的第一件事，想起来的第一个亲人，一直讲到今天，他讲多长时间我们都愿意陪着，都愿意听。采访最多的时候，光一个人就能持续两个月或者三个月，因为他们有的年纪大了，每天讲不了那么多，或者讲一段住院了，出了院再给你讲，或者采访全结束了，过了半个月又给你打电话，说又想起来好多事，我们再去采访。

跟这些抗战老兵的交流有困难吗？你们怎么让他们面对镜头自如地表达？

崔永元：真的不是那么容易。有的被采访者，我们接触两年了，可以随时吃饭聊天，就是不能坐到摄像机前。我们要做的是沟通感情，希望他信任我们，我们拍这个不是为了卖钱，是为了留给后人，留给历史。

他不断考我们，试探我们——这个事你知道吗？你给我讲讲。实际上是考验我们有没有资格和他们对话。

所以我给采访记者做培训时就说，功利采访我做得特别好，做电视节目就是功利采访，就那么 45 分钟，把所有事情完成，捡重要的弄出来就行了，怎么打断，怎么引导，怎么掌控，我们都有熟练的技巧。现在我说，其实口述历史就是倾听，好好地听，尽量少提问题。让对方按照他的逻辑和思路顺畅地去讲，我说你对对方最好的激励是什么？是你的身体语言，你尽量要前倾，你要跟着他一起喜怒哀乐。你们不是表演，要真跟他一起喜怒哀乐。一开始我们年轻的记者可能做不到，现在他们比我对这个工作还有热情，还有感情。

跟这些老人打交道还需要花什么功夫？

崔永元：很多。有的人会打电话说我爷爷很重要，你们为什么不采访他一下？更多的是问你们采访他干嘛？在哪个频道播？这些年电视台给弄得功利惯了，今天采明天就得播，后天就得有收视率。一拨人做采访，一拨人拉广告，没有人做我们做的这些事情。有的时候，我们说服一个人接受我们采访就要用半年，有一个重要的采访对象，我已经用了一年半的时间了，刚刚有眉目。

还有一些组织，比如黄埔同学会、新四军研究会，他们会提供帮助。最大的支持都不是这些系统，而是我们这些被采访者。他会主动帮你联系他的战友，互相找。

现在我们四个采访组的四个首席记者，没有一个人的工作告一段落。目前他们手里的事情根本干不完。我们规划了几类，一类是战争与回忆，一类是中国外交，一类是中国留学，还有一类是社会发展史，中间还做过音乐史。我们的记者郭晓明负责战争，从东北抗联一直到对越自卫反击战，这是他的整个工作任务。

现在抗日战争还没有做完，他就非常着急。他说他会赶不上的，在这个时间之内，他做完抗日战争又得做解放战争，做完解放战争做抗美援朝，担心就找不到人了，因为这些人年龄都这么大，当年最小的战士现在也已经八十多了。他就急切地要求再多几个组一起做，我们的理想是到年底扩展到 6 个组，争取明年能扩展到 20 个组同时工作。

那天我告诉晓明，我又给你找个好事，报纸上已经公开说了，"四野"中有 2.6 万名日本人，现在有一个日本老兵联谊会，每年都到中国来，这个联系人我都给你找到了，你跟老兵联谊会取得联系，去日本采访，最少最少访 50 个人回来，因为 2.6 万人，活着的咱们不知道有多少，至少访 50 个人，才能把这段历史说清楚。他们在中国一直干到解放战争结束，1953 年才回的日本，他们都会说中国话，会唱"三大纪律八项注意"。

你做这些工作的动力是什么？或者你要达成的理想是什么？

崔永元：其实我一开始的想法挺功利的，我就觉得发达国家全有，凭什么我们没有呢？他们有口述历史我们没有，凭什么？我们得有，必须得有。但是我没有想到这个事会决定我后半辈子的命运。我忽然觉得我找到了一件正事，突然觉得这是最重要的事，一定要全力以赴地把它做下来。一个人就是这样，就像刚才我们在《活下去》那集片子看到的那个战士，他满身伤残，有不死的信念，所以他就活下来了。当我们把这个当作理想的时候，我们从来不对谁诉苦或者抱怨什么困难，乐在其中。

国民党抗战，还真是没什么不能讲的

在《我的抗战》中，有哪些部分是超出以往我们所知道的历史叙述？

崔永元：比如我们做了一集《汉奸》。我们觉得汉奸都是死心塌地地帮助日本人要把中国吞灭。这个当事人叙述的时候，分析了汉奸的多重性，也有混饭吃的，为什么？因为他没有别的选择，当了汉奸，他有饭吃、有衣服穿。有点良心的汉奸就不祸害老百姓，穿上汉奸衣服就完了。

没良心的就是过去我们在文学作品中看见的，为虎作伥，那是真正的汉奸。我们看汉奸的回忆录，他有他一整套的说法，而不是我们想象的就是卖国那么简单。甚至有的汉奸认为，那是抗战的另外一种方式，用空间换时间。

还有一个细节我印象特别深，就是在战火中被救出来的那个日本小姑娘，后来聂荣臻收养了她，把她送回给日本人，这个故事我们以前就知道。但是这个小姑娘是哪来的呢？我们不知道。这次采访到了当事人，明白了。"百团大战"前的第一战，八路军袭击日本煤矿，她的父母被烧死了。两个日本人屋里抵抗，被咱们用手榴弹把屋子炸掉了，两个人被火焰烧着，头上、身上都在着火，劈里啪啦烧得肉嘶嘶地响，他们亲眼目睹了自己的孩子被八路军抱在怀里。我不知道怎么对这些事实下一个评语，特别的难。

这时候我终于明白，为什么美国人发明了这种用口述历史的方式来研究历史，为什么口述历史会成为一个独立的学科，其实每一个个体都是历史进程中的一个标本，有可参照性。

在做《我的抗战》的时候，有没有考虑到它的尺度问题？

崔永元： 因为是口述历史，是个体叙述，尺度比做一个整体抗战背景的片子可能宽松得多。但是有时候我们对自己的约束，都是不由自主的，没人管你，但你自己就想管自己。

有没有重要的历史场景或者历史人物，你觉得重要但是又不能把它做出来？

崔永元： 有。比如像《延安》那一集，就是敌后战场的指挥中心，其实有很多人，尤其是新四军方面的，比如说项英、叶挺，包括当时的领导人博古，我们都没有用大的篇幅去讲，这其实挺遗憾的。还有一些是因为特殊的原因，比如像潜伏战线。我们基本把节点放到1945年、1950年代到1957年之前，其余就不讲了。希望以后，后来的人能做这个事。

我想，还原历史的全貌可能不是一代人能完成的。

为什么没有延展他们的命运？老兵战后的岁月可能也是人们关心的。

崔永元：当时我犹豫了很长时间，因为在编导创作的时候，是一直说到1980年代的。后来我说，我们想做《我的抗战》，是不是把主题集中在抗战上，其他的将来等待机会再做。做片子和口述历史，完全是两个概念。现在我们用3500个人形成的口述历史，可以做无数个片子，任何主题都可以做。可以做《我的小学》《我的大学》《我的老师》《我的春节》《我的父亲母亲》……

国民党方面有没有你觉得特别打动你的题材，打动你的人物，但是又不能讲的？

崔永元：这方面还真是没有不能讲的，可能唯一遗憾的是有些事件我们没有素材。比如说我在联系采访张灵甫的夫人，她在上海，但是她跟张灵甫在一起的时间不多，不是特别知道他的情况。我特别想描述张灵甫抗战的经历，但是就苦于找不到叙述者，我们也可以把他放在片子里，可能只是照片、影像、一些书里的记载，但它不生动，不像口述历史。类似这样的，还有南京守城的国民党将领唐生智，我觉得都没有办法说。

而且还有很多史实我们也是在做的过程中逐渐知道的。比如，我们只知道南京大屠杀，实际上南京保卫战也是很值得一提，这场战役中牺牲的国民党将军就有11位。但是南京保卫战的叙述，我们的采访也没有做完。所以现在我们准备再做50集，整个把它做成82集的规模，就会把我说的遗憾全都弥补了。

现在我活得特别的安静，每天都井然有序

这么多年做口述史的工作，你觉得遇到的最大困难是什么？

崔永元：最困难的是找钱，找钱太难了，因为中央台没有投入，都是我去找哥们儿、朋友、认识的企业家。自从做口述历史以来，我跟企业家吃饭的时间成倍地增加，跟他们交流，对他进行口述历史的解说，希望他们能支持我们。八年我们筹来了1.3亿，全都扔进去了。我们也经历过四个月大家发不出工资的日子，但是现在整个情况都在慢慢变好。这些东西我觉得最后我们要把它收集好，整理好，我想象要建一个东西，叫"口述历史博物馆"。

当你走进这个博物馆的时候，就有100个屏幕，上面有100个人在叙述着什么。你可以戴上耳机随便选一个人听他说什么，你想到我们这儿进行学术研究，那里面有电脑供你搜索。用关键词搜索，里面可能有十万个人的口述历史，同时你可以看到他讲述的影像、文本、照片……一个全套的介绍。这样当大家去做学术研究、写书的时候，就有了一个好的去处，这是我最终的理想。

实现你的理想需要多久的时间？

崔永元：比我想象的快得多。我总觉得会在我老年痴呆之前，这事能解决。现在看来，两年雏形就会出来。可能内容还没有那么丰富，但是两年雏形就搭起来了。搭起来以后我们再不断丰富、整理内容，就是这样。

现在资金都解决了吗？

崔永元：解决了。因为很多时候大家不相信，不相信你在干这么一个没有利益的事。因为主持人本来就是一个争名夺利的形象，我的公共形象不是历史研究者，就是一个主持人，所以他们不相信我会对口述历史感兴趣，不相信我对他们描述的，说我想给民族干点什么，没人信。但是他们到这儿来参观，看了我们已经做好的系统，就会被打动。这里已经接待了七个国家的访问团。哥伦比亚大学的来过两次，他们是口述历史做得最好的，他们对我们的电影口述历史非常感兴趣。

我们采访了 3500 多个人，我们还没有仔细的计算，粗略估算，我知道至少有 500 多个老人已经去世了。最短暂的，从我们采访结束到他过世，也就一周的时间，这是一个抗战老兵。我有时候很内疚，很有可能跟我们采访有关系。你想想老人平静了那么多年，忽然让他处于一个激动的状态，一个亢奋的状态，一个耗费体力的状态，可能多少会对他身体有影响。我觉得这是这些老人竭尽全力给社会做的最后一次贡献。

回头看这么多年，你从电视台的环境当中脱出来，转向历史，这种转向对你来说，有什么样的价值？

崔永元：我觉得很幸运，现在想起来其实也是个小概率事件，可能是身体不好，然后生病，然后找自己喜欢干的事，莫名其妙的，再加上去国外访问，看人家收集的东西，这种直接的事件刺激，都是一些小概率的偶然事件让我发现了口述历史的天地。

你还是说口述历史是你找到的能够安身立命的事情，为什么？

崔永元：是，我觉得我找到了安身立命的事情。现在我活得特别的安静，每天都是井然有序的，总是觉得时间不够用。总是晚上看书，现在看书都看不清楚了，准备要去配老花镜了。觉得有太多的书需要你读，都是和这些历史事件相关的书籍，我要把这个背景搞清楚，要大量地看，要了解。还有我们现在想的就是怎样完成我们的数据化，怎样完善检索系统。天天忙的就是这一件事，其他的都无所谓。

现在心境如何呢？你还失眠吗？抑郁的情况还有吗？

崔永元：快乐，真的特别快乐。好像觉得没有什么诱惑了，就是说你身边没有什么事情能对你构成诱惑了，以前一个什么奖，一个什么抛头露面出风头的机会，都让你心里犹豫不定。现在就是特别麻木，在这些事情上，就是兴奋不起来。我看报纸，我上网，让我兴奋的都是在哪里发现一个可以采访的人——这个人还在呢，赶紧告诉我们的记者，怎么跟他联系，怎么采访。或者我们的首席记者说，他发现了谁，但是搞不定，那我就得想想我有什么渠道，怎么跟他说，怎么把他说服了，让他坐到我们的摄像机前。有时候记者采访回来的素材我一看不满意，觉得讲得不够劲儿，不够真实。他没全对我们说实话，我们也赶紧去看看别人的一些采访经验。我们的首席记者一回到家来是我最高兴的时候，因为他们回来都会到我这个屋跟我聊天，告诉我说最近采访了谁，遇到了哪些情况。我觉得这样的生活很有意思，质量特别高。大家都说我失眠的事儿，现在我觉得对我来说不是失眠，它就是一种特别的生活规律。就是 4 点睡，10 点 11 点起，从下午到 4 点都可以做事。我觉得我那个时间睡得也很踏实，也很好，其他的时间工作也很有精力，我觉得可能已经习惯这种生活规律了。

你怎么看自己所从事的工作的价值？

崔永元：我对大的宏观历史叙述没有什么想法，我对电视台的使命和节目编排同样没有什么想法，我也不愿意想，因为那样可能会耽误我干正事。我有那个时间，就能多采访一个人，多整理一些材料，这样可能更有功德。我现在想，2002 年为什么得病，就是老想不该想的事，现在为什么快乐，就是不想那些事，只想怎么把该做的事情做好，这一点可能更重要。我们想让这个时代变化，挺难。我们等着这个时代变化，我们也等不起。我们可以选择的是，时代在进步，我们自己在发展。就是这样。

第四部分

文字的向心力

聂华苓：猎狗闻得出骨头，我们闻得出才华

1978 年，聂华苓在阔别三十年之后第一次回大陆。

离开大陆是 1949 年，回来的时候由先生保罗·安格尔和两个女儿一起跟随。

到北京聂华苓就问负责接待的作家协会：王蒙、萧乾、丁玲他们在哪里？但是别人都不知道。之前见到夏衍先生，她也打听丁玲、萧乾的下落，也被告知不知道，可能是因为这些人还没平反。聂华苓住在华侨大厦，有一天接到蔡其矫的电话说找到艾青了。约在景山脚下见面。聂华苓很高兴，跟安格尔讲，因为聂华苓翻译的艾青的诗歌他都看过，所以他也知道艾青。"我们全家人准备要去见艾青，第二天蔡又打电话来说今天有事情还不能见，我很失望。"聂华苓回忆当年的情景。到第三天有电话来，对方说："我是艾青。"聂华苓就兴奋地大叫，感到很惊奇。那时候艾青还不能出门，还被限制。她就想看看艾青生活得怎么样。

约好三点半去艾青家，第二天聂华苓跟安格尔去了。艾青住在小胡同里面，很窄，车子进不去，他们就下车了，走到胡同看到有个人在张望，那人就是艾青，他在那里等了两个小时。到了艾青住的屋里，他们聊天的时候，艾青把一张破旧桌子的抽屉打开，里面都是稿纸，他说这是他

写的诗，都还没发表的。

聂华苓请艾青夫妇吃饭，还有诗人蔡其矫作陪。到北海仿膳去，那时候找不到几家像样的餐馆。进了北海，正走着，迎面过来一个人，看见艾青就大叫他的名字，原来是艾青的老朋友，也二十几年不见。那时候艾青还是不能见人的。1957年，艾青被划为"右派"受到批判，1961年，"右派分子"的帽子摘掉了，但他作为诗人一直是沉默的。聂华苓在美国找到他30年代和40年代的诗来读，如《大堰河》《北方》。吃饭的时候艾青举杯说：我以为见不到你们了，但我相信我们会见到的。他的手有些颤抖。他们很高兴地在席间谈文学、谈诗，只是不敢太触及过去。

1979年中美建交，聂华苓和安格尔突发奇想，邀请两岸三地的中国作家聚在一起。

这一年大陆作家萧乾被邀请前往爱荷华"国际写作计划"，这是1949年之后三地作家第一次相聚。此后丁玲、艾青、王蒙、吴祖光、汪曾祺、张贤亮、冯骥才、邵燕祥、阿城、北岛等陆续受到邀请，参加国际写作中心计划。

两个营垒中的左翼作家

1981年的"国际写作计划"中，有两位女性作家引人瞩目，美国作家苏珊·桑塔格，还有中国作家丁玲，当时你见到的丁玲是什么样的？

聂华苓：1981年我们请丁玲来爱荷华。当时她患有乳腺癌，刚做过手术。之前，中国作家协会邀请我们到中国，他们问我有什么要求，我就提出想见丁玲，说丁玲正在医院。丁玲知道我们要来，给我写了一封信，这封信现在还在我家里——她说她等待这一天很久了，很高兴。去的那天我们给她买花，找了很久才找到一家花店。我们带了一篮花去医院，一见到丁玲，想到她受了那么多苦，我和安格尔都流泪了——那时候我们总是会流泪。

丁玲反而笑呵呵地说没有什么，那时她刚从"牛棚"解放出来，不需要再被隔离了。她的性格很天真，安格尔开个玩笑，她就大笑，我说一个美帝，一个共产党，都那么开心。她说有个愿望，想去看看美国。我们说好，一定要请她来。1981年她就受到邀请来到爱荷华。丁玲很好玩，对什么都感到新鲜，像个天真的小女孩。她之前获过斯大林文学奖，应该去过莫斯科，不过没有去过西方，西方世界对她来说是完全陌生的。她住在"五月花"公寓，离我们家很近，没事的时候她跟陈明散步过来。她跟安格尔之间都很友好，我做他们的翻译，丁玲是真性情人，她很少防备什么，生活中完全是放松的状态。

通常丁玲被描述成一个举止刻板思想僵化的文艺领导者的形象，苏珊·桑塔格被称为"美国的良心"，他们都是著名的左翼作家，但是显然她们的思想和立场分歧巨大，她们在爱荷华相处得好吗？

聂华苓：她们在一起就是吃饭、玩，也不讨论其他什么问题，"国际写作计划"也就是以文会友。苏珊·桑塔格和丁玲比较，因为她们生活在两个不同的国度，苏珊·桑塔格看上去自由，什么都可以谈。丁玲建国前就受到过批判，建国后她的处境本来好一些，后来"文革"中又受到打击。复出以后她可以讲话了，但是她的讲话很政治性，意识形态色彩很重。丁玲喜欢批评，她的讲话中只有批评没有批判——批判是需要理性建构的，批评是情绪化不经过思考没有原则的，就是本能反应。比较起来，苏珊·桑塔格作为美国知识分子是很有思想，思考也很严谨的。

实际上桑塔格是很左派的，她也知道丁玲经历了什么，所以她对丁玲很感兴趣。不过她们的谈话并没有政治意味，在那样一个场合里，大家就是吃饭，聊天，玩儿，中国终于有作家能走出来，大家都为中国走向开放感到由衷的高兴。

跟她们在一起的还有美国诗人默温。很动人的一个情节是，丁玲见到默温的时候，我介绍他们认识，默温很年轻，也很漂亮，他对丁玲很尊敬，丁玲一见到默温就感叹说你的眼睛真好看啊，默温说那是因为我正看着你，他们三个人在一起很快乐。我说我给你们照个相吧，桑塔格和默温就站在丁玲的两边，他们两个人各自一边，紧握着丁玲的两只手，他们看上去没有一点隔阂。

哈维尔转到了地下

在国际写作计划 40 年的历史中，有没有计划邀请又没能到达的作家?

聂华苓：哈维尔是答应来但又没有来的作家之一，他不能长时间离开他的国家。我们的国际写作计划只有三个月，在东欧很有影响，尤其是 1970—1980 年代，东欧还在苏联控制之下，很多作家受到压制，作品不能发表，所以我们请到的东欧作家年纪都比较大。1987 年，"国际写作计划"二十年庆祝的时候，当年许多来过爱荷华的作家又回到爱荷华，波兰裔美籍作家米沃什是我们的嘉宾，他 1980 年获诺贝尔文学奖。米沃什是我们多年的老朋友，60 和 70 年代的波兰作家，多半是他推荐的。

哈维尔倡导"民权运动"，1968 年，我们邀请哈维尔到爱荷华来。他接受了邀请，9 月就可以到爱荷华了。8 月间我和安格尔去纽约，一天晚上，我们在收音机上找古典音乐，碰巧听到晚间新闻：苏联坦克开向布拉格。我们立刻打电报给哈维尔，催他和家人立即到爱荷华，全家飞机票将寄往任何他指定的地方。我们希望在苏联进入布拉格之前他可以收到电报，先到维也纳或西德，再到美国。杳无音讯。捷克从此与外界隔绝。我们不断打听他的消息，哈维尔转到地下了，哈维尔戏剧被禁演了，他的书被禁止出版了，他被捕了等等。那年陈映真也是被邀请了又不能来，那年我们在五月花公寓为他们订好的两个房间就一直空着。

哈维尔是一个很好的剧作家，他的创作里面包含着一定的政治思想。

聂华苓：他有一个作品很有意思，讲一个国家机关，机关里面的语言是不同于捷克语之外的另一种语言，就是说官方有官方的语言，是不为人了解接受的，是这样戏剧性的情节，是有批判性的。

那时他已经有剧在美国上演了。后来我们一到捷克想见他，他那时在做民权运动的领袖。我们到捷克时，以前参加过计划的两个作家来火车站接我们，一下车就听说哈维尔被捕了，我们很着急，他们说不要着急，哈维尔被捕已经是家常便饭了，很快就会被放出来的。我们走的前一天哈维尔就出来了，安格尔还在朗诵诗歌，在一家书店。那家书店的老板专门组织朗诵不能发表的作品。因为哈维尔被放出来头一天是不能出来见人的，于是他的弟弟就代替他来见我们了。我一直都没见到哈维尔。后来哈维尔当了总统，之后他还写了一本书叫《走向社会》，还送了一本给我，签了名画了一颗心。

在爱荷华写作计划的周围聚集着世界很多优秀作家，比如波兰裔美籍诗人米沃什，前苏联诗人布罗茨基。

聂华苓：波兰诗人米沃什一直在国外，先在法国，后来又去了美国加州大学伯克利分校教书，他获奖之前我们就是好朋友。我跟安格尔结婚的时候他还送了一个很大的蛋糕来，很远，我们在爱荷华，他在加州。后来爱荷华国际写作计划二十周年的时候我们还邀请他来领奖，其实他也不是用英文写作的，一直用波兰文。波兰是一个比较伟大的国家，经过多少患难，华沙也是在废墟中崛起的。他们的作家在极度封闭的情况下仍然自由地创作，他们保有欧洲文学创作的传统，有的作家有长达二十多年不能发表作品的情况，仍然坚持写作，我们就邀请这样的作家来爱荷华。

米沃什得奖就不简单，因为他不是用英文写作的。我刚到美国还要继续写作，就面临着是用英文写还是用中文写的问题，我决定用中文写，要是写诗、写散文、写小说用英文，就是完全不同的。语言是文化的结晶，用另外一种语言写作就是完全不同的感受、不同的表现了。你要很深的、有根的、有感情、有经验的语言才能写出好的东西，是用另外一种语言没有办法表达根深蒂固的、从土壤里出来的经验和感情的。我在美国有两年没有办法写作，就是面临两种语言选择的冲突，后来还是选择用中文写作了。

帕慕克很沉默，张贤亮害怕回不去了

当年参加"国际写作计划"的有 2006 年获诺贝尔文学奖的土耳其作家帕慕克，还有大陆作家张贤亮和冯骥才。他们有什么令你难忘的表现吗？

聂华苓：帕慕克是 1985 年到的爱荷华，那时他还很年轻，刚刚 33 岁，已经出版两部小说。在那批被邀请去的作家里面他是最年轻的作家之一。有的作家习惯白天睡觉晚上写作，帕慕克很少参加我们组织的活动，就在那儿写作。那时他大概正在写《白色城堡》，生活日夜颠倒，写作通宵。我们的安排是不参加组织的活动也可以，自己写东西也很好，他到我家来过，可是我跟他接触并不多，那时候帕慕克还是一个新起的作家，名气还不是很大。

我对他的印象是人很深沉、很沉默，不像是很容易交往的样子。那一期大陆被邀请的作家是张贤亮、冯骥才，他们比较活跃，不过也只是在华人圈子里面活跃，因为他们英文不好，平时就吃喝玩乐，状态很轻松，他们经常会跑到我家，我跟他们接触很多。

不同的国家、不同的种族和不同的文化会给作家留下什么特别的烙印吗？

聂华苓：烙印就是他们的思考方式和表现方式不一样。张贤亮和冯骥才到爱荷华的时候，大陆正在开展政治运动，很多作家是批判的对象。

大陆的作家政治警觉性比较高，有一天晚上张贤亮接到一个神秘电话，说你也许回不去了，我们可以帮助你留下来，留在美国或者去台湾。张贤亮就很吃惊，也很害怕，他嘀咕说，这是什么人呢？搞不好我就回不去了。刚好这时候"国际写作计划"结束，他跟我说要在结束仪式上讲话，他要澄清，表达自己的态度，如果不讲话可能就会回不去，他要避免回不去。

华语文学有一根脐带相联着

当年为什么没有邀请沈从文？

聂华苓：来不及了。我见到他的时候他身体已经不好了，当然他是希望可以去的。他以前去过一趟美国看他夫人张兆和的妹妹张充和。大陆也好、台湾也好，说到要拿诺贝尔奖，就会想到沈从文，他的小说不是随便能够比的。我还写过一本《沈从文评传》，他的文字不是那么简单的，不是说写乡下人就是沈从文了，还要看他的技巧、内容，别人是不能比的。沈从文在我心目中是现代文学中写小说最伟大的。鲁迅当然也伟大，但是他写的比较多的是思想的、论战的书，他的小说就两本，沈从文可是写了几十本呢。诺贝尔奖不是靠论战文章获得的，小说是艺术，论战是思想的形式，判断一个作家还是要靠作品和艺术的价值来看。沈从文的境遇是比较可惜的，新中国之后就基本上不写了。

汪曾祺也去过爱荷华，他的文字也好，不过他写小说不多，很有才华很有趣味。他喜欢喝酒，去我们家也知道我们家的威士忌放在哪里，就自己去倒，最后一次欢送会他在我们家喝到走不动了，其他作家把他抬回去了。在后来的作家里面能跟沈从文有一点延续的就是汪曾祺了，他的文字很像沈从文，一直以师生相称。

从1978年到现在，是中国社会改革开放的三十年，也是华语文学的三十年。当初对作家的判断，对作品价值的判断在今天看还是准确的吗？

　　聂华苓：三十年之后看当年对作家的判断很难说。一个时代有一个时代的文学，很难把这个时代的作家跟另一个时代的作家相比较。张贤亮的《绿化树》写得很好，他的其他几部小说也都很好，文字的功力和思想的深度都很好，但他只能代表他的时代，王蒙也只能代表他的时代。现在的年轻作家比如莫言、李锐、刘恒、苏童、余华、毕飞宇，他们也有他们自己的时代。后来的作家我接触的就不多了，需要在大陆生活一段时间才能领略到现在作家的风格。

　　最近我到香港做"红楼梦文学奖"的评审，从三万多部作品中初审出来的作品看，觉得大陆作品是有本土气息的，有它的历史和现实的深刻经验在其中，台湾的文学是内向的，属于岛屿文学，香港是中西都有，所以我说真正好的作品都出自本土，它有深厚的根系在那里。现在的作家已经没有以前那一代作家的经验深度、思想深度和文化深度了，这是今天的作家跟前辈作家的重要区别。

马原：我们在自己的时代创造经典

2012 年 10 月，作家莫言摘取诺贝尔文学奖桂冠催生中国全民性的文学狂欢。

回顾过去的这一年，文学之江湖风生水起，波澜起伏。先是作家洪峰在 1 月被殴，作家这个群体的生存状况进入公众视野。再是沉寂 20 年的作家马原携新作《牛鬼蛇神》复出，搅动渐现低迷的读书界。余华 20 年前写就的小说《活着》由孟京辉改编为话剧搬上舞台，引起广泛关注。

11 月，马原被殴再次搅动社会神经，本已处于社会边缘化的中国文学就这样跌宕起伏如戏剧般奇景迭出。

"他们中的很多人已经是明星作家了。早年我们一起出去玩，在酒吧经常会有邻桌的女孩，她们看见苏童就兴奋尖叫冲过来。让我们羡慕死。余华是更大的明星，以前我们要去哪所大学演讲，那里的门窗都会被挤坏。稍微不谦虚地说，这一代作家在自己的时代里正在成为经典性作家。"在海口海滨大道邻街的酒店，马原坐在角落的沙发，在昏黄灯光下讲他和先锋作家们的故事。

2012 年 2 月 14 日下午，马原乘坐前往昆明的飞机，两小时的飞行之后再乘车前往云南西部的边境地会泽县金钟镇马武村，他去看望被人殴打成伤的洪峰。3月7日傍晚，余华从北京到昆明，再抵达会泽。他一直在感冒，听闻洪峰被殴打，还是赶去会泽看望洪峰。如果不是这次狂殴事件，洪峰还是和外界隔绝着。他隐居于自建的珞妮山庄，在这个由汉族、彝族、苗族和回族混杂的乡野之地，自由而孤独地生活着。对于朋友的远道而来，洪峰表达了他的欣喜之情："他们的到来我非常高兴，根本就记不起被打的事情了。我甚至还说，要是老友们同时来，我可以再断几根骨头——没有什么比看见老友相聚珞妮山庄更让人快乐的事情了。"

余华和马原出现在珞妮山庄的客厅里是洪峰做梦也没想到的。记不住都聊了什么，主要是聊分别这么多年之后的一些各自生活。马原的身体是老病，但在会泽期间还不错；余华一直在感冒，直到离开也没有好。洪峰回忆与朋友相见时的情景时说。

20年前他们也偶尔会在一起。见面的时候并不多，但是彼此的情感深厚。

20年前也是被称为一代先锋的作家们的出道时间。

回忆最初的文学之旅，余华感受更多的是这一代作家的被拒绝。

"当时能接受先锋作家的杂志并不多，除了《收获》，就是《钟山》，还有远在吉林的《作家》，广州的《花城》能接受一点，《大家》还没创刊，也没有《天涯》——当时韩少功还没办《天涯》，还有《北京文学》，林斤澜作为主编的时候，对我们是非常看重的。我听说《中篇小说选刊》的主编在好几次会上都说过，坚决不用余华、苏童的小说，他们写的不是小说。《小说月报》也拒绝我们，《小说选刊》觉得你们太有影响了，才被迫选一两篇。那时候我们基本是被选刊类拒绝的。"

1987年《收获》制作了一期"实验文学"专号，有余华的《四月三日事件》，有马原的《上下都很平坦》，有洪峰的《极地之侧》。让余华深感幸运的是，当年他认识了李陀，是李陀把余华的小说《四月三日事件》寄给《收获》的编辑肖元敏。

当时余华在浙江海盐县文化馆工作，1987年初夏，他收到肖元敏的一封信，决定第五期用《四月三日事件》。"当时我特别激动，觉得能在这么伟大的刊物上发表作品——因为《收获》在圈内一直是受人尊敬的刊物。过了不到一个月，肖元敏又给我写了一封长信，认为小说里的很多暴力场面描写太强烈了，她想减弱一些，做了一些删改——当时没有打印稿，她就把原文和她是怎么删改的，抄在信中，问我同不同意。那个时代就有这么好的编辑。"

当时余华在嘉兴市文联工作，每天除了去食堂吃午饭和晚饭，其他时间就看书和写作。

"我有3/4的作品是发表在《收获》上的，所以你让我回忆，免不了就是《收获》和三张脸——李小林、肖元敏和程永新。他们三人在新时期文学生产中，几乎可以占很大部分，经他们手推出一大拨出色的作家。"余华记得1987年他第一次去上海，当时《收获》第五期还没有出版，他去编辑部找肖元敏，那时才知道，李陀把稿子寄给他们时，还交待了一句让他们看一看这个作者在1987年《北京文学》第一期上有一篇《十八岁出门远行》。有一天李小林来编辑部翻《北京文学》，就是找不到第一期，肖元敏就问她找什么，李小林说她想看看《十八岁出门远行》，肖元敏说在她那里，她已经看完了，她后来回家把那一期又拿来给了李小林。

"可想而知当时的编辑是多么认真。"余华不无感慨地说，"我和《收获》交往下来，感觉那个时代最大的好处是——不像现在，文学杂志逐步被边缘化了，出版成为文学的主体，要承担市场责任，于是压力就非常大。我们那时，一个人的写作逐步进入好的状态时，我们心中只有文学，只有李小林这样的编辑，你不改我就不给你发，但一旦你拿回去改，改好了就给你发了。遇到像李小林这样的编辑，对我一生都有很大的影响。"

对于先锋文学的前史，现任《收获》杂志执行主编程永新显然更为熟悉："1980年代所谓先锋文学潮流于今看来，实质是一次小说革命，通过这场运动，中国当代文学恶补了一课，完成了纳入现代文学潮流的转折。我不太喜欢用先锋这个词，更愿意用前卫替代。任何时代都需要前卫艺术，好像罗兰·巴特说过这样的话。当年的这批人现在都成了中国文学的中坚力量。不管你如何来评价中国当代文学的成就，我想说，文学永远需要前卫意识。"

1990 年第 4 期《收获》，发表洪峰的小说《离乡》；1992 年第 5 期《收获》，发表洪峰的长篇小说《东八时区》；1994 年第 6 期《收获》，发表洪峰的小说《日出以后的风景》。尽管连年在《收获》发表作品，洪峰也还是认为他并不是《收获》最为欣赏的作家："《收获》更欣赏文体试验感强，具有极强的精神特质的作家。比如马原、史铁生、孙甘露和苏童。"

就气质而言，洪峰清晰地感觉他和苏童之间的差异。但是苏童看自己更为真实。

"十八九岁就开始写作，而且很狂热，不停地遇到挫折。我起码写了二十几篇小说之后才发表了第一篇小说，至少写了一百多首诗歌之后才发表第一首诗。当然也不算太惨，是一个很正常的、必要的训练。记得那时我们写作，不管有名无名的作家都把自己位置放得很低，尤其是年轻人，都把自己当学徒。"苏童如此回忆自己的文学之旅起始。

到 1985、1986 年，先锋文学开始对文坛产生影响力，当时伤痕文学、改革文学这些具有社会性的旗帜已经倒下，新的标新立异的旗帜林立，新的试验性作品也在不断出现。苏童说："当时的新潮文学更多的其实是拉美文学对青年一代的巨大影响。我一直在考虑为什么拉美文学能在中国土地上产生如此巨大的影响，似乎在世界上别的地区没有看到这种景象。恐怕是大家都处于比较荒蛮的文化传统当中，虽然我们有旧文化，但是我认为'文革'过后几十年是很长时间的空白，我觉得拉美文学那种奇幻和来无影去无踪的文学思维对于我们有一种很强的诱惑力，跟我们有很贴近的感觉。当时马尔克斯对中国的影响不能算大，但是胡安·鲁尔福有一批作品对青年作家有非常大的影响。马尔克斯的作品在中国翻译是 1986 年以后，马尔克斯算是一个非常的范本，大家都在学习《百年孤独》的写法，我经常反思为什么马尔克斯在中国有如此多的效仿者，除了他本身的文学魅力，可能就是我们共同经历的荒蛮，他们刺激了我们的文学想象。"

不能忽略的还有为先锋文学摇旗呐喊的阵营，北方以李陀为首的评论家，当时在文坛的批评比较有号召力，南方以程永新和《收获》为重镇（先锋文学的几个专辑都是他做的），包括"花城"的钟洁玲编的一套先锋丛书推出过余华的《在细雨中呼喊》、苏童的《我的帝王生涯》、北村的《施洗的河》、吕新的《抚摸》——这套丛书不算太大——但都在推动先锋文学的发展。

批评家阵营也对先锋文学形成影响，除了李陀还有吴亮、蔡翔、程德培、黄子平、季红真。还有蒋原伦、潘凯雄，都是当时活跃的批评家。与先锋文学形成强烈呼应的就是这些批评家群体，他们把西方的理论不断引进来。当时还有美学热和理论热的兴起，李泽厚的《美的历程》、刘再复的《性格组合论》对作家影响很大。高行健引发的现代派小说技巧的探索，也有很强的影响。苏童说："西方先锋艺术群体的出现，有理论、有相同抱负的人集结起来，我们当时这批作家没有。有一只看不见的推手在推动这个潮流的发展。我们是完全无意识的，不像历史上好多文学结盟，有共同的社团和宗旨，我们没有，互相都不认识。"

《收获》杂志编辑叶开拿到马原的长篇小说《牛鬼蛇神》的手稿，他评价道："马原是当代文学家群里对现代汉语发展有贡献的少数几位作家之一，《牛鬼蛇神》是一部体现现代汉语由夹生凌乱转向活力清雅有致的划时代作品，是马原重焕喷薄创造力，充分调动人生思考、想象力天马行空的晶迹。这样的作品，给人以无垠宽广的独特感受，随着时间的流逝，深入分析思考者的越来越多，这部作品会显示出越来越深广的意义。"

出道伊始——以为不可能有发表作品的机会

新时期先锋文学潮流,从兴起到沉寂,再到被众人瞩目,前后20多年。作为亲历者,你看到的新潮文学是怎样的?你在其中的状态是怎样的?

马原:王蒙到《人民文学》当主编之后开过一个小说创作研讨会,大家习惯把那次会议作为先锋文学的发端,新起的先锋文学主将都聚在那个会议上,有刘索拉、徐星、何立伟,还有我。之后是《收获》在1987年的一期刊登的小说专辑,集中发表了苏童、余华、格非的小说。文学史家在清点20世纪文学的时候,把这个文学潮流定名为"先锋文学"。在这之前各种称呼都有,有"新潮小说""结构主义小说",主要都是指这些小说家的群体特征。以我的理解,这个小说群体可能应该从1984年阿城发表小说《棋王》开始,然后是我的《冈底斯的诱惑》、莫言的《透明的红萝卜》、格非的《迷舟》、苏童的《妻妾成群》、洪峰的《奔丧》,它们基本上是在1985年、1986年涌现出来的。这批作家跟传统的现实主义作家不太一样。

新时期文学潮流不断,先后有"反思文学""改革文学""寻根文学",然后就是以新潮小说为标志的先锋文学。

马原:实际上他们是我们的前辈,就是以王蒙为代表的一代作家。在他们之后崭露头角的就是我们这一代人,当时像韩少功、陈建功、王安忆,他们的写作在这个时候占据了非常重要的位置。一种跟当时那种写作完全不同的创作群体——不是以反映现实、反映当下,或者反映从当下回溯历史的那么一个大的写作方向——跟这个写作方向相冲突的一个新的群体,关心自己,关心世界的不是特别有代表性的部分,包括不再写恩格斯定义的革命现实主义的那几个原则,如典型环境中的典型人物。我个人的记忆,至少从我的教育、我的写作方向看,我是一直不认可恩格斯定位的那个典型环境中的典型人物的那种革命现实主义的写作方向。

你当时是什么样的状态？

马原：我发表了一些小说，但是比较困难，严格地说是同时代的一些思想很活跃的编辑们，他们可能拿到我的小说稿比较欣赏，然后他们彼此之间就互相交换，把我介绍来介绍去的。当初我记得特别清楚，就是《青春》的一个编辑，当时非常有名的青年作家李潮，他对我的小说被文学期刊接纳付出特别多的劳动，我是他自然来稿的一个作者。为了争取我的作品能在《青春》上发表，他把他们主编退掉的稿子拿给其他编辑看，请其他编辑签上支持意见，又返还给主编，这在当时是很出格的事情。但是因为李潮就是出色的作家——他是作家韩东的亲哥哥，作家方之的亲儿子，他们是两代三个作家。李潮后来不写作了，但是他在70年代末到80年代中的写作非常重要，那个年代的很多编辑作家都熟知李潮这个名字。

当时我的稿子投到他手里，他就四处为我的稿子奔走，因为他和他的同行编辑之间，在中国其他的刊物上有很多联系，他就不停地推荐我的手稿。在李潮的推荐下我又认识了北岛，我跟北岛的交往导致我的小说被中国一些很重要的刊物认可，比如《上海文学》《收获》。80年代前期发小说特别难，因为我已经写了很多年，我70年代初就开始写，到80年代手里积了很多手稿，但还是没有发表的门路。我甚至在80年代初的时候以为恐怕这辈子都不可能有发表的机会。

你第一篇小说发表在哪里？

马原：我第一篇小说的发表大概是1982年初，就是1981年投到黑龙江省作协的刊物叫《北方文学》。我记得挺清楚，为这一篇稿子当时编辑部居然请我去哈尔滨改稿。我当时是个大学生，有一点诚惶诚恐，我想不到就为一篇稿子要花钱坐车，要去住宾馆修改。但是那一次可以说收获颇丰，那一次定了我三篇稿子，他们等于发现了马原这个作者，因为当时的刊物非常少，1981年的时候中国的期刊大概每个省只有一本到两本。他们一下子留了我三篇。之后好像就在同一年，沈阳的刊物《芒种》也留了几篇稿子。但是《北方文学》《芒种》都还是相对边缘的文学刊物，最重要的刊物还是《人民文学》《收获》《上海文学》这些在京沪地区的主要的文学刊物。那时候如果要想被文坛认可，一个重要标志就是要在这三大刊物上露面。我第一次在《上海文学》发小说是1983年。在《人民文学》发小说的时间好像也是1983年前后，开始逐渐被国内的主流刊物接纳。我大学毕业去了西藏，一年后完成了《冈底斯的诱惑》，我把稿子投给《上海文学》，当时的主编李子云老师回了一封很长的信，她说她跟编辑部的几个人讨论过，把稿子退给我，但是心里很不忍，觉得还是一篇有强烈个人风格的、与众不同的小说。当时我挺受鼓舞的，尽管被退稿，但是受到主编前辈作家的高度肯定。我也没细想过她既然喜欢为什么会退给我。后来事情就发生了戏剧性的转机。

戏剧性的转机是什么？

马原：1984年在杭州，中国一批后来最重要的文学批评家有个会议，叫"杭州会议"，会上具体的情形我不是特别清楚，但我知道那个会上聚集了很多中国当代的名家，除了批评家们以外也有作家，比如说韩少功、李陀。我记得特别清楚，当时我的小说稿子在李陀手里，李陀看了以后很激动，他就带到会议上，给同行们看。而韩少功已经担任了长沙某本期刊的主编，韩少功看了我的小说稿后，希望能够发到更重要的刊物上。他拿着手稿去找《上海文学》的李子云老师，他说李老师，我手里有一篇好东西，希望你能发。李子云看到这稿子就笑了，说少功这是我退的稿。少功说你退的稿也不妨重新再用它，确实是一篇好稿子。

李子云很信赖韩少功、李陀，所以《冈底斯的诱惑》这篇小说等于是在"二进宫"的情况下在《上海文学》杂志上刊出的，应该是1985年第二期。《冈底斯的诱惑》的发表成了一个事件，当时反响和争议都比较大。作为一个小说家，真正开始被文坛认可大概是这一次。好像我自己都不知道怎么回事，突然就变成一个大家都关心、都关注的人。同时我逐渐就和后来被称之为先锋作家的这些同行们结识。

西藏生活——就是一个被拒绝的状态

在你个人写作生涯中西藏生活是重要的一部分，在西藏期间你的状态是什么样的？

马原：我是大学毕业的时候申请进藏，然后被西藏自治区组织部接纳。那时候我不太知道全国居然跟我心愿相同的人有上千个，1982 年，不约而同，有上千人涌到西藏去。当时我还是个理想主义的青年，我特别信前辈的一些说法——比如海明威说新闻记者是作家最好的早期训练。人家说海明威的小说语言是电报式的，他们那时候发表小说确实是用电报往外发，他在西班牙内战时期做过战地记者。所以我觉得做记者可能挺好，当时因为电视还不普及，做文字记者比较普遍。

你做哪类记者？

马原：做西藏电台的记者。但是当了记者以后觉得不太对，因为记者是有任务的，基本上都是被委派性质的，自治区这里开一个会，你去了，那里开一个会，你去了。就觉得很郁闷。我们的时代不是海明威的时代，我们都是受命于我们所在机构，而我们所在机构对我们写什么是有严格规定的，根本不是一个真正意义的写作状态，对写作有百害无一利。

80 年代是一个特别好的年代，小说有特别好的生长空间，写小说的人有特别好的机缘，我想说当新闻记者是要写小说的人最不该选择的职业，因为确实不是那么回事。大概做了三年半，当时的西藏广播电视厅厅长，一个藏族前辈，他不太客气地跟我说，马原你来的时候，我们认为你是有一点名气的青年作家，我们指望你能够提升我们记者队伍的水平，结果你来了你只写一些消息，没有发挥你应该发挥的作用，我觉得你也不太适合在我们这个机构，我帮你忙，转到别的机构去。实际上他是在下逐客令，我很知趣，觉得他确实说得对。后来就到了群众艺术馆。

1980 年代末期你给外界的印象复杂，一边是很高的文学声誉，一边是不被接纳，怎么会有这样的情况？

马原：原因很复杂。当时主管意识形态的领导，在 40 年代是八路军的部队作家，写过小说，他就特别讨厌我的文体，说我这些东西是早就被我党批判过的新感觉派，纯粹是资产阶级那一套垃圾。他说过以后，《西藏文学》的主编们当然不可能发我的小说。第一次我知道我是被排斥在主流社会之外的。那时候有青年创作会议，中国作协好像觉得马原应该是青年创作会的西藏与会者，因为我去西藏以后由于《冈底斯的诱惑》和其他一批小说，肯定是当时西藏最活跃、影响最大的小说家，但是我没有资格，因为我没加入过西藏作协。现在回想起来当时就是一个很被拒绝的状态。

1987 年 1 月，《人民文学》出版一、二期的合刊，这是先锋文学的一个专辑。其中就有马建的小说《亮出你的舌苔或空空荡荡》，你的小说也出现在这个专辑里。

马原：因为马建的那篇小说《亮出你的舌苔或空空荡荡》引起了很大的争议，马建的《舌苔》不是被《人民日报》头版头条批判，很多人还以为是我写的呢，因为那一期杂志官方收回了，官方收回的结果让很多人错把马建当成马原，实际上在同一期里面有我一个形态很特别的小说《大元和他的寓言》。如果看《牛鬼蛇神》的话，要是稍微感点兴趣可以回过头去找那篇《大元和他的寓言》。跟那同时我还有一个小说是在《作家》杂志上，叫《大师》，那个小说也被禁了。当然没像《人民日报》头版头条批判那么严厉，我那个小说被人指为伤害了藏族人民感情。有人传话给我，形势很紧张，你暂时不要露面，不要回西藏。因为批判的时候我在内地休假，我就多休了一段时间。后来说自治区给我的定性是没有伤害藏族人民感情，因为后来确实没有任何形式的批判或者纠缠，所以我基本上相信当时的传言应该是接近准确的。也就是说当时西藏自治区政府的主要领导等于给这个结论而最终保护了我，没有让我受到冲击。马建因为那篇小说受到冲击，当时就出国了。我等于算是平安渡过了，但这件事极大地影响了我在西藏待下去的心情。

离开西藏之后就到同济大学吗？

马原：不是，在沈阳还待了整个90年代。我是沈阳文联的专业作家。但这十年之中，许多人就不写了，我就是其中之一。那时候大家关心其他的事情，重心转移了，而我一直把写小说作为一个特别要用心力的事情，所以我不愿意自己全力以赴的劳动被轻视，与其那样还不如不写，我在1989—1991年写作明显减少，到1991年就彻底停下来了。当然还有别的原因，比如说我也看到影像逐渐取代文字的趋势。我个人还是愿意我的劳动不被漠视，当读者不再认真对待我的写作的时候，我就把写作停下来。我开始拍摄《中国作家梦》，这是一个百集纪录片项目，记录当代新时期文学史。好朋友张英做期刊，又在大学中文系当过老师，有这种文学史意识，他说，大马你想过没有，新时期作为文学史的一个历史阶段，事实上已经结束了，你现在要是对电视有兴趣，不如去抓住这段历史的尾巴。当时基于这么一个念头，我就去做了。

其实很为自己骄傲，一辈子离心很近

你现在的日常生活是怎样的？

马原：我自己不看新闻，又不上网，甚至不和外人交流，我几乎不打电话，都是有事人家找到我，我自己外拨的电话90%是我老婆一个人。

所以我说我是那种已经宅到家的一个男人，完全不像是一个小说家，不像是一个大学教授，不像是一个曾经和人群有密切交往的人，这个情形已经很久了。

海南就成了最后一个定居之地。

马原：现在看不一定。海南的经济稍微活跃一点，环境也适宜，在别的地方我担心水、空气包括环境，对我的健康会有妨碍。我在海南是怎么一个情形呢？有了三岁的儿子马格，家里的重心自然是孩子不是我，因为我还有个康复问题，所以家务劳动承担的不是很多。比如说要保证我看书和运动时间。我的运动方式就是骑单车出行。

在海南的时候，写作的时间有多少？

马原：我在海南这几年没再写，因为生病我不太敢写作，我觉得康复是我生命的主调。不写小说这 20 年，从 1991 年到 2011 年，我算了一下大概至少有 400 万字，对我而言不算少，平均下来一年也有二三十万字，我不是个特别高产的作家。在海南的几年，我在写小说上落下了，在补另外一些课。比如我画了一些画，我觉得画画是我除了写作以外，另外一个特别想做也特别想做好的事情。我把生活习惯都改到一个更老人的状态，比原来睡得早，每天花几个小时看书——实际上中间有十几年，我已经慢慢把这个看书的习惯差不多丢掉了。忙忙碌碌很多事情，比如说拍电视、拍电影。

时隔这么多年，重新回到写作状态，顺利吗？

马原：顺利，尽管磕磕绊绊，但是最终完成了它。陆陆续续不到一年，但是前后写了三个回合，很难具体描述用了多长时间，因为在这一年当中，有很多时间还是纠缠在小说当中，别的事情也在做。中间我曾经有怀疑，我的感情是不是太个人，我的故事是不是会被拒绝阅读，因为太个人的东西被拒绝阅读是经常发生的。我经常问协助我工作的徒弟，我的写作有没有问题？她说当然没有问题，她看《牛鬼蛇神》的时候觉得很兴奋，觉得也好看，她跟我说：师父，我知道你不是特别信我的话，但是我的确是由衷之言。

个人写作——我不介入时代的生活

《牛鬼蛇神》涉及"文革"的记忆，我们关注文学中的"文革"记忆，你个人的记忆和表达跟同代作家的记忆和表达有什么差异？

马原：我是经历"文革"最小的一代，13岁上初中，中学时代赶上"文革"，刚好也就赶上"大串联"。"文革"在我心里面有两个概念，一个是"小文革"，就是1966年到1969年，我的印象以罢课闹革命为标志；大的"文革"一直延续到1976年。说到具体的"文革"记忆，我的核心记忆是1966年，因为一切都不一样了，国家秩序发生了根本改变，所有的学校都不上课，这是一个很奇异的事情。中国出现了一个新的族群，就是"牛鬼蛇神"。

好多人都以为我的小说是写"文革"的，读过就知道不是。我借用了"文革"中牛鬼蛇神的概念，这是一个庞大的被视为国家敌人的族群，比如"地富反坏右"，叛徒、特务、走资派。当时我父亲也受到了影响。我只写了大串联，而且只写了北京大串联的一段故事。

我力求避免这本小说有很强的社会学倾向。所以真正的"文革"记忆并不出现在小说当中。我的知青小说《上下都很平坦》，也不是主流的知青小说，方向、样式、味道都不一样。我可能更关心在特定的年代里，特定的生活境遇之下，青春期的一种撕裂。我喜欢那种撕裂。这跟当年的知青作家叶辛、梁晓声的小说非常不一样，他们的知青题材小说更多的是社会学意义上的。

他们试图在做一代人的代言。

马原：对，以千万计的人群，涉及中国城市里绝大多数家庭，这是一个太大太大的群落，他们愿意做这个代言。而我不是。我看后来的文学史上大家经常把我的知青小说和王朔的青春小说、余华的青春小说放到一起去说，我觉得这个是文学史家没糊涂到认为我也是在写知青小说，我写的实际上是青春小说。我的"文革"小说事实上跟别人的也不一样，不是创伤式的，而是另外一种。我关于"文革"记忆的部分并不真的出现在《牛鬼蛇神》里，尽管我的小说是非常写实的，但它应该不是对一个逝去时代进行反思的小说。因为这不是我的兴趣，我不是特别愿意算历史的旧账。

作家与时代的关系也决定文学的类型。

马原：我的写作方向和价值取向都带有个人很强烈的色彩，我不介入时代生活，我不愿意我的写作陷入到我所处的时代的评价当中，我不评价它。就像我读书我愿意读死人的书一样，我觉得拉开距离有时候可能会看得更清晰。

在自己的时代创造经典

十几年前你就提出"小说死了"，怎么会自己又来写小说？

马原：我说小说肯定是死了，小说早就成博物馆艺术了，我认为这个过程差不多已经发生 20 年了，就是我不写的这 20 年。大家阅读小说经常是在影视之后。那些好的电影或者电视剧，脱胎于小说，但是小说居然是后被阅读的，这也是小说死了的一个明证。小说和先死了的话剧，都是博物馆艺术，只属于小众。

但博物馆艺术也得有人做，我从来不觉得我会彻底不写小说。但是我没有信心是否真的会回到小说当中来。因为看看例子，几乎没有例外。

我们知道沈从文，青壮年的时候写小说，中老年的时候做学问。钱钟书青壮年的时候写小说，中老年做学问。在我们身边，我们的前辈里，我很方便地举出来好几个类似的例子，那么我是不是可以因此推断小说只属于青壮年？当然还有另外的例子，就是一直在写，没中断过，可以写到80岁，像托尔斯泰。但像这样卓越的作家在文学史上很少。

所以说心里话，我觉得小说大概只属于青壮年时段，假使你坚持作为一个习惯坚持下来，可以延续到中老年，如果没有延续，中断了，就再难回来。在很多年里，我对小说基本上是这么一个态度。我觉得我可能已经与小说失之交臂，我曾经跟小说走得那么近，我自己也活在小说当中，但是首先是青春不再，然后是激情不再，身体的韧性不再，很多因素导致我回到小说的信心不足，我几乎认为我回不来了。但是我还是希望回来，因为写小说愉快，写小说曾经带给我愉快，我当然是忘不掉的。写小说的愉快远不是做学问可以替代的，那全然是创造，就是无中生有地创造，像上帝创造这个世界，那个情形，太相似了。我深信沈从文、钱钟书一定有过我的那种困扰，就是我还能不能回到小说的写作中。

现在身体状况怎么样？

马原：现在至少我的病灶没直接找我的麻烦。生病是四年以前的事，现在我的身体差不多比健康人还健康，出去我和同龄的朋友在一块，大伙儿都觉得不像实际年龄那么大，也不像生了重症的患者的状态。

人的精神质量会影响身体的质量，身体的质量影响人的生命能量。

马原：是。那一年北岛生孩子的时候，我当时心里挺钦佩他，我在想北岛也是五十几岁了，还有勇气要孩子，面对一个属于自己的新生儿。能够步北岛的后尘，在50多岁的时候重新当父亲，我内心充满喜悦，有极大的满足感。儿子差不多是我生命中最重要的一个环节了。当然我和老婆的感情也非常之好，老妈也在我身边。我今天的日子是那种百分之百的天伦之乐，你想生我养我的那个人在我身边，五年了仍然像恋爱一样的老婆在我身边，还有每天给我带来无尽快乐的小儿子在我身边。在我59岁这个点上，应该说我是充满幸福感的，每天我都在幸福包裹当中。

一个人能智慧地生活，岁月漫长地生活，我觉得这也是人生的真正成就。

马原：我一生特别佩服的一个人，就是林散之，大书法家，也是大画家、大诗人。他活到90多岁，记者采访林先生的时候问他——"文化大革命的时候听说造反派灌人屎给您吃，有这事吗？"林散之当时说的话特别让我感动，他说：吃人屎算什么？重要的是活着。这真是一个智者的话，在活着与吃人屎之间选择，活着是重要的。

艺术史，包括文学史中，不乏作家、艺术家的自杀，有的是主动性自杀，有的被迫害自杀，相比坚强地活着，自杀是屈服，也是无名。

马原：是，我小时候就挺感叹，我说海明威为了赌气把脑袋打掉了，海明威这种大智慧作家，也是一百年难出一个，那么斗气，才62岁就自尽，何必呢？还有茨威格也是吞煤气自杀。现在想这些同行，他们真的小气了一点。尤其像海明威这种，生前就影响了整个世界，这种作家在壮年时自杀，真是可惜了。加缪死于车祸，这是没有办法的事情，有一些作家像麦卡勒斯这些天才作家，死于疾病、天灾是没有办法抗拒的，但如果自己结束生命还是可惜的。我觉得作家们普遍有一个隐秘的心态，就是想和上帝作一次对，因为别的事情你没有办法和上帝作对，只有在你死亡的时间上，可以和上帝叫板——属于你的生命周期是命中注定，比如说70岁、80岁，但是你可以提前终止。就是说他们希望自己把控自己生命结束的时间，把这个权力操在自己手里，不给所谓不可知的力量。

20年可以让一代人成熟，也可以让一代作家成熟。现在看先锋作家们的状态，你有什么感受？

马原：他们各有精彩。20多年过去，他们一直在写作，他们中的很多人早就是明星作家了。莫言，才华横溢，一生都在充沛的创作状态中，写了那么多有意思有活力的作品，在中国作家中，莫言一直是我好生羡慕的，有才情有想象力，又有扎实的功底，这样的作家还是很少见的。余华一直在图变，每次写作都有变化。很多作家一生的写作可以看成是一部作品，余华在每个回合中都是全新的面貌和全新的状态。很多人不喜欢《兄弟》，我非常喜欢，余华在《兄弟》中做了前所未有的尝试，他是在用放大镜透视他的故事，把生活中小小的细节放大到无限，那么多人物裹挟进来，他的叙事努力是杰出的。苏童，很多年前我跟《收获》杂志主编李小林聊，我说苏童的《妻妾成群》和洪峰的《离乡》是《收获》最卓越的收获。李小林也同意我的看法。格非，和我一样都在学院里，我们两个在写作上都不是特别热闹，没有特别畅销的小说，也没有特别轰动的作品，但是我们作品的总体质量比较整齐，能得到同行的认同。我看格非是活得最滋润的，他有热衷的领域，有他非常独立的只属于他个人的思考，他也有世俗的尊重甚至崇拜，有着非常完整的人生。

稍微黯淡一点的是我，中断写作20年，又身染重疾，这两件事让我跟他们比稍微晦暗一些。其实我很为自己骄傲，一辈子离心很近，一辈子不用关心更广大的人群，我只关心喜欢我的人，关心喜欢我的读者。

余华：记录两个天壤之别的时代

　　2000 年，余华开始写一部望不到尽头的小说，时间跨度是一个世纪，漫长而没有尽头。

　　2003 年，余华暂时搁置他的庞大工程，应邀去美国爱荷华大学国际写作中心做驻会作家。10 月底余华提前离开写作中心，到美国各地跑了一圈。到 12 月初，余华跑了 19 所大学。他在大学做演讲，同时为他在兰登书屋出版的《活着》《许三观卖血记》做宣传。

　　"《许三观卖血记》出版后有好几年我一直在写随笔，浪费了四五年的光阴，后来就开始写小说，那部小说写得太大，过程中遇到了一些问题。后来我去了美国，待了七八个月。那种地方根本不可能写字。从美国回来就想安安静静地写。我下决心不再出去，我对兰登书屋的编辑说，我三年内不会再来美国。"

　　1978 年，还在浙江海盐县武愿镇卫生院做牙医的余华开始了文学写作。

　　那时余华的工作就是手握钢钳，每天拔牙 8 小时。他的写作生涯几乎和牙医的经历同时开始。那时余华对整个中国文学不屑一顾，在南方的那个小县城里，谁也不知道他在干什么，他的邻居只知道他是一个书呆子。那时他心高气傲，经常挥挥手就把中国文学给否定了。在卫生院，他的顾客是来自乡下的农民，农民们不把卫生院叫医院，而叫牙齿店。余华的这份工作从 18 岁开始，到 23 岁结束。他的青春是由成千上万张开的嘴巴构成的。

1986 年，余华写出短篇小说《十八岁出门远行》，这篇作品被看成他走向文坛的一个标志。余华感觉到了从未有过的兴奋，他隐约感到一种全新的写作态度即将确立。

1988 年，余华写了《世事如烟》《河边的错误》和《现实一种》，显示出其用残忍、冷酷的方式书写死亡、书写暴力的倾向。

"我无法回避现实世界给予我的混乱，暴力因为其形式充满激情，其力量源自人内心的渴望，所以它使我心醉神迷。"其时评论界把余华和苏童、格非、北村、孙甘露、吕新等称为"先锋派作家"。

新时期中国文学走过了"伤痕文学""反思文学""知青文学""寻根文学"的崎岖旅途，抵达"先锋文学"地带的时候呈现出新异锐利的风貌，在 1990 年代的汉语写作中显示出强劲的力量。

1991 年，余华写出长篇小说《在细雨中呼喊》。在这部书里，余华和一个家庭再次相遇，和他们的所见所闻再次相遇，余华倾听和传达着他们内心的声音，他们的哭泣和他们的微笑。这部小说被批评界称为"先锋派给这个时代贡献的最好的礼物"。

1992 年，余华写了长篇小说《活着》，这部小说用朴素的笔法写了一个叫福贵的农民的一生。它的灵感来自一首美国黑人灵歌。一个老人，家里人死光了，凭什么还要活着？这部小说后来被张艺谋改编为同名电影。

1995 年，余华创作了长篇小说《许三观卖血记》。这是一本关于平等的书，许三观一生追求平等，到头来发现就连长在自己身上的眉毛和阴毛都不平等，他牢骚满腹地说："屌毛出得比眉毛晚，长得倒比眉毛长。"

余华为自己的写作设置了异乎寻常的难度：他的每一部重要作品的出现，几乎都是一次腾跳，一次逾越，一次精神和艺术的攀援。

"一成不变的作家只会快速地奔向坟墓，我们面对的是一个捉摸不定与喜新厌旧的时代。作家源源不断的生命力在于经常地朝三暮四。作家是否能使自己始终置身于发现之中，这是最重要的。"

除了写作的难度，还有基本的生存问题。余华签约浙江作家协会，以合同制作家的身份定居北京。最初的时光是艰难的，有记者描述亲眼所见的余华的生活：在一间堆满杂物的寓所里，余华和怀孕的妻子陈虹挤在一张单人床上。

给余华带来好运的是和影视的合作。过去写一部长篇小说辛辛苦苦挣五六千块钱，很窘迫。涉足影视以后，余华的经济困难很快得到缓解。但也让他上了贼船，他真的迷上了电影。

《许三观卖血记》出版后，余华没有再写新的长篇小说。在他的思想、写作状态和技术日益成熟的时候，这种空白令外界疑窦丛生。

2004 年，从美国回到北京的余华决心不再外出，谢绝一切应酬，专心完成自己的大作。

有一天 14 岁的李光头躲在公共厕所里偷窥五个女人的屁股，"那时候的公共厕所和现在的不一样，现在的公共厕所就是用潜望镜也看不见女人的屁股了。那时候的公共厕所男女中间只是隔了一堵薄薄的墙，下面是空荡荡的男女共用的粪池，墙那边女人拉屎撒尿的声音是真真切切的……"李光头把头插了进去，在本来应该是屁股坐进去的地方，李光头欲火熊熊地把头插了进去。恶臭熏得他眼泪直流，粪蛆在他的四周胡乱爬动，他也毫不在乎。

余华的长篇小说《兄弟》就这样开始。在故事和情节的推进中，读者能感觉到余华叙述的激情和欢乐。

《兄弟》是两个时代相遇以后诞生的小说。前一个是"文革"中的故事，那是一个精神狂热、本能压抑和命运惨烈的时代，相当于欧洲的中世纪；后一个是现在的故事，这是一个伦理颠覆、浮躁纵欲的时代，更盛于今天的欧洲。西方人要 400 年才能经历这样两个天壤之别的时代，中国人只需 40 年。连接着两个时代的就是这兄弟两人。他们的生活在裂变中裂变，他们的悲喜在爆发中爆发。他们的命运和这两个时代一样天翻地覆。最终他们恩怨交集地自食其果。

从压抑到放纵：两个极端时代

你写李光头躲在厕所里偷窥女人，写得极其细致铺张，类似歌剧的咏叹调。

余华：把李光头偷窥五个女人的屁股写那么长、那么铺张对我是一种考验。我写了他偷看五个女人的屁股，写了因为偷窥被人游街，最后他利用偷窥到美女的屁股，在刘镇做起生意。也有一些人不喜欢这样的开头，他们喜欢诗意的抒情的开头，像《在细雨中呼喊》那样。但这个开头我是有用意的。偷窥的细节让人一看就知道，那是一个性压抑的时代，"文革"的时代。写"文革"不能一上来就是红旗、口号，这是很无聊的。而且，这个开头的时间段是上部结束的时间段。

相对应的是，下部开头的时间段也是下部结束的时间段，开头两章就是卖淫嫖娼。在下部中，李光头疯狂地玩女人，因为他有条件了，他有了财富和资本，把他少年时代在困苦生活中压抑着的欲望疯狂地释放出来。1960年代到1990年代，这是两个完全极端的时代，有着天壤之别。

你选择"偷窥"和"卖淫嫖娼"两个细节来开始，这两个细节是你眼中的这两个时代的典型特征吗？

余华：对。上部开头定下了禁欲的、反人性的基调，而下部开头三章定下的基调刚好相反，它是纵欲的、人性泛滥的时代。

李光头这个人是纯粹虚构的吗？你笔下的刘镇看上去更像是一个寓言。

余华：现实生活中有很多李光头的影子，就是不知道是谁。他是我特别满意的一个人物，尤其在下部里面。上部写到15岁形象就已经很鲜明了，到了下部是更上一层楼。刘镇在下部还会发生更多神奇的事情，但神奇的事情其实都是中国现实的事情。我努力将中国的种种现实搁到刘镇中去。刘镇从 1960 年代到 2005 年，延续过来 40 多年。下部的结尾落在李光头准备上太空上，因为他已经到达顶峰——该玩的女人全玩遍了，该得的富贵病也都得了，所有吸引他的事情都腻味了，这是我们这个时代典型的特征。再加上唯一的亲人宋钢已经死了，李光头更是万念俱灰，唯一剩下的生活目标就是上太空了。

我看到现在的《兄弟》只有上部，下部是怎样的？

余华：下部的结局是，李光头要把宋钢的骨灰带到太空去，他把宋钢的骨灰装在宋凡平的写有暗红"上海"字样的旅行袋中。这个旅行袋是李兰去上海看病回来送给宋钢的。宋钢 18 岁回城参加工作也是提着这个旅行袋回来的。李光头一直没有丢掉这个袋子，他把宋钢的一部分骨灰装进去，准备撒到太空中去。他说，要让宋钢永远遨游在月亮和星星之间。下部最后的一句话是李光头说的："从此以后，我的兄弟宋钢就是外星人啦！"这对应了上部最后一句宋钢说的话，李光头就是这么样一个人，一个思维跟刘镇所有人都不一样的人，在那个时代里他非常的成功。

你说欧洲人用 400 年的时间经历的两种时代，我们只用 40 年就经历了，这是两个有天壤之别的时代。为什么这样说？

余华：对于一个 40 多岁甚至 60 多岁的西方人来说，他的生活其实并没有什么实质性的变化，不过是增加了一个互联网而已。巴黎，200 年前是那个模样，现在还是那个模样；纽约曼哈顿，100 年前就差不多是今天的规模了，整个纽约每年新增房屋的面积只相当于北京、上海的一个小区，而中国一年不知道要增加多少个住宅小区，你说它的变化有多大？

上一个五年，我的护照都贴满了（签证），没有地方再贴了。当时觉得出国已经没有收益。现在看来，出国还是有收益的。正是因为你在国外看到了他们的不变，才知道了我们的巨变。我在跟外国人说我小时候的故事的时候，他们简直是瞠目结舌，很惊讶地问我："真的都发生在你一个人的身上？"在他们看来这是不可能的：我所经历的两个时代太不一样了！当你去了很远的地方之后，你才会发现自己拥有的财富比别人多得多，老是生活在同一个地方，根本无法知道自己拥有了什么。

美国作家分秒必争　中国作家在天上飞

你说美国作家都有一个愿望，就是要写一部伟大的小说。写伟大的小说是美国作家普遍的抱负吗？

余华：当然这是指那些严肃的作家。美国有一个很庞大的严肃作家的群体，因为美国有一个庞大的大学市场，优秀作家的书可以进入大学选修教材。美国的大学养了一批很优秀的作家、诗人，他们在英文系教写作课，他们的书未必畅销，他们需要一份稳定的工作，有 10 万到 20 万的年薪，维持生活，这样他们就可以进行理想的写作。

你在那些美国作家身上看到了什么？

余华：在美国我经常和哈金在一起。通过跟哈金和别的美国作家的接触，我看到美国作家的一个优点，那就是他们对自己的生命有一种分秒必争的意识。中国作家太沉溺在开放、安逸的生活中了。美国作家总是分秒必争，总是感觉时间不多了；中国作家总是想，怕什么，我可以写到 70 岁。其实等你到了 70 岁，你就会发现你的身体已经不行了。在美国，像我这样年龄的作家，会很少外出，会是一个专心致志写自己东西的人，而在中国，像我这样年龄的作家经常在天上飞。他们在一本书没写完之前尽量不出门，出门也只是开着车去一个大的地方买一些吃的、用的，然后回来继续写作。只要能够用写作养活自己，或者在大学里谋到一份很好的工作，他轻易是不动的，因为他知道一个作家的好年华不会太多，要抓紧时间好好写作。在中国可能有两三个作家在这样写作，但是在美国可能有两三百个作家在这样写作，可能这两三百个作家里边最终能写出伟大小说的只有两三个，问题是这个基数在那儿摆着，就很有可能有人真正写出伟大的作品。

现在你怎么看国内作家的写作？有了这么多的游历，你的看法可能会不一样。

余华：中国的问题正好相反，大家都是在多快好省地写书，出书，每年都出书，每年都畅销，起印数越来越高，10万、20万、30万，作家的身价一个比一个高，出版社的压力也越来越大。但你就是看不到几本真正值得期待的书。在中国严肃文学和畅销读物之间没有什么差别，捆在一起。中国作家的生存是太容易了，他们被一个庞大的读者群体养着，中国的读者买书是最随便的，虽然中国的读者在流失，但是那么庞大的一个人口基数，能流失到哪儿去呢？美国的读者和欧洲的读者，他们买书是非常谨慎的，像中国女人买衣服，一本书挑来挑去，拿起又放下，反复斟酌，他们买书是准备拿回家马上去读的。在中国不是，先买回家放着，以后再读，而以后很可能就不读了。

你在走出去的时候，能更清晰地看见中国文学的境况吗？

余华：在世界文学的格局中，中国当代文学仅仅是起步而已。中国文学在世界文学中的席位还不够明确，可能有位置，但那个位置也只是我们觉得有而已，人家并没有觉得有多么了不起，因为人家对你并不了解。中国作家可能会受到不同程度的关注，但不可能成为世界文学的主流。情况也在慢慢改善，现在已经比10年前好多了，中国越来越多地受到世界的关注，它的文学也会相应受益。现在中国文学比以前好多了，基本上可以进入西方的主流出版社，问题是你还进入不了西方主流的阅读群体。这个可能要慢慢渗透，也可能有一天会突然爆发。

你怎么看哈金的写作？

余华：我读哈金的第一本书是《等待》，读完以后我就喜欢上了他很厚道的写作方式。我能感觉到他在写故事的时候一丝不苟，慢吞吞地、从容地往下写。可能随着年龄的增长和写作的深入，我越来越不喜欢那种聪明的、投机取巧的小说，越来越喜欢笨拙的，但非常老实厚道的，即一层一层剥开来、一步一步推进去的小说。写这样小说的作家是值得尊敬的，他们是有力量的。哈金就是这样一位有叙述力量的作家。哈金的小说没有任何形式感。我认为在当代中国 40 至 50 岁的作家中，没有人能和他相比。

需要的是力量而不再是技巧

你写过一篇随笔《我能否相信自己》，现在你能否相信自己？

余华：我一直还是比较自信的，只是在写那部不太顺利的长篇的时候有点焦虑而已。但现在《兄弟》又让我完全恢复了自信。

和很多作家比起来，你一直没有单位，就是说你没有体制的保护。这种境况对你的写作有什么影响吗？

余华：开始有些心慌，毕竟经济制约着你。所以在《活着》写完后，我利用 1993 到 1994 年写了两年的电视剧，加上《活着》拍成电影给的 5 万，一共赚了 30 万。当时觉得有了这笔巨款一生都不愁了，才开始写《许三观卖血记》。写完了发现钱还没有花多少，接着又写了四年随笔。等到眼看着钱有点紧张的时候，1998 年旧书卖得好了，每年都有不错的版税收入，这样，人反而闲下去了。其实像巴尔扎克那样后面总是有债务也很好，这样才会写得更多更好。当自己总是轻松无忧的时候，反而缺乏动力。

有一种说法是，体制内的作家在思想上不能独立，而作家的写作最重要的就是思想的独立。你认为呢？

余华：不存在体制内体制外的区别。例如莫言、苏童、贾平凹，他们都在体制内，但他们依然很优秀。读者要明白这样一个道理：只要作家是生在中国，就是在体制内写作，不可能独立。要说不同无非就是有的人有工作、有的人没工作而已。

你怎么看中国的当代文学？

余华：我觉得中国当代文学正处于一个非常强势的时期。我认识美国兰登书屋的总编辑，他对世界文学有这样一个判断：19 世纪世界文学的重心在欧洲，20 世纪慢慢偏向了美洲，而 21 世纪重心将要倾斜到中国来。根据自己同国外作家的交流以及阅读国外同时期作家作品的经验来看，我认为我们这一代作家确实处于当代世界文学的强势地位。随着中国的国家形象越来越强大，中文受到越来越多的重视，我相信中国作家会被更多的人了解。

你怎么看先锋文学？你觉得一个作家特别需要某个阵营吗？

余华：先锋文学就是一个过程。任何文学流派都是从一个群体兴起的。我认为它是 1986 到 1990 年的东西，最晚 1990 年就已经过去了。当一个文学流派过去以后，这个流派中的大多数人也就跟着过去了。我相信能留下来的少数作家就不再属于任何流派，而是属于文学的。

作家属于文学比属于流派更重要，因为流派总是要过去的，而文学是永远不会过去的。包括现在"80 后"的兴起，20 年之后，没有人会再去说"80 后"，但是肯定会有几个作家留下来，那么他们就是属于文学，属于中国当代文学的。假如 100 年后人们还记得这些人，那么他们就是属于中国文学史的。我是跟着先锋文学这拨人起来的，但我认为现在这个流派已经过去了，总是提它，就太没意思了。

先锋作家一个特征就是对叙述技术的膜拜，技术至上。你现在是不需要技术的作家吗？

余华：现在不需要了。我已经写作 20 多年了，假如今天还在追求技术的话，那我就太没有出息了。我觉得先锋文学真是属于年轻人的文学，年轻人写小说的时候最好去探索形式和技巧，写得越复杂越好。我很同意莫言说过的一句话："年轻的时候最好把小说写得越难看越好，要不断地去探索各种方式；年纪大了之后要慢慢地把小说写得越来越好看，因为你已经不需要探索技巧了。"所以我说，先锋文学就是 20 到 30 岁的人干的活，技巧是一块敲门砖，到 30 岁以后，大门已经敲开了，手里为什么还要拿着这块砖呢？那边已经没有门了，那就是你要往前走的充满了陷阱的路，那块砖已经帮不了忙了，要把它扔掉才对。后来的过程要越过比写作之初多得多的困难，需要的是力量而不再是技巧。

文学的力量和文学的技巧相比，你觉得哪个更重要？

余华：力量更重要。直着写永远比歪着写要难。很多作家为什么要歪着写？因为他们缺乏文学的力量，只有他们具有了这个力量才会直着去写。

苏童：我没有背叛先锋

　　每次在外开会的时候，苏童经常会被人认出来，比如在电梯间，在酒店的大堂，在路上。有人会惊呼，有人会偷偷盯着他看，有人过来搭讪。作家群里，苏童是有明星气质的，当然是缘于他的作品的影响力。早年他以"先锋作家"的姿态现身于文坛，这个时期问世的作品通常被冠以"新潮小说"，张艺谋根据他的中篇小说《妻妾成群》改编的电影《大红灯笼高高挂》，李少红根据他的中篇小说《红粉》改编的电影《红粉》，黄健中根据他的长篇小说《米》改编的电影《大鸿米店》，这些作品都带给他超越文学界的影响力。

　　苏童并非一开始就是气象峥嵘的"先锋作家"，他经常谈论自己出道时的经历，在大学时期先写诗，后写小说，饱受退稿折磨。写出小说《第八个铜像》之后才算真正步入创作之路。成熟时期的苏童在大红之后跟影视保持着距离，跟喧嚣的外界保持着距离。多年来他致力于短篇小说的写作，隔几年会拿出一部长篇小说，写作和生活状态日渐稳定。安居于南京的苏童过着某种纯粹的著述生活，他形容自己是"室内的动物"，而有的人是"野生的动物"。除了有作品出版时苏童会出现在媒介，平时他很少有什么新闻出来。长篇小说《河岸》与《黄雀记》，是苏童近年来的重要收获。这些年来，我做过多次苏童的访问，然而保留在这里的是 2002 年的访问，这个时期我会选择内心怀有敬意的人做访问，而不是追逐新闻热点做访问。

我没有宣誓效忠于先锋派写作

作家中你算是触电比较早的，你的小说《妻妾成群》改编成电影《大红灯笼高高挂》，让你从文学的圈子进入了公众视野。《红粉》又巩固了这个效应。

苏童：这事又谈到作家与电影这个敏感的问题。涉及这个话题时，大概很多作家与我一样，是一种不舒服的尴尬的心情。通常公众舆论会把这种简单的知识产权交易复杂化，在这样的交易中，人们的判断力因为电影的强势而不由自主地轻视了作家一方，作家似乎是一个既得利益者，是一个提着篮子到市场去卖菜碰到了一个大老板的菜农。其实大多数作家从来没有去过市场，他们在自己的菜地里好好的种着菜呢，突然来了陌生人，说要那块菜地里的菜，收去做成又能出口又能内销的食物，菜农想想自己种了那么多菜反正也吃不了，就卖了，卖给他们比卖到镇上价钱好，这是菜农当时唯一的实惠，后面的事情都是发展出来的，比如那食物在市场上如何火爆，大家便顺带着注意起那个菜农和那块菜地，可是这对于菜农的生活有什么改变吗？没有改变。菜农仍然种他的地，他的菜主要还是推到镇上，被默默无闻的人默默无闻地吃掉。我举这么个例子只是想准确地说出我在此类事件中的真实心态。

有一段时间你的人气挺旺，有点像现在娱乐圈的偶像派。是电影成就了你在大众中的影响力吗？

苏童：你提到有一段时间我成了"偶像派"，这让我联想到 F4 和谢霆锋来了。我自己倒没有这么"偶像"的记忆,我对自己的要求一直是清楚的,我是我,不管是做人方面还是写作方面,我有足够的内省能力,因此我不太认同别人为我归纳的成败得失。我对自己的满足和批判首先来自自我判断,电影给我带来的影响力终将回到电影那里去,事实上它并不属于我,属于我的是那些没记住电影而记得我作品的读者。没有一部电影是能够天天放映的,而一个作家的写作是一辈子的大业。

在 1990 年代后期,跟你的明星式的知名度形成反差的是,你的文学写作好像越来越少,虽然也能见到你的作品,但明显没有了那种强力突进的气势。

苏童:1990 年代后期,因为旅行增多,更多的是因为我对短篇小说浓烈的兴趣,使我基本上舍弃了中长篇的写作,因此给人造成了减产的印象。我无法说服别人多读短篇或者干脆就说多读我的短篇,但我确实想说,人们普遍轻视了短篇小说的意义和价值,相对于长篇来说,短篇小说很像室内乐,三重奏或者四重奏或者就是个独奏,令人专注于旋律本身和演奏者的热情与技巧。强力突进的气势当然是值得赞美的阅读经验,一个短篇小说也能隐藏很深的力量,却无法迎合对气势的需求,把主要精力用来经营短篇的写作必然是不经济的,但我个人从学生时代就酷爱读短篇,到现在喜欢写短篇,基本上也是一个情结了。

你写《1934 年的逃亡》《罂粟之家》《米》时的那种力量在后来的写作消失了。你内心写作的张力因为主流文坛的全面接受而消解了吗?

苏童:当初写《1934 年的逃亡》和《米》这样的作品是为了解开青年期特有的叛逆喊叫和寻死觅活的情结,现在回过头再来解开少年期迷恋短篇的情结,其实都是我内心的需要。我内心写作的张力来源于我的内心世界,它不应该受制于外界是否接纳,有时候我相信一个平静的心灵比一个骚动的心灵更生动,作家的短跑比赛结束以后要比赛走钢丝,这时候平衡能力比速度和力量更重要。

我一直不能忘记多年前读你的长篇《米》的感觉，绝望、冷酷、破败，让人感觉到一种锐度和力量。后来你的写作中就很难再看到那种锐度和力量，更多的是优雅和雍容。

苏童：好多朋友喜欢《米》超过我自己喜欢的程度，我想是人们大多喜欢读那些血气方刚剑走偏锋的东西，哪怕它粗糙，哪怕它有严重的缺陷。《米》是我的第一部长篇，它在我的所有作品中像一只张牙舞爪的螃蟹，相貌凶恶，但肉质大概是鲜美的。写这部小说很像一次极限体验，我要颠覆的东西太多了，被认定的人性、道德，还有人物、人与人的关系，以及故事进展方面，我几乎怀着一种破坏欲在写。在生活中我应该是个善良温和的人，却一心要与魔鬼对话，所以我觉得我写《米》的状态是跳大神的状态。《米》是在破坏中创造出来的产物。它的优点很明显，有锐度有力量，这是套用你的话，但缺点同样也明显，倒不在于真实问题，而在于小说所指涉的人性空间未免有点狭窄单调。

有人说，你的走红使你从激烈和叛逆的先锋立场变得优雅和雍容了。

苏童：如果说我的写作立场有改变的话，它与走红与否没有什么关系。《米》这样的作品，我一个阶段满意，一个阶段又不满意，我并没有把它看成是我小说中的一个高度。至于说到先锋立场，我对它的态度一贯暧昧，这是因为我有点矛盾，一方面我赞赏所有独特的反世俗的写作姿态，另一方面我又觉得写作姿态不是那么重要。所有的写作是万河奔流入大海，目标其实一致，唯一重要的是写作深度和写作质地。打个牵强的比方，先锋派写作写到化境时能像黄河一样奔腾一河黄水，但你如果夸大了黄河之美又怎么评价伟大的长江呢？总不能用一个百花齐放把问题打发了。所以问题不在于你的河水什么颜色什么流向，而在于你是一条什么样的河流。

实际上你并不像人们想象的那样看重自己的写作姿态。

苏童：我后来的写作是不预设写作姿势的，我没有背叛先锋，因为我从来就没有宣誓效忠于先锋派写作。就像我前面说的，我把自己当一条河，河的使命是只管流淌，尽情地流淌，它都不用考虑自己在什么地方入海，弄不好方向错了，流反了，流到沙漠里去了，那就是一条内陆河了，也没有什么，写作一生总是美好的。

真正自由的写作是能够摆脱一切"教条"的写作

南京有一个作家群，几年来一直动静挺大，有朱文的"断裂"群，有韩东的"他们"派，"断裂"和"他们"有宣言，有行动，一直挺热闹。也有你跟叶兆言这样的，哪个派都不是。在南京你很少跟别的作家来往吗？你不欣赏他们吗？

苏童：南京作家群中有一部分是在作家协会工作的，像我、叶兆言、毕飞宇等，还有韩东朱文他们是自由职业者，很自然的，我与叶兆言毕飞宇他们来往较多，交流也多。我不是个热爱孤独的人，但也不是喜欢社交的人，如果别人印象中我不属于任何派，我独来独往，应该是件好事。但判定我不欣赏别的同城作家肯定就不是好事了，南京这地方卧虎藏龙，不会是夜郎国，但我对待身边的同行一直持不多嘴态度，就像处理人际关系最好的办法是不处理。如果说这是世故，那么这世故的出发点一定是好的，健康的。

"先锋"现在是被人说旧的一个词，但是几年前你被看成是最具革命意识的先锋作家，转眼你就被人归到主流的一群去了。主流就是功成名就拥有话语权力的一群，你对"主流作家"这个说法接受吗？

苏童：我理解"先锋"这个词更多的是描述一种创作姿态。如果文坛是个马拉松竞技场，那么先锋大概是个跑姿独特，步幅节奏都与别的选手有区别的人，但是我们无法判断他的跑姿与成绩的关系。所以回到我前面的观点上去，先锋不先锋不是那么重要，相对而言，主流也不一定那么可怕，好像带着一丝腐败之气，就拿文学史上习惯的文学流派划分来说，所谓现实主义应该是主流吧，但是谁敢说现实主义没有活力没有前途了呢？文学世界就是这点好，又大又不讲规矩，光脚的，穿鞋的，还有一些穿着高跟鞋的，大家都来走，我现在对先锋和主流之类的定位都不认同，我只知道和大家都挤在一起走。我的话语权力在哪儿？好像没有发现我已经掌握了话语权力嘛。我习惯了聆听，在聆听中学会了自作主张，这一直是我真正迷恋的权力。

你注意过年轻人的写作吗？比如 70 年代的男性写作群，70 年代的女性作家群。他们有一段时间是呼啸而起。但他们保持着文学的敏感、率真和尖锐，保持着文学最原生的激情和创造力。很多大作家，在功成名就修成正果之后，已经失去了原始的写作冲动和革新的勇气。

苏童：为什么失去原始的创作冲动，为什么失去革新的勇气，这是对大多数作家而言都会考虑的问题。我不认为年轻、激情之类的东西就一定是创作的优势，功成名就以后保守就成为规律了，不管是你说的 70 年代作家群、60 年代作家群以及知青一代作家群，从来没有面临一个群体困境，一切都是个人的困境。这困境具体来说就是你完成了第一部比较重要的作品以后，怎么写第二部。别人对你的第一部作品没要求，你是野孩子，野孩子还光着身子，一般都是生机勃勃地跑出来，让人们鉴赏他的野性之美，但是鉴赏过后你总得穿上衣服呀，穿了衣服你已经改变了，你要准备穿了衣服的创作生活。这时候困难就来了，一方面鉴赏者还要求你原始，另一方面你发现脱不了衣服，也不想脱了，脱了也回不到过去了。这里面一个是作家的问题，还有一个可能是鉴赏者的问题。

这个问题具体是什么呢？

苏童：一个时代有一个时代的"教条"，比如什么是优秀的文学，什么是作家身上最珍贵的素质。令人苦恼的是我们大家不可避免地生活在教条中，很少作这样的反向思维，比如对革新的态度，有些大无畏的革新是否只是一次鲁莽的资源浪费？有些传统是否必须有人去维护发展？甚至有些后退是不是反而具有先进的意义？所以不管对什么背景的作家来说，真正自由的写作是能够摆脱一切"教条"的写作，是一种坚强的自信的写作。

我是一个生活在误解中的作家

前几年在文学青年中还能听到有人喊"超越苏童"，现在已经很少有人这样说了。昔日的偶像派作家现在洗尽铅华，回到最初的安静状态了吗？

苏童：最应该超越我的是我自己。坦率地说我是一个生活在误解中的作家，连我自己也误解我自己。我很感冒你说的偶像派这个词，总让我有一种虚拟的光怪陆离的舞台感，灯光感，其实这些东西从来没有在我的生活中出现过，所以觉得冤。我对外界的期待多少年如一日，只要有那么些人喜欢读我的小说就够了，别的东西不是我要的。门外的繁华不是我的繁华，我是过室内生活的人，一直很安静，过去就安静，现在更安静。

我看了你的新书《蛇为什么会飞》，你说这是一部跟过去决裂的书，你对自己的过去不再满意了吗？

苏童：《蛇为什么会飞》是我最新的一部长篇，确实有借这部小说推陈出新的创作动机，但动机是动机，动机不能说明写作质量，决裂也不一定那么悲壮那么值得赞扬。我只是给自己一些写作动力，尽量地从自己身边绕过去，至于好坏，还要你看了再说。

你现在的文学理想是什么？

苏童：我的过去是一连串的写作事件构成的，我大体对过去的短篇创作感到满意，但中长篇总体上并不满意，有些篇目甚至有重写的念头。我现在的文学理想说起来也不算什么理想，就是到我 50 岁那年写出我最好的长篇小说，精选出我的短篇小说卷，五卷本比较理想。还有一个理想，就是没有人再说我是一个偶像派作家。

我只相信有枯竭的作家，没有枯竭的文学

美国后现代派作家巴思在 1963 年写了《枯竭的文学》，宣布小说作为一种形式已经枯竭。一代又一代的作家以自己的努力作出回应，证实着文学在这个时代存留的依据。作为一个职业作家你有类似对写作意义质疑的困惑吗？

苏童：巴思的这种言论有点类似于信口开河，我们大家其实都有这种体验的，就是你在某个时刻思路特别开阔，特别敏捷，头脑像一口池塘，冒出好多泡泡来，泡泡很多，所以放到一起就显得言之凿凿的，但这种言论不用说经不住时间考验，连他自己在写完《枯竭的文学》后还文如泉涌的，怎么就枯竭了呢？所以我只相信有枯竭的作家，没有枯竭的文学。文学作为现实世界的描述和补充，它是永远与人类同在的，这个特殊的供求关系可能在某个时期会萧条，但不会灭亡。我作为一个作家从来没有怀疑过写作的价值，我不能确定读者是否一定需要我写，但我可以确定我需要写，对于我，写作的意义已经演变成生活的意义了。

回望一下中国文坛所谓的先锋文学的崛起，那时可以用浪潮来比喻，一浪高过一浪，包括文学刊物和传媒的结合，那是文学的蜜月时期。蜜月很快就结束了。接下来就是作家整体表现出来的疲惫。这种疲惫一直在延展，直到今天。

苏童：你刚刚提到的中国文学的蜜月期，我们大家记忆都很深刻，但是留恋那样的蜜月大概是不理智的，从文学的回应来判断文学的成就同样也是不科学的。在一个正常的社会模式中，文学就应该是少数人的事业，有疲惫的写作，也有疲惫的阅读，疲惫的写作让作家陷入困境，而疲惫的阅读导致了紊乱的判断。我不能一一指出近年来哪些作家哪些作品是优秀的，也许这里有一个主观的立场起作用，但我觉得更能伤害文学的是外界那种随意的快餐式批评，坚强的作家不容易受伤害，受伤害的是那些无辜的容易轻信的读者。

和中国作家的状态不同，世界上一些重要作家始终对现实怀有激情，他们对现实积极介入。我们看到在阿以冲突爆发的时候，纳丁·戈迪默、谢默斯·希尼、君特·格拉斯和奈保尔利用世界讲坛支持正义，反对强权，还有另外一些作家穿梭在阿拉伯被占领区，以行动支持被侵略者。作家除了用笔在进行反抗，还在用行动积极地介入和干预现实。作为一个中国作家，你怎么看这种情形？

苏童：好像很难比较中国当代作家与外国作家的处境和写作状态，作家对现实的介入程度与文学的成就似乎没有很明显的因果关系。由于语种的局限，中国作家基本上是关起门来成一统，当然与世界文学的交流就有困难，这不是一件必须解决的事，经济要全球化，文学不需要全球化。你说到的那些作家生活在西方世界，西方世界的作家直接介入政治是个传统，萨特大概是个最极端的例子了，他是个上街游行的狂热分子，他是个很好地利用了权力话语的知识分子，而且能将其转换为正义的利益甚至文学的利益，是他的努力把热内从监狱里放了出来。但是我觉得我们应该清醒地意识到他人的文本不可模仿却容易模仿，他人的行为可以模仿却不得模仿，所以我情愿从福克纳或者奈保尔的文本中寻找自己的差距。我目前的写作本身就是对现实最轻盈的介入，这样的介入距离和方法，我个人已经满足了。

我像一个老兵，在打一场没完没了的战役

我记得你有一个说法，就是站在世界两侧，你的血脉在乡村这一侧，身体却在城市那一侧。不过我看到你的乡村都是往昔的记忆中的乡村，城市也是过去的城市。你是有意保持跟当下的社会、当下的生活的距离吗？

苏童：那说法是我在多年前出的文集《世界两侧》的序里面的。这其实是大多数人的写照，没什么特殊的。我过去作品中时间指向大多指向过去，完全是照应我的小说叙述方式，怎样写舒服怎样拨小说中的时钟。当下的意义在过去中也存在，反过来一样，我关注的东西通常从人性这个始发站开始出发，途经哪儿是哪儿，能开多远开多远，从这个意义上说，我不有意设置我与现实生活的距离，这距离有多远，由作品决定。

问一个私人问题，在你的小说里有很多女性形象，《妻妾成群》《红粉》《妇女生活》等，你几乎被人看成是当代作家中写女性的高手。对女性的命运和历史的关注和你的南方气质、你本质上的诗人性情有关吗？还是有别的原因？

苏童：我不敢说对于女性命运有什么特别关注，只是利用了这块东西，我不希望这话引起误解，但我确实觉得女人身上到处是小说。别人常常问为什么你写了那么多女人，有时候我会很认真地解释我小说中写女性的只是一小部分，有时候我却只想反问，世界上那么多女人，全是小说，为什么不写女人呢？

你说过"真正的先锋一如既往"，经历了二十多年的写作生活，你还有勇气挑战自己的经验和想象力吗？还有勇气刷新自己的文学标高吗？最后，你还有勇气，还有有心灵的能量爆破自己，让自己做一个先锋派的作家吗？

苏童："先锋一如既往"，也是十多年前的豪言壮语了。记得是套用

了吴亮的话。如今我不适合喊任何口号了，抒发自己斗志的恐怕只能是作品本身了。另一个重要的原因是我脑子里现在排斥任何指导方针指导纲领。经历二十多年的写作生活，我觉得自己像一个老兵在打一场没完没了的战役，身心疲惫但依然渴望军号再次吹响。你问我有没有勇气挑战自己的经验和想象力，当然是有的，因为奇妙的是挑战这两样东西，凭借的不是别的，恰好也是经验和想象力。至于还要不要做先锋派的问题，暂时先不考虑，因为我还想不明白这是个人爱好还是群众需要，也许个人也不爱好，群众也不需要呢？那你先的什么锋呢？

杨显惠：历史是什么样，我就怎么样写

作家杨显惠为《甘南纪事》，断断续续去了甘南藏地五年，从 2007 年到 2011 年，每年都去甘南藏地两三次，每次少则一星期，多则半月二十天。

五年里，杨显惠以兰州为根据地，多次进入甘南草原，进出藏民的牛毛毡房和榻板房做采访。甘南藏族自治州辖七个县，他跑了六个县，去过的村庄有二十个。五年的甘南行程为他积攒了近 10 万字的采访笔记，2011 年出版的非虚构文学《甘南纪事》只用去了五分之二。他把这当作自己写作生涯的最后一次旅行——66 岁的杨显惠做过心脏搭桥手术，他的理想是真实地写出甘南藏民自 1950 年至今的生活史。

现在杨显惠在进行他的《甘南纪事》后续部分的写作。"后续部分是关于藏民的精神文化生活的描述。藏民族的传统文化、生活价值观也抵挡不住现代工业化大潮的影响，"杨显惠说，"但他们的宗教生活，对佛教的信仰、对长者的尊重……这些是不变的。"

我编不了故事

《甘南纪事》很多故事都发生在扎尕那行政村。扎尕那是藏语音译，石头匣子的意思。这是迭山西端的一道山沟，海拔最低处 2900 米，顺沟往上走二十公里，就上了山顶，翻过山就是卓尼县县境。四个村庄一溜儿排坐落在山坡上，背靠白色石灰岩的大山，对面的南山上长满苍绿的松树。有三股山泉从村后的三条沟流出来，推动着水磨旋转。山坡上风马旗飘飘。

扎尕那是甘南州风景最美的地方，也是藏民生活得很艰辛的地方。他们的牧场就在村背后的石头山山顶，在海拔 3500 米到 4500 米的区域往东延伸约 150 公里，最远到达腊子口，一直把迭山走完。有的牧民到牧场去，要翻很多山，走两三天。有些孩子就出生在迭山深处的牧场，直到要上学的时候，父母才把他们送到扎尕那来。

扎尕那村播种、收割的时候，牧场要抽人回来干活。牧场要搬家（转场）时，家里要抽人到牧场去帮忙。家人把磨好炒熟的青稞面送到牧场去，牧场要把牛羊肉和酥油驮回家来。每个家庭的人一年四季要在迭山的山梁和峡谷里来来去去。

杨显惠曾经和两位牧民骑马从腊子口穿越迭山，因为下雨和途中休息，十天才走到扎尕那。几条山谷里全是大大小小的石头疙瘩，第十天从沟里走出来的时候，三匹马里有一匹走瘸了一条腿。

"到扎尕那，骑马穿越迭山经常累得腿软，下马时一只脚踩到地上，另一只脚还在马镫上取不下来，总是摔倒。每次都要做伴的藏民抱下马来。"杨显惠说。

上初中的时候，杨显惠在街头经常看到从甘南到兰州去的藏民，大部分是穿着皮袄的妇女。她们背着孩子、炒面口袋和酥油，去探视亲人。她们不会说汉话，拿着写有亲人地址的信，在街头拦住人问路。

1980 年代，杨显惠看过陈丹青的西藏组画和何多苓的藏地油画，有了去看看藏地风情的冲动。也是那段时间，藏族作家扎西达娃来到杨显惠家，他们促膝长谈三天。

　　作家扎西达娃曾约杨显惠以援藏干部的方式去西藏，他可以帮助调动——他父亲当时是拉萨市长。但因为孩子还小，杨显惠不忍心把妻儿抛下。

　　2001年，杨显惠应《兰州晚报》的朋友邀请去甘南讲课，他在街边书摊买到一本《甘南州志》，这成了他了解这个地区的指南。

　　从兰州到甘南藏地的路上，杨显惠奔波五年，他要真的熟悉藏民："不了解没有办法写。"他花工夫最多的就是到牧民的牧场，看他们一天的生活，怎么挤牛奶，怎么打酥油，烧牛粪还是烧柴禾，到哪儿砍柴禾，用斧子还是砍刀，砍刀是什么样的，扎一个帐篷用多少根绳子拉起来，地下要钉多少根橛子，门帘什么样，怎么掀开，烟怎么冒出去……

　　杨显惠把这些事情看成是小说家的功课。帮助过他的藏民，他会接他们去北京玩，负担往返机票和食宿，当他们的导游，跟年轻的藏民以兄弟相称。

　　扎尕那下边的四个村寨，从西往东排列，分别叫达日、代巴、业日和东洼。

　　每次到扎尕那，杨显惠都会住在业日村一位叫根登的老人家里。多次藏地行，他和根登成了好朋友。老人生火烧水，请客人喝酥油茶吃糌粑，为客人和面擀面条，把挂在房顶的一块干肉拿下来泡在水里做菜。他们忙碌的时候，杨显惠会带着摄像机去村外的一片高地，从这里可以看见东洼村，也看见西边高坡上的代巴村和它的寺院。

　　通过个人命运呈现甘南藏地的生活变迁，是杨显惠写《甘南纪事》的主题。然而已经出版的《甘南纪事》只是杨显惠甘南行旅浩繁内容的一部分，更多素材还在他的文件箱里。

　　"也可能最后的结果就是钱白花，工夫白费，也可能写不好这本书。不过可以肯定的是，这是我这一生最后的作品。把甘南藏地的事情弄清楚，以后就再不会这么跑出来了。写一点轻松的文字，或者干脆封笔。"

笨人干的事

"我生性愚钝，编不了故事，所以采用这种实地采访的写作方式。"杨显惠说，"我认为非虚构文学可以真实地记录历史。它的价值和意义不在今天，而在于明天。如果没有非虚构文学，将来人们就会把虚构文学歪曲了的历史当做正史。那样的话，我们这个民族就彻底没有希望了。"杨显惠希望自己的写作对得起良心，他对自己的非虚构写作也很有信心，"在今后一段时间内，没有人会超越我。并不是说我有多大才华，是因为别人下不了我这工夫。光凭聪明是超不过我的，他需要既聪明又下工夫。作家们不愿意吃这个苦——一个人一个人地去访问，大多是老人，没有显赫的声名，除了尘封的记忆一无所有。写出这样的历史，是笨人干的事。"

此前杨显惠书写 1957 年的反右运动，记录 1960 年代的大饥荒，著作中充满对人间疾苦的同情与思考。文学评论家雷达评述《夹边沟记事》时说："知道这段历史的人已不多了，当年的生还者大多已离世，少数幸存者三缄其口。杨显惠把调查得来的故事讲出来，意在翻开尘封了四十年的历史，希望这样的悲剧不再重演。"

夹边沟是甘肃酒泉一个曾羁押右派犯人的劳改农场，从 1957 年 10 月开始，这里关押了近三千名右派分子。1961 年元月，右派分子被遣返，活下来的有六百人。为了写好《夹边沟记事》，杨显惠每年数次往返于天津和甘肃。他像大海捞针一样搜寻到近百个当事人。除了采访亲历者，还查阅大量资料，进行实地考察。

《定西孤儿院纪事》的写作也花去了五年。2002 年，回到城市多年的杨显惠又返回当年上山下乡的饮马农场。饮马农场有一群来自定西孤儿院的孤儿当农工。跟这些孤儿谈起当年的饥荒和灾难，大部分人很冷静，可是最后谈到惨烈处还是会哭起来。

"每一次跟他们谈话，我自己泪流满面。他们讲那些事情，已经超出我去访问他们之前心里的预期。有很多村庄，比如有 50 户人家，300口人，灾难过去以后剩下百分之五十。"

这样的调查不仅费力，而且伤神。但这是历史叙事，"你不光要讲出你的看法，对事件的呈现也要有根据。你写出的东西，要让读者信赖就要拿出大量的事实来说话，不能靠着想象虚构或者编造。"杨显惠说，"我想要写出我自己经历的那个时代，我的视力所及，这个历史是什么样的，我就怎么样写。"

迄今为止，杨显惠的《定西孤儿院纪事》《夹边沟记事》被越来越多的读者关注，《夹边沟记事》被译为英、法、德、意各语种在国外出版，由《夹边沟记事》改编的电影参加威尼斯国际电影节展映。

早年杨显惠受到的文学影响更多来自俄罗斯文学："我非常喜欢肖洛霍夫的作品，但是我对肖洛霍夫也不是完全迷信，他的写作在不同阶段表现不同，我喜欢他的《静静的顿河》。托尔斯泰的作品和普希金的短篇小说我也非常喜欢，它们促使我完成了写作的转型。还有索尔仁尼琴的《古拉格群岛》，我认为中国作家全部作品加起来，其分量不如一部《古拉格群岛》。"

迟子建：故乡是上天赐给我的一个爱人

"我想把脸上涂上厚厚的泥巴，不让人看到我脸上的哀伤。"这是迟子建发表在 2005 年第 3 期《钟山》杂志的中篇小说《世界上所有的夜晚》第一个句子。

"我的丈夫是个魔术师，两个多月前的一个深夜，他从逍遥里夜总会表演归来，途经芳洲苑路口时，被一辆闯红灯的摩托车撞倒在灯火阑珊的大街上。"

迟子建这样讲述那个黑夜的故事，讲述那个故事中凝结的哀伤、痛楚、绝望和愤怒。

"我那天穿着黑色的丧服，所以他看我的目光是平静的，他告诉我，他奔向我丈夫时，他还能哼哼几声，等到急救车来了，他一声都不能哼了。"这是《世界上所有的夜晚》描写的一幕场景：肇事的菜农对奔丧的未亡人说："他其实没遭罪就上天享福去了，哪像我，被圈在这样一个鬼地方。"

《世界上所有的夜晚》的叙述者女主人公在丈夫车祸去世后独自远行，因山体滑坡，列车中途停靠在一个盛产煤炭和寡妇的小镇乌塘，得以接触社会，听鬼故事、丧歌、冥婚以及众多奇闻，目睹无处不在的苦难、不公和死亡。

向后退，向内转

2007 年 8 月 21 日，第二届"北京文学·中篇小说月报奖"颁奖会上，诗评家谢冕宣读迟子建的小说《世界上所有的夜晚》的授奖辞："向后退，退到最底层的人群中去，退向背负悲剧的边缘者；向内转，转向人物最忧伤最脆弱的内心，甚至命运的背后。然后从那儿出发倾诉并控诉，这大概是迟子建近年来写作的一种新的精神高度。"

在谢冕宣读授奖辞的时候，迟子建远在俄罗斯旅行。当日，也是"2007第三届全国中篇小说年会暨文学期刊社长、主编论坛"开幕的时候，来自全国各地的文学批评家作家期刊杂志主编们为"文学是否死亡""当代文学是否是垃圾"激辩的时候，迟子建穿行在莫斯科街头触摸俄罗斯之心。

世界上的夜晚是一个人的夜晚，也是所有人的夜晚。

那样的夜晚也可能是迟子建的夜晚，那样的故事也可能是迟子建自己的故事。

在大兴安岭中部一个叫塔河的县城边缘，有迟子建的一处居所，居所面对着一座山，窗下就是河，可以看到捕鱼的人，种菜的人，赶鸭子的人，放羊的人。虽然是县城的边缘，但那里介于农村和乡镇之间，还保持着原始的自然状态。在 2002 年以前，迟子建过着单纯的生活。"那时候我写完一篇小说，然后打印出来，到邮局寄掉。用很原始的方式，觉得那样也挺好。更早的时候写小说是用手写，写《伪满洲国》用了 6个很大的笔记本。那时候刚结婚，生活安宁而幸福。"

住在哈尔滨的迟子建经常会回到住在塔河的爱人身边。走的时候坐火车，她习惯带着那些用来写小说的大笔记本。走之前要跑到复印社把写下来的纸页复印下来，备份一下。如果途中丢掉了，几十万字就惨了。当时她在写《伪满洲国》，笔记本上已经写了30万字。迟子建回故乡的时候，由于旅途漫长，有时拿着本子在火车上也可以随便写上几笔。很随意很悠闲的状态，就像她的生活。

"我像一个农民扛着锄头，想什么时候去劳作就什么时候去劳作。"

跟爱人在一起的感觉很好，两年的婚姻生活给了迟子建安宁而幸福的感觉。

然而，安宁和幸福如同秋天一棵树上的两片叶子，在2002年5月的黄昏被一阵大风吹去。

爱人因为车祸而殒命。迟子建的安宁和幸福生活在瞬间破裂。

那是最艰难的一年，也是最伤痛的一年。"我处理完爱人的丧事是大兴安岭的初春，树已经开始绿了。真是奇怪，每年春天来的时候，我看见大兴安岭，觉得森林的那种绿是美好的，可是那一年我觉得那种绿苍翠得像眼泪，那些森林好像都被悲伤浸透了。"

塔河的房子是迟子建和爱人的居所，这所房子对迟子建来说，无论是从个人情感还是从文学情感，都非常重要。每年夏秋，迟子建会从哈尔滨回到那里住上一段时间。"每次回到那里都有一种特别的感动。觉得死去的人还活着，你跟曾经爱的人一起看过窗外的风景，而窗外的风景还活生生的，已故人的音容笑貌就在眼前浮现了。这是一种挺疼痛又挺温暖的感觉。"

那时候，迟子建是用写作来疗伤的。2002年春天，她飞快地用三个月的时间，写了一部长篇。其实不是为了要写什么，只不过是不要回到现实生活里。"我要回到虚构的生活中，我忽然觉得我为之拥抱的我很钟情的甚至视为生命的现实生活，能那么轻易地把我给抛弃了，能那么快地把我的生活变成另外一种状态。只有我的写作生活，我文学世界的人物还很安静的，原封不动的在原位。所以那时候我就告诉自己，有一种生活——我虚构的生活，它们是永恒的。它们一直陪伴着我，在现实中和我在一起。我觉得那个时候我的笔进入那个虚构的世界，我又跟老朋友为伍了。那里有很多人在支持我，安慰我。进入那个世界之后，我觉得自己获得了解脱。那时候我觉得回到写作里，就像一个满怀忧郁的人去看心理医生。"

深远的黑天，漫长的白夜

迟子建大多时间独自在哈尔滨生活，只有回到老家才能和家人在一起。

每天的生活就是阅读与写作，到晚上的时候，精心给自己做点好吃的，晚餐喝一点红酒，饭后散散步。这就是迟子建的日常生活。隔一段时间，迟子建会回到故乡。

经历过生活的变故和情感的创痛之后，迟子建说："故乡，是上天送给我的爱人。"

迟子建在中国最北端的雪地里长大，漠河、北极村、木头房子、冰封的黑龙江、雪泥路上的马车构成她的童年。"六月，漠河的夏天，是中国唯一可以看到北极光的地方。我小时候，那儿也就一百多户人家，现在也不过三四百户。夏天的时候，晚上十一点的时候还可以在篮球场上打篮球。太阳两个小时以后又升起来，所以叫白夜。等到冬天的时候，恰好相反，冬天黑夜漫长，下午三点多太阳就落山，第二天早晨八点多才升起来。"

"那里的小学生，在冬天到教室的第一节课要点蜡烛。可是夏天，三点钟天就大亮，还没有睡醒阳光就把你照醒。我就是生活在这样一个环境，有光明不眨眼的漫长白夜，也有光明打盹的漫长黑天。忽然世界到处是光明，忽然到处都是黑暗。当世界都是黑暗的时候，故乡的人吃完晚饭，没有任何可以娱乐的事情，就坐在火炉旁边，嗑着瓜子，喝着茶，听大人们讲故事。全是鬼怪故事，讲得我晚上都不敢出去起夜，害怕，觉得黑夜里到处都有鬼在游走。"

2000 年，迟子建去挪威访问，在与挪威作家座谈中她说："当我很小在北极村生活的时候，我认定世界只有北极村那么大。当我成年以后见到更多的人和更绚丽的风景之后，我回过头来一想，世界其实还是那么大，它只是一个小小的北极村。"迟子建说她 17 岁第一次坐上火车，走出森林，"不管走到哪里，故乡在我心里，永远是最迷人的风景。"

有很多人去大兴安岭，因为看了迟子建小说的缘故，去北极村旅行。"他们有可能会失望，或者会喜欢那个地方如画的风景，但他们看不到那些山河灵魂里的东西。可是我在那儿，就是那片土地的一个主人。我整个的灵魂和文学的根在那儿。我觉得故乡，它就是上天赐给我的一个爱人，我要好生呵护它，它也会呵护我。我真应该感谢上苍让我生在这样一个地方，这是我一生最大的幸运。"迟子建说。

2005 年，迟子建以一位年过九旬、鄂温克族最后一个酋长女人的自述，写作长篇小说《额尔古纳河右岸》。这是继《树下》《伪满洲国》《越过云层的晴朗》之后，她的第四部长篇小说。《额尔古纳河右岸》被称为一曲对弱小民族的挽歌，写出了人类历史进程的悲哀，其文学主题具有史诗品格和世界意义。

迟子建是在故乡写作《额尔古纳河右岸》的，书房的南窗正对着覆盖着积雪的山峦，太阳一升起来，就会把雪光反射到南窗下的书桌前。她在写作疲劳时，抬眼即可望见山峦的形影。方桌上摆着一台电脑，还有她爱人生前最喜欢的一盆花。小说完稿的时候，是爱人三周年的忌日。"那天晚上，我在姐姐和弟弟的陪同下来到十字路口，遥遥地静穆地祭奠着爱人。被焚烧的纸钱在暗夜中发出跳跃的火光，就像我那一刻颤抖的心。"

带着母语去旅行

对小说家的职业，迟子建说："小说家不像演员，在舞台上一亮相，就会获得满堂喝彩。我觉得小说家很像一个修行的人，虽然穿行在繁华世界里，但是内心会有那种在深山古刹的清寂感。修习好了心性，不管世态多么炎凉，你都会安之若素。"

2005 年，迟子建和刘恒应邀到爱荷华国际写作中心作驻会作家。

爱荷华国际写作中心的每个作家都带着每个所来国度的印迹。"因为生活背景不一样，生存环境不一样，国家体制不一样，社会形态的不一样，作家的气质和作品的风貌也不一样。在那样的环境中更容易看清中国文学和中文作家的处境。"迟子建说。爱荷华写作中心的创建人聂华苓很喜欢迟子建，她们常常在一起喝酒谈天，常常因为某个有趣的话题一起大笑。

真正让迟子建动心的是旅行。每天做的最惬意的事情就是睡个懒觉，起床步行去美术馆，去公园。在芝加哥的时候，她每天都要去密歇根湖边。"有一天正赶上芝加哥的第一场雪，我来到密歇根湖畔，湖畔很少游人，雪花落在湖上，苍苍茫茫的，那种广阔而苍凉的感觉让我很感动。"

与美国相比，俄罗斯是迟子建更为心仪的国家。"他们有真正伟大的作家，艾特玛托夫、屠格涅夫、托尔斯泰、陀思妥耶夫斯基、契诃夫、索尔仁尼琴、帕斯捷尔纳克……能数出一大串。俄罗斯作家身上有一种大气象，可能是因为国土辽阔，民族众多，山川河流的精气都注入到俄罗斯作家的精神里。他们身上还有很宝贵的品质，在我们这个时代已经越来越缺乏的品质，就是他们的忧患意识，他们对强权和不义的反抗精神和独立意志。很多作家为了个人的信念，不惜被流放，监禁，这些对他们来说都可以忍受，甚至都可以接受，我觉得作家的这种气魄、信念和勇气是了不起的。"

多年来，迟子建的文学行旅到过很多国家，走出去的收获就是更清楚地看见了自己，看清楚了中国文学。"我在别人的国家走过，觉得自己就是过客。有的人就是愿意在外面不停地走，他会因为不断地行走觉得很舒服，觉得心里得到一种解放。我不。如果在外面陌生的地方不停地走，我会有一种漂泊感，我特别想安静下来，坐在一个角落，一个我熟悉的角落，生活、写作、读书。那是我安宁和幸福的时刻。"

容易感物伤怀，也容易干脆利落

10 年前我就读过你的书。发现你的内心是诗意的，自然的。但是这么多年，我也读到一种忧伤。从你的文字里面不断地散发出这种气息。我想问的是，你的心是什么样的？能说得清楚么？

迟子建：我的心我怎么知道？（笑）

我觉得这个问题是重要的。或者可以问你的心是怎么形成的？

迟子建：我觉得如果说心是忧伤的，可能是我出生的这种背景给了我这种气质，我从小在那么封闭的环境长大，每年半年多是冬天，我觉得那种苍凉和那种寒冷，本身就给人一种忧伤感。对于生命来说，你会觉得很脆弱。你看香港这种环境，花和草很可怜，它一辈子老是要不停地绿着，你看到的只有绿色，一种非常苍凉的绿，你会觉得它是忍辱负重的，四季都在延续着春夏的颜色，在我们那里没有。在我的故乡，春夏秋冬四季分明，变换非常快，容易感物伤怀。香港这个地方怎么感物伤怀？没有。

你在故乡的时间有多久？

迟子建：我一直在那儿长大，在那儿出生，在那儿长大。菜园里种的是我们喜欢吃的香瓜，往往是没等香瓜成熟的时候，霜就来了，雪就来了，冬天跟着就到来了。那么好一个东西它会突然地夭折，这种伤感，我觉得从一开始是天然给我的，是大自然给予我的。成年之后我喜欢上写作，我作品里确实有这种气息。接触过我的人都觉得我是一个明朗的人，但这只是我的一面，你问我的心是什么样的，我可以说因为这种生存环境，我的心比别人更多一种苍凉感，或者更多一份忧愁感，当然是指文学的心来讲。

我觉得还不是忧愁，忧愁是相对比较浅在的感觉。

迟子建：我没有那么深的历练嘛（笑）。我更愿意用苍凉这个词。但是苍凉——像张爱玲那种，看尽了繁华的个人生存体验，甚至像萧红，她们的个人情感在经历了绚丽和波折以后，得到的体验是一份苍凉感。苍凉之美，我还没有达到，我还不敢轻易用苍凉这个词。我觉得伤怀还比较准确一点。还有从少女时期过渡来的那样一种唯美的东西，像你刚才就说我身上或者我的内心还保存着一种诗意的东西。这世界太无聊了，保存一种诗意是活下去的一种勇气，或者说是一种温暖，否则人生有什么意义啊。所以我觉得更深的还是大自然，大自然造就了我，是大自然让我成了这样一个人，给了我这样一颗敏感的心，容易感物伤怀，也容易干脆利落。

从你的作品当中可以看到你故乡的状态，四季分明，还有白夜——那种漫长的白天或者漫长的黑夜，我想听听你更具体地描述你的故乡。

迟子建：你说的是其中的一种，6月22日左右是夏至到来的时刻，也是白夜到来的时候，它是中国唯一可以看到北极光的地方，当然不是每年都可以看到。

村子有多少人？

迟子建：也就一百多户人家。我小时候在那儿，现在也不过三百户左右。几十年发展也不过如此。夏天的时候，晚上十一二点还可以在篮球场上打篮球。太阳两个小时以后又升起来，所以叫白夜。等到冬天的时候，恰好相反，冬天黑夜实在太漫长，下午三点多太阳就落山，第二天早晨是八点多才升起来。我在那儿上小学，冬天的时候，教室的第一节课要点蜡烛的。可是夏天呢，三点钟天就大亮了。你还没有睡醒阳光就把你照醒了。我就是生活在这样一个环境，忽然世界到处是光明，忽然又会觉得到处都是黑暗。冬天的时候七八点钟，天已经黑得透透的了，吃完饭，没有任何可以娱乐的事情，就坐在火炉边，嗑着瓜子，喝着茶，听大人们讲故事。全是鬼怪故事，讲得我晚上都不敢出去起夜，害怕，觉得黑夜里到处有鬼在游走。我住的地方周围都是山，听到很多山里的动物灵性的传奇，包括老一辈人淘金的故事，闯关东的故事等等，还有民间的神话传说，我们都知道的神话变异以后的故事，我听得太多太多了。我最早的文学启蒙可能跟这个有关系。

你是从多大开始写作的？

迟子建：我是 1983 年上师范专科学校的时候开始写作的。因为我高考考得不好，只上了一个专科学校，学的是中文。

你还记得你最初写作的这种动机吗？就是说为什么写作？

迟子建：就是想表达，想说，好像心里有一种忧伤，用笔可以把这种忧伤写出来，不是分担我的痛苦，而是分享我忧伤的快乐。有一种很动情的感觉，用笔写你最想写的东西的时候，觉得非常快乐，而且是一个秘密，最开始觉得人生有了一个伴侣的那种感觉。

通常人们都说忧伤是痛楚的，你说忧伤是快乐的。为什么？

迟子建：忧伤是美好的。忧愁是美好的。真的。所以萨冈写《你好，忧愁》，她的小说我看了，不是我所欣赏的一类文学，但那个书名非常好。我还写过一篇散文叫《伤怀之美》。伤怀确实是一种很美好的感觉。尤其在这个时代，还能产生伤怀之美这种情怀，太不容易了。

第一次发表小说是在什么时候？最初发表作品顺利吗？

迟子建：就是《北极村童话》，每天坐在教室里面，特别想回忆我童年的一段旧事。写我家里养的那条大黄狗啊，写冬天的时候怎么跟外婆去江上捕鱼啊，夏天的时候怎么看着苏联的船，从中俄界河经过的时候，看他们戴的草帽啊，这种感觉，就是想写故乡的事。是发自内心，不由自主的。但是我写完了以后，辗转了几个杂志社都遭到退稿，所以它不是最早发表的，另外一篇小说《沉睡的大固其固》反而比它发表得早。《北极村童话》发表晚了一年。

我还算是比较幸运的吧，我投稿投了三篇以后，《北方文学》的责任编辑就跟我联系，然后开始修改稿子，陆续发表作品。

这么多年过去，你当初对写作的感情有过变化吗？

迟子建：总的说对世界的判断会发生变化，是静悄悄地发生变化。但是内心推动你写作的这种动力是没有变的，还一直是这样。我觉得是我的天性没有变。其实文学也是有天性的，这种天性我始终没有变。有人说迟子建一直在坚守。二十几年后，这倒是一种表扬，可我听着就想笑。我想世界上没有什么东西是值得为之坚守的，我只不过是做我要做的和我想做的事情，而不是要去坚持什么。坚持一种东西是很可疑的，因为没有一种东西是可以被坚持住的。只有天性会让你做这样一个很本色的人，或者你的笔就是靠这种动力来推动的。

通常我们看到的女性作家写作，都是偏感性和个人化的，1990年代"女性主义"文学、"私人小说"的流行，代表作家都是女性。但你更多表现有人文背景的自然、历史、风土，包括神话和传说，这是你的性格和气质决定的么？

迟子建：我觉得和每个人的情怀与出生背景有很大关系，如果我从小生活在都市，隔绝了山水，就不会对它有感情。我相信把两个人关在荒岛上很容易产生爱情，因为环境影响和造就人。我从小成长在这个环境，17岁才第一次离开大兴安岭，坐上火车，我整天看到的景物，除了山就是水，山川河流在我眼里，它就是我的朋友，是我生活的一部分，大自然就是我生命中很重要的一个伙伴，所以我的作品涉及它们是非常自然的。而且小说描写是离不开人的，他们不是生活在都市里，街巷中，市井中，我生活当中的人全都生活在山川河流当中，他们所有的故事也都跟这山水有关系。其他女作家可能因为生存环境的原因，没有这种背景，不具备这种感情很自然。写作是要靠感情推动，不具备这种情怀我觉得它推动不了。

作家的生活越单纯越好

你说在 17 岁的时候才第一次坐火车？

迟子建：因为读了师范学校，离开山里了。以前从来没有坐过火车，所以那天晚上坐上火车，是我一生非常隆重的仪式。坐在窗边座上，列车的玻璃窗有很厚的霜花，我就用指甲划开霜花往外望，窗外黑乎乎的，看到的只是一闪一闪——树在暗夜当中分明的暗影，一闪一闪地过去，这种感觉都是我经历的那种美好的苍凉。

即便是现在，你也会经常到乡下去写作。

迟子建：我现在的居所在县城，但它属于县城边缘，面对着山，窗下就是河，每天下了楼步行五分钟就到那里了，就是完全接近自然。整天看到的就是捕鱼人、种菜的人，赶鸭子的人，放羊的人，我跟他们还有一种天然的亲近感。县城的边缘介于农村和乡镇之间，还保持着那种很原始的生活状态。那是大兴安岭中部的一个县城，叫塔河。

是你自己买的房子吗？

迟子建：原来是我和爱人的房子，后来他过世以后，这个房子我买下来了。无论是从个人情感还是文学情感上，这个房子对我来说都是非常重要的。我现在每次回到那里就有一种特别的感动。觉得死去的人还活着，你跟曾经爱的人一起看过窗外的风景，这是一种挺温暖的记忆，觉得这些山河都比人有感情。

我们很多人追寻沈从文的足迹，去看湘西，我觉得是看不到沈从文骨子里的那种东西的。我也相信将来会有人去大兴安岭，因为看了我小说去北极村旅行，他们有可能会失望，或者觉得这个地方风景如画，但他们看不到它灵魂里的东西。没有真正的和它同呼吸共命运的那种感觉。

你的心与故乡互相印照，这样在写作会获得独特性。

迟子建：肯定是。如果十年前我可能还会有所游离的话，那么到了我这种年龄，这个东西是不可改变的。这是上天赐给你的一个爱人，你要好生地呵护着。它会呵护我，我也会呵护它，是这样的一种关系。这确实是一件幸福的事情。我真应该感谢上苍让我生在那样一片地方，这是我一生最大的幸运。

据说你平时很少上网，你是在抵御网络么？

迟子建：我觉得互联网不重要，在美国的时候，因为刘恒上网，他教我上网，我在那儿上了几天网，觉得非常无聊。如果作为一个通讯手段我不拒绝，发一个稿件非常快捷，这不过是一个现代的工具，可如果说把它当作一种资源，或者说写作的一种依靠，我是很怀疑。我觉得作家的生活越单纯越好，我每年写的作品虽然量非常大，但是也不过三五篇小说，我会把它打印出来，到邮局把它寄掉。用这种很原始的方式，我觉得也挺好，我已经很习惯了，没有觉得什么不方便的。我想整个文坛，大家觉得很多作品千篇一律的腔调，或许是电脑也悄悄地修理了人脑、思维的方式等等。我写小说有些是手写的，《伪满洲国》就是用了6个很大的笔记本。现在还有6本厚厚的大笔记本存在那里，但是它也带来一些麻烦。那时候我刚结婚，我常回到我先生身边去，我走的时候，都要跑到复印社把它复印下来备份，否则丢掉了这几十万字就惨了。旅行的时候我就这样做，我也没觉得特别不方便，而且拿着本子在火车上也可以随便写几笔，是一个很随意很悠闲的环境，像一个农民扛着锄头，想什么时候去劳作就什么时候去劳作。

《伪满洲国》在你的写作生涯中算是重要作品么？你现在怎么看它？

迟子建：确实是一个很重要的作品。从体力上讲，对我都是一种考验。我从 1998 年开始写，那时我写了大量的中短篇，也出版过两个长篇，但都不是很满意。当然不是说我要借助《伪满洲国》改变风格，刻意写一部大历史的作品。相反，我从小听老人讲满洲国那个时代的故事，包括日本人的故事，东北光复以后苏联红军过来的一些事情，听的太多了。我觉得那时候东北的生活状态，就是伪满的这十四年，是很丰富的一段历史。可我们在史料上看到的都是写溥仪等等的，写傀儡皇帝怎么样登上满洲国舞台以后，怎样被日本人指使做什么样的坏事。我就想那时候东北的老百姓生活应该是什么样的，我还是想写那种日常的生活，写日常化的东北老百姓在伪满十四年的生活。

我觉得惨烈或者惨痛的生活更多体现在人的命运和境遇，而不是大的历史。那个时代的灾难，包括大屠杀，像平顶山杀了一个村庄的人等等，这个我也都做过考证。那些都是老百姓去遭殃。所以我说大人物在时代风云当中，起到的是掌舵的作用，但是沉船以后受难的永远是平民。还有那个时代也有人性。有一些日本人不是我们想象的那么坏，也有一些很坏的中国人做了汉奸。文学作品的出发点要从人性的角度出发，不要做那种政治上的、道德上的判断。类似历史教科书那种判断，对于小说家来讲是没有意义、没有价值的，对文学来讲也是一种伤害。小说家要做的就是给人以人性的意义。

《伪满洲国》更多是通过日常生活的细节呈现历史情境。

迟子建：我还是用日常化的生活营造满洲国，是慢慢去推进。小说全是日常社会的事件，包括我写了一些弹棉花的、卖油的、教书匠，还有土匪，各色人等，他们是属于这个社会各个层面的人，都在承受着那十四年的生活。有苦难，也有欢欣，有生老病死，也有爱情，我觉得这是真正的满洲国时代的生活状态。把日常生活写足了，这个历史才能出来，否则这个历史是个空架子。我就想还原那段历史，给它以人性的意义。但是我觉得《伪满洲国》的出版有点生不逢时。

《伪满洲国》出版以后，外部对它的反应如何？

迟子建：我觉得不是很恰当，就是说出版在这个时代。尽管它出版了几年了，销量在文学书类里面还比较稳定。我觉得不满意的是看到一些评论，发现认真读这部书的很少很少。这是我的悲哀，你不能指望谁会认真去读一部七八十万字的作品。

你写作的时候，对外部有期望么？

迟子建：当然不期望。我要做我想做的事情，我做《伪满洲国》的资料做了七八年，在 1998 年开始动笔写的。那时候我写这部长篇，心情、体力都是最佳的时候。我那时刚结婚，精神状态是最好的一年，体力充沛。写长篇小说是需要体力的。严格来说，那时候中国文坛的环境我又不是不清楚，我不会为了它而去改变我的什么。我的写作是我自己的一条河流，我想流到哪就流到哪。

你现在对小说怎么看？看到你写过对写作"伟大小说"的思考，对小说的写作你还有更大的抱负么？

迟子建：对小说的看法，肯定会随着年龄增长会有变化。但本质是不变的，比如对土地的感情、包括我说的"伤怀之美"，朴素的境界，日常生活化的写作，这些特质我都不会放弃。我要建构的文学，不希望是呐喊式的，而是涓涓细流式的。我还是往这个方向努力，我写《额尔古纳河右岸》，就是对一个部族百年历史的书写。我还是选择从一个小的方面入手，写故事写人性，我觉得这些东西是不会变的。我不会在艺术上发生巨大的裂变，但在一些细部上会有变化。

你看重文学的经典性么？

迟子建：经典永远是美好的，经过千万年淘洗，大浪淘沙以后留下来的那几粒金子。我觉得古典就是恒星不是流星，现在这种一闪即逝的流星太多了。所以我读书我都读那些老书。重读托尔斯泰、雨果这些人的作品，我觉得在这个时代看还是有一种力量，他们的那种艺术魅力是不可取代的，那是一种大情怀，经历了那么多时代，直到今天。它们像高山一样，你还是只能去仰望。

在这个时代，我愿意做一个古典者

你现在的写作状态和生活状态是什么样的？有多少时间用来写作，有多少时间用来阅读？

迟子建：基本上不写作的时间就阅读，不阅读的时间也要写作。我觉得读书是很重要的，读书就跟喝茶一样，你每天不读就觉得身上很紧，很不舒服。写作的状态就是，一个东西想成熟了我会全力以赴。我不像别人可以同时写几个作品，我写《伪满洲国》的时候，在那两年时间中断了其他中短篇的写作。写短篇或者中篇的时候，我一定要把这个事情做完，才能做其他的。我会全力以赴，但又不是格外刻苦的那种，我很随意，可以随时进入工作状态。生活当中我比较简单，喜欢做点好吃的，散散步，仅此而已。

平时朋友多么？看你这几年也不停地出去，到不同的地方不同的国家访问。这种访问的经历对你有多大的影响？

迟子建：我的朋友不多，我不是喜欢扎堆的人，而且我在人很多的场合反而觉得很孤独。我一个人待的时候，觉得世界很广阔。我很怕热闹，但是这几年也参加了一些很热闹的活动。

2000 年在挪威的时候，王蒙、王安忆还有刘恒几个人去那儿，每个人有一个大约是十分钟的演讲。我觉得那段结尾的话可以回答你的问题。

我很小的时候在北极村长大，十七岁第一次坐上火车，那时候我觉得世界就北极村那么大。我没见过外部世界，我觉得生活就应该这样，世界就是这样。就是冬天很漫长，有的时候全是夏天，有的时候又全是冬天的漫长黑夜，这就是世界。后来长大以后，我见到了更多的人，看到更多的风景，就觉得原来世界太大了。可是你又走了很多地方以后，回过头来又想，其实世界还是我所知的那么大，原来我想的是正确的。我的北极村，它代表了一切，代表了我整个的生活世界、文学世界。我觉得只要把这个村庄领悟透，咀嚼透，我就拥有了整个世界。所以我后来就说，我见到了更绚丽的人和更多的风景之后，回过头一想，世界其实还是那么大，它只是一个小小的北极村。

你的家庭是一个什么样的情况？在家里你受谁的影响大？

迟子建：爸爸对我有一点影响，妈妈是个家庭妇女。爸爸是 1957 年开发大兴安岭的时候去的，当时家里很贫穷，父亲 6 岁时奶奶就去世了，爷爷把他带到哈尔滨他弟弟家里。那时候爷爷的弟弟在哈尔滨的公园看大门，他家里也有好几个孩子。爸爸就住在他家里，爸爸在艺术上属于全才型的，比较有天分，一个从农村出来的孩子，还对音乐比较敏感。爸爸在那儿上的高中，高中毕业以后，考上哈尔滨音乐学院。考的小提琴专业，那时候音乐学院第一次招小提琴专业，他居然就考上了，可是家里没钱供他上学，只好寄养在别人家里。后来开发大兴安岭的时候，他就悄悄报名来到大兴安岭。他离开哈尔滨以后一直没回去过，直到去世。

小时候我们经常在早晨被爸爸拉琴的声音吵醒，爸爸还喜欢《红楼梦》什么的，有时候也讲一些故事给我听。他特别喜欢曹植，我的名字叫子建，是曹植的字，因为他太喜欢曹植的《洛神赋》。我觉得爸爸这一生挺不幸的。他很喜欢喝酒，有时候喝完酒拉琴的时候，他会掉眼泪。我身上的那种伤感基因可能是从他身上来的，但是我没有继承他的音乐天分。

你的写作获得成功以后，你爸知道吗？

迟子建：爸爸很希望我在文学上有一番造就。但他只看过我发表的第一篇小说《沉睡的大固其固》。那是 1985 年，发表小说在那个县城是一件很轰动的事情。爸爸到处跟人说，他是中学校长，传来传去让人看我的小说，他说我们家姑娘以后要成作家了。后来《北极村童话》在《人民文学》1986 年第 2 期发表，我爸爸是 1 月 6 日去世。我拿到那本刊物时他刚去世，那是他最想看的一篇小说，他知道要在那发表，当时《人民文学》影响又很大。后来我写过一篇散文，我说我拿到那本刊物的时候想到爸爸，那本刊物都被我哭湿了。

后来又发生你个人的生活变故。生活的创痛会不会让你在进入写作的时候跟以前不一样？

迟子建：可能。就是情怀不太一样了。以前还会想让写作风格更唯美一些，对人生苦难的了解多是从别人那里听到的。但是你亲身经历和感同身受是不一样的，2002 年，我觉得生活发生了一次大地震，往往大地震之后长出来的新的生物会非常茂盛，会呈现另外一种生机。开始经历这种创痛的时候，我就用写作来逃避。2002 年春天，我用三个月的时间写了一部长篇。其实我不是为了要写什么，只不过我想要阻止自己回到现实生活里。我要到虚构的生活里，我忽然觉得我为之拥抱的很钟情的甚至视它为生命的现实生活，那么轻易地就把我给抛弃了，能那么快地把我生活变成另外一种状态。可是我的写作生活，我所塑造的人物还在。那时候我就突然告诉自己，有一种生活——我虚构的生活，它们是永恒的。它们一直陪伴着我，在现实生活当中和我在一起。我的笔进入那个世界，我是跟老朋友在一起，有很多人支持我，安慰我，进入那个世界之后，我觉得获得解脱，就像一个人在看医生。

当时听到你的生活出现变故，我很震惊。那时候应该是你的状态最好的时候。

迟子建：对，写作状态算是最好的时候。那时刚结婚，而且我确实在个人情感生活上比较挑剔。我觉得跟他在一起的那种感觉很好。我不是一个很喜欢谈个人生活的人，但是确实这个婚姻生活给了我很多，突然的变故让我难以承受。后来我想通了，这就是命运。一场风带走了一片树叶，你不能责备这风剥夺了什么。命运给我的，我只能选择承受。

那年春天的事情，我处理完丧事正好是大兴安岭的初春，五月中旬，树开始绿。真是奇怪，我每年看到春天来的时候，觉得森林的那种绿是美好的，可是那一年我觉得那种绿是伤楚的，就像流着泪的那种绿。在那一年，我对世界万物都有了深切的体察，不管是行走在山里，还是回到家中，很容易就触景生情。有很长时间我很怕别人提起这创痛，中央电视台有个《讲述》栏目，有一天突然打电话给我说："迟子建，我们想请你来做一期节目讲述你的情感故事。"我当时很恐怖，几乎是吼叫着说，我永远不会讲述我的事情，永远不会。真的，我觉得对我来讲这是生命最沉痛的一页。刻骨铭心。但我觉得它也真正丰富了我的人生。

阿来：天上也是人间，神话也是现实

写作中，我总告诉自己，不要飞得太高

你的长篇小说《格萨尔王》现在海外的出版和发行情况如何？我看在书封底印着"以六种文字，二十余国同步出版"。实际情况如何？

阿来：出版社的宣传吧。当时和英国方面签的合同自然是这样的。但中方出版社等不及，先出了。当然，也出了一个更漂亮的中文繁体字版。去年，还去台湾作一些宣传。

英文版翻译已经结束。目前，葛浩文正在很辛苦地做修改——不，不是修改，是压缩，英国出版社觉得太长了。因为"重述神话"这个项目的参与作品有一个长度限制，汉字 20 万左右吧。我多写了 10 万字。所以，对外文版来说，和系列中的其他作品相比厚了一些，译本必须作些删节，我下不了手，苦差事就落在葛浩文身上了。

今年在伦敦，我在书展上作演讲的时候，这本书英文版的编辑来看我。那是一个红脸膛的英国妇女。我就想，哦，也许一本书有一个自己不懂的文字的版本就是这样。就是见到过不同的操不同语言，彼此间交谈需要翻译帮助的编辑吧。这些编辑，我在美国、日本、德国、法国、

意大利、韩国都见过。这是一种很不可靠的感觉。我是说，一切都不像在中文世界里，我清楚我写了什么，也知道读者会得到什么。但在外文世界里，我知道有一件事情在进行，在发生，但我没有特别真切的感觉。那像是发生在另一个人身上的事情。碰巧，那个人也叫阿来，也长着我的模样。

阅读《格萨尔王》时我有一个特别的感觉——我想到一个小说家的功课。土耳其作家帕慕克在写到他小说涉及的一座城市景物，比如旧时代的街道和有轨电车，他会专程去那座城市寻找遗迹和察看细节。《格萨尔王》我觉得是另外的功课，就是它的想象力的飞驰，从天上写到神界，从神界写到魔界写到人。我想问，这种想象力的来源是什么？虚构还是想象？它在写作时需要做什么样的功课？据说你历时三年奔波于康巴高原做田野调查。

阿来：这个功课包括三个方面。一，格萨尔有很多不同的口传文本，还有根据不同时期的口传文本的文字定本，听一些口传本，读一些不同时期的文本，是必须的功课。写完这本书，我把堆在写字桌四周地毯上的这些资料清理一番，应该有两百本之多。

二，外国人开始研究这个文本有差不多两百年了，中国人开始研究它，也有近百年了，这些研究成果也是需要大量涉猎的。当然，我主要关注其中关于诗与史互相对应的那些部分，也就是说，这个神话文本其实部分对应了一些藏族的地方史甚至是整个藏族史，那么，是哪些部分发生了对应？又是如何对应的？这需要我充分吸收研究界的成果。写完这本书，我把这些资料整理一番，也有好几十本。我还把其中一些好的东西放进书柜，作为收藏了。

三，地理考察，口传文本是在青藏高原这特殊的地理环境产生并流布的，当然，这个具体的地理环境——山脉河流，道路与原野，都是那些故事（也是部分历史）的发生地。这是我最喜欢做的事情。自己开着车，离开了惯常的大路，去往牧场、农庄和一些偏静的寺院。遇到好景色，就不走了，停车过夜。要是遇到晴天，可以在露营处把帐篷顶掀开，一条银河就模亘在鼻尖上。运气好的时候，还可以和格萨尔研究专家们一起出行，向他们讨教，有时还和他们讨论。我要感谢在这条路上陪同过我，给过我最初指点的两位格萨尔专家降边嘉措教授和诺布旺丹博士。

我要说，至少这本书的写作，需要的想象是还原细节与当时场景的想象，而不是那些神话因素。因为天上地下的那些东西，格萨尔的口传文本里本来就不缺乏。写作中，我总告诉自己，朋友，下降一点，下降一点，不要飞得太高了。

那些田野调查，那些"神授艺人"

最早你是何时看到或听到藏族民间艺人说唱《格萨尔王》的？当时是什么情形？这部史诗带给你什么样的感受？

阿来："文革"以后吧。因为"文革"中，这是被完全禁止的。"文革"以后，自然而然，在民间生活中就出现了。对我们这些年轻人来说是新的。但对我们上一代人而言，它的出现就那么自然而然，没什么特别的感受。对一种对这块土地来说自然而然的东西，我没有什么特别的感觉。我这个反应慢，一件事情出来，我很少立即会有什么特别的感受。

我第一次接触格萨尔，是一次寺庙里，喇嘛们演藏戏。在我看来，是这个故事的某一片段的分角色演出。戏一开场，我就没有认为是什么神话。我想，哦，过去出现在眼前了。这足以令我聚精会神。但是，那场演出太长了。长到什么程度？早上开始看，看到中午，说休息，吃饭，下午接着演。后来，我便感到有些沉闷了。

你出生在阿坝藏区，熟悉藏语系方言，这对你理解民间史诗《格萨尔王》有帮助吗？你能完全理解民间艺人演唱的史诗吗？

阿来：我所在的藏语的嘉绒方言区，并不是格萨尔史诗的主要流传地。格萨尔史诗流行最广泛的地区，也是这个故事的原发地区，那是另一个方言区了。所以，在这些地区搜集或者体验这些故事和这些故事的演唱时，我也依然需要翻译，我有时预先从文本上熟悉即将听到的演唱部分。藏语方言间总是有些相通的部分，所以很多时候，通过翻译，其实是证明我没有听错。

《格萨尔王》在西藏民间有着漫长的说唱历史，据说有很多异人异相，据说他们在说唱的时候会有神明附体，你见过或者听过这样的故事吗？

阿来：这个也就是故事的传承方式。比如，有一部分，是从师傅那里学来的。但情形往往是，这样的说唱艺人往往不是最优秀的——唱腔最好，所能演唱的部数最多。而在这方面，最优秀的是那些所谓的"神授艺人"。就是说，他们因为某种特别的机缘，比如生了一场病，愈后就突然可以演唱了。也有说是梦中有神人授予的，还有很多特别的类型。在这次写格萨尔的过程中，我就见过十几个各种类型的艺人。听他们的生活，更看他们的演唱。在格萨尔中文版的北京首发式上，我在社科院从事格萨尔研究的朋友还帮我请了几位到首发式上来演唱过。当时来了四个人，代表了艺人得到故事和演唱故事的四种类型。

去年我再到玉树，又去看望了其中一位年轻的说唱艺人。因为被定为非物质文化遗产传承人，他已经是一位群众艺术馆的在编人员了。他的演唱很漫长。如果要强行中止，他会像生了一场病一样难受。后来，我去果洛草原，又见到另一位到我的首发式上演唱的艺人。他是一位僧人，他会演唱。更重要的是他擅长绘画，能把格萨尔故事中出现的器物等用绘画清晰地呈现出来。

写作《格萨尔王》的前后，你需要做大量的田野调查和案头研究吧？

阿来：有两年时间吧，我有一两个月坐在家里书房读资料，然后出去，到高原上去，到那些讲故事的人和听故事的人中间去，又是一两个月，再回来读资料，消化，然后再去田野之中。这样来来去去，有两年时间吧。然后，才觉得敢于动笔了。

一旦动笔就很快了。3月份写到5月，突然，就地震了。那天下午正写着时，在10楼的家里，我看到对面楼房在摇晃，所有的缝隙中都喷出烟尘。然后，我站起来，被摔回到椅子上。从那一天，写作中止。觉得继续在家里写作是可耻的——为什么这么想？我不知道。于是，去灾区晃荡，帮点小忙。直到10月份，才重新开始写作，直到冬天。

《格萨尔王》的写作无疑与别的小说的创作不同，差异这是神话，天上人间都要涉及，这是一次酣畅顺利的写作吗？有没有什么让你觉得难以克服的困难？

阿来：天上也是人间，神话也是现实。最多，不是直接的镜像，而是有多重的折射，如此而已。我想我永远在写人间，写人。神也是人。没想清楚这一点，就会迷失，就会有困难，既有写作的困难，也会造成阅读的困难。困难是地震后，重新捡起来开始写作时，好久定不下神来。

在《格萨尔王》漫长的说唱历史中，有一个民间传说的格萨尔王，你的这一个跟民间传说中的那一个有什么不同？我指理解和呈现的方式。

阿来：根据我对不同历史时期不同版本的接触，我还是更喜欢古一点的版本。喜欢它们更朴素，与历史相去不远。后来，这个故事越来越复杂，而且，越来越多佛教世界观的覆盖，这是我不太喜欢并在写作中要竭力避免甚至要间接加以质疑的部分。更重要的是，我把一个史诗的吟唱者写了进去。让他成为这个故事的一个部分，甚至可能是更重要的部分。通过他，我得以随意剪裁故事，也得以展开今天藏区社会的部分状况。

这世界只在我活着的时候具有意义

在中文文学世界中，"藏族作家"是你的一个鲜明的标识，也是鲜明的风格。你喜欢这个标识吗？这是否决定了你写作的独特性？除了题材，还有文学的态度。

阿来：为独特性而写作的人不会有好造化。我还得说，我非常不喜欢某族作家这个标识。

中国的少数民族政策和后来开始在中国学界流行起来的后殖民理论合力，在中国现实中造成了对一个人民族身份的过分强调。在创作中，同样造成了对于一个写作者地域和文化因素的过分强调。从长远一些的眼光看，我个人不认为这是一个特别好的事情。即便不从文学上讲，想想中国当下的现实，明白人都会明白我想说的是什么意思。我选取这样的题材，只是因为我出生并成长在青藏高原这样的环境之中，这个环境给了我这样一些题材。而不是说，因为我想到自己是某族人某地某国人，就要故意去选取一些特别的题材，同时摒弃另外的题材。

你的写作经历了不同的时期，已经被读者所熟知的是《尘埃落定》《空山》《格萨尔王》，现在在进行新的写作计划吗？

阿来：时刻准备着。我想，写过格萨尔，还写过土司，近的历史和远的历史都写过了，该写写现在了，虽然我敢肯定这不会是一件讨好的事情。我想，我的下一部作品会是一部冒犯之作，我正在准备着。

现在经历长久的职业写作，对文学还有鲜活、敏锐、美妙的感觉吗？

阿来：我没有从事过长久的职业写作，开始写作时，我是一个乡村教师，后来是一个机关小干部，再后来，是一个杂志人，同时，写作。直到年纪大了，精力不济，不能两线作战了，才放下了别的工作，开始了职业写作。我想想，也就是从 1997 年开始的。我觉得才刚刚开始，像一个刚入道的人一样，觉得新鲜着呢。

你出生在阿坝藏区马尔康县，在那里成长接受教育，现在看故乡给你的馈赠是什么？你经常回故乡吗？我曾经去过甘南藏地，看到时间在那里几乎停止，就是看不到它外在的变化，不受时代和社会的影响。你的故乡怎么样？

阿来：我的故乡难道能比别人的故乡给予我更多或者更少吗？跟大家一样。想知道它这几十年间人事与情状的，读读《空山》就可以了。从表面的发展现状上讲，可能好过甘南藏区一些。我经常回去，今年已经回去过三次了，后天还要回去。倒不是什么深入生活，我的父母家人都还在那个地方。

作家的写作是在时间里的写作，马原说他关心作家创造力的久长，也关心作家创造物的久长。你是什么样的关切？

阿来：我关心第一个，作家创造力的长久。和同时代的同行们相比，我是很低产的。一个原因当然是因为我长期以来都是业余写作，但更重要的原因是我不着急，写作是一辈子的事业，不用急，只要保护好自己的创造力就好。至于作为一个作家，自己的创造物能否长久，我不想操心这个事情。从时间本身的尺度讲，它是很长很长的。但是，我们在其中生存并有所感有所思甚至有所表达的那一段对时间本身来讲，实在是微不足道了。即便是藏传佛教中那些声称转世而来的活佛，也并不真正知道前一世的事情。对我来讲，正是因为来到这个世界如此偶然，而又如此短暂，才成为要认真生活与写的理由，但比我生命还长的事情，我真管不着。这个世界只是在我活着的时候才具有意义，因为我可以感知它。等到我不能感知什么的时候，这个世界对我的意义就消失了。而且，太考虑创造物的长久，我怕也会对保持创造力造成损伤。不过，我还是希望我写过的一些书，在我活着的时候，还有人在看。

刘庆邦：不看重眼泪是不对的

人光看重血不看重眼泪是不对的，血你随便用刀子捅哪儿都可以流出来，但眼泪你不到悲伤的时候就是流不出来。

——刘庆邦

早晨，太阳还是红的，野地里的青草挂着露水，一匹高大的骡马从狭窄的矿坑出来，骡马被黑布蒙着双眼，左右负着两筐拔尖的煤。刘庆邦走过去，轻轻地拍着骡马的脸，跟它说话，他觉得骡马肯定满肚子委屈和辛酸。

刘庆邦是中国煤矿作家协会主席、北京市作家协会副主席，他熟悉田野和平原中骡马的幸福，也熟悉那里的人，因为知道应该有怎样的生活，所以对非常的状态有着异样的敏感。

全世界的矿区都相似

刚结婚那年，刘庆邦在河南矿区的一个机关工作。他的爱人想下矿井支援生产，遭到刘庆邦坚决反对。他是从矿井抽调上来的，知道矿井里的情况：在黑咕隆咚的狭小洞子里，矿工们衣服穿得很少，甚至赤身露体。劳动生活的单调和性爱对象的缺乏，使他们对异性有一种特别的渴望。在井下休息场所，矿工们谈起异性来，更是"窑下不见天，说话没有边"。矿工们有顺口溜说：掘井工不谈妻，巷道压得低；采煤工不谈妻，干活没力气；机电工不谈妻，烧了电动机。

那一次，刘庆邦做了爱人的绊脚石："女人到了矿井就跟羊到了虎口，没个好。"

刘庆邦一直生活在矿区，每到过年的时候，看到矿工们闹新春，看到他们舞狮子、耍龙灯、踩高跷、跑旱船……他意识到："他们的欢乐和他们的痛苦一样令人震撼。有人说，认识中国就要认识中国的农民，我说，认识中国的农民就要认识中国的矿工。中国矿工也是中国农民的另一种命运形态。矿区多是城市和乡村的结合部，有城市的生活习惯，也有乡村的生活习惯，是杂交的、复杂的人群。矿工多是离开土地离开田间耕作的农民，农民的心态、农民的文化传统，只是他们比田野耕作的农民更艰难也更具强韧的力量，这是一群看透生死的人。"

刘庆邦认识一个喜欢踩高跷的小伙子，这个被他写到小说《踩高跷》里的小伙子叫乔明泉。

乔明泉20岁，高中毕业，没考上大学。但是乔明泉很聪明，心很灵巧。老矿工的儿子结婚，请来塞外的艺人用蛮汉调唱山曲儿，山曲儿唱到半夜，乔明泉听到半夜。别人都是看新娘子，捎带着听山曲儿。乔明泉光顾听山曲儿了，连新娘子长什么样都不知道。

春节期间，矿务局组织一帮人到矿上跳狮子，踩高跷。乔明泉看踩高跷看得多些。踩在高跷上的男人女人不是行走自如就完了，他们还做出各种扮相。有白面皮的唐僧，必有长嘴的猪八戒；有身手矫健的孙悟空，必有顾盼妖冶的白骨精。高跷上的人每做出一个高难动作，看热闹的人就发出一声喝彩。乔明泉当时就在心里把主意打定了，他也要学踩高跷。

家里有现成的木料，乔明泉很快就做好了一对高跷。可惜他家的院子太小了，没多少练习的余地，他就带上高跷，到山后一处稍微平坦的河坡里去练。河里的水早就干涸了，自从地底开了矿，水脉就毁坏了，只有满河坡的鹅卵石白花花的。乔明泉把鹅卵石一枚枚扔开，收拾出一块不小的场地，就练开了。练够九九八十一天，乔明泉高跷上的功夫好生了得，他不仅能在高跷上健步如飞，不仅会打车轱辘，玩鹞子翻身，还两腿一展，突然来个大劈叉。让人称奇的是，他把大劈叉由一个大字劈成一个土字之后，不借用任何辅助的力量，还能自己从土里长起来。

　　和乔明泉家一样，许多矿工家都是在山上建房。山下供矿工家庭取水的水龙头那里，有一块平整地方。水是从矿井里抽上来的，每天做饭前供应三次。水没到来之前，矿工的女人和孩子们就提着空桶，在那里排队。乔明泉提着高跷经过此地时，在这里把新练就的手艺亮了一把。平日里，人们对乔明泉这个话头儿不多的小伙子并没有特别留意，待乔明泉上了高跷，人们马上就对他刮目相看了。小伙子腿那么长，胳膊那么顺溜，腰身那么柔韧，举手投足，一招一式，都透着艺术，还有乔明泉明鼻大眼的长相，岂是英俊二字所能形容。

　　后来乔明泉下井了，他要挣钱养家。乔明泉下井后的情况还算不错，在全家人日夜担心下，他在井下干了一年多也没出什么大事。到了第二年冬天，他的一条腿才被顶板冒落的石头砸断了。乔明泉并没有昏迷过去，他的腿还麻木着，没有疼痛的感觉。从昏迷中醒来，他脸上的表情一点也不悲伤，似乎还平静得很。医生要把乔明泉的腿从大腿根儿那儿锯下来，家人不干，他的妹妹哭着恳求医生一定要保住哥哥的腿。医生说，除非找来他们骨科退休的老主任，请他看看腿和命能不能兼顾。妹妹跑着找到了老主任，差一点儿给老主任跪下了。她还是强调哥哥伤好后还要踩高跷。

　　老主任亲自披挂上阵做手术，把乔明泉的腿保住了。

　　"人光看重血不看重眼泪是不对的，血你随便用刀子捅哪儿都可以流出来，但眼泪你不到悲伤的时候就是流不出来。"刘庆邦说。

"矿区是文学的富矿。世界有不少写矿区生活的作家，左拉、劳伦斯、沃尔夫，他们笔下的矿区和我们的矿区在精神上是相通的。我看过《剑桥史》，里边有对各个国家矿区生活的考察和描述，我觉得就世界范围来说，矿区的生存环境生活形态是相同的。很多艺术家和矿区有紧密的联系，美国摇滚歌手鲍勃·迪伦，画家梵高，南非白人女作家戈迪默，他们都阅历体验过矿区生活。梵高早年以义务传教士的身份在比利时的博里纳日矿区为矿工们传教，在工作之余画那些他看到的煤矿工人。梵高在博里纳日矿区经历过矿难的恐怖，他希望能把福音中讲述的在'黑暗中升起的黎明'传布给那些苦难的矿工。整个世界的矿区都是相似的——物质的贫瘠，精神的匮乏，生存的艰辛，劳作的艰苦，劳工之间的矛盾、械斗……我看左拉的《萌芽》，看到他写的矿工——希望出点事，出事就可以停工，就可以休息，跟中国的矿工心态都一样。"

对矿区的切身体察使刘庆邦获得了珍贵的经验。他说："家乡的那块平原用粮食用水，也用野菜、树皮和杂草养我到 19 岁，那里的父老乡亲，河流，田陌，秋天飘飞的芦花和冬季压倒一切的大雪，都像血液一样在我的记忆的血管里流淌，只要感到血液的搏动，就记起了那块生我养我的土地。一个偶然的机会，我到煤矿去了，一去九年，才有机会看到一层炼狱般的天地，在矿工面前，我只感到自己的渺小和乏力，所受艰难困苦一句也提不起了。"

文学总要表现人与自然的抗争

"平顶山十矿的工人们从井下一出来，就嗅到了麦子成熟的香味。他们大都是农民轮换工，农村有他们的老婆孩子，也有他们丰收在望的麦田，他们和土地还保持着紧密的联系，对庄稼的气息格外敏感。有的矿工收到家里来信，打点行装，准备回老家帮妻子收麦。有的提前回家，给家人留下足够的钱，嘱家人雇机器收麦，自己匆匆返回采煤岗位。与往年一样，矿上也开始着手做保勤工作，动员大家在麦收期间别耽误为国家收割煤炭。应该说当时十矿的生产生活秩序是正常的，工人们的情绪轻松而饱满。天气稍有点热，穿着随便的矿工们聚拢到路边的树下打扑克，那里不时传来一阵阵笑声。矿办公楼后面的小花园里，各种花儿争奇斗艳，正静静地开放。"

化成精美文字的除了豫西的麦子，还有一场残酷的矿难。那场矿难，在一个丰收在望的时刻，以巨大的能量，爆炸性地降临到84名矿工的头上。

"瓦斯爆炸时，井上的矿工和家属们大多正在吃晚饭。消息传来，他们纷纷扔下饭碗往矿上跑。有丈夫在井下的矿工妻子，不祥的预感使她们心猛跳，腿发软，跑着跑着就跑不动了……她们对这场灾变的性质还把握不住，似乎也弄不清这场灾变与自己到底有多少利害关系。显然，她们没经过这些事，这种事严重得超出了她们的想象力，她们有些懵了。她们等了一天又一天，当严酷得令人绝望的现实摆在她们面前，她们才哭倒在地。几乎无一例外，每个工亡矿工的妻子都曾哭得昏死过去。"刘庆邦遥望着他记忆中的矿难。

刘庆邦是在矿难发生的当天赶到平顶山的。他有作家和记者的双重身份。采访矿难现场是记者职业的需要，也是作家良知的召唤。

到了平顶山煤矿，刘庆邦以八矿一个工作人员的身份，跟随做善后工作的人员，不分昼夜地去听工亡家属们的哭诉，那些哭诉使他的心始终处在震荡之中，感情不断被冲击。在那个伤痛之地，刘庆邦咬着牙，他对自己说不要哭，可眼泪还是禁不住一次又一次地涌出来。

"在矿难中死亡的人中绝大多数是二三十岁的年轻矿工。他们身强力壮，都是好劳动力，井下的天地主要靠他们来支撑。从家庭角色看，他们既是丈夫，又是父亲和儿子，一般来说，一家人都指望他们。每家都有一本难念的经，他们上养老，下养小，对家庭负有不可替代的责任。从个体生命的角度看，他们有着不同的个性、不同的生活方式和不同的价值观念，但他们对未来都有着美好的憧憬，都有自己所追求的人生目标。一场突发于太阳下山时的瓦斯爆炸，把这些活蹦乱跳、蓬勃向上的生命扼杀于瞬间，他们失去了人身存在，什么角度都说不上了。"

在矿区，"矿难"是始终悬在头顶的达摩克里斯之剑，刘庆邦说："文学总是要表现人类与大自然的抗争。矿工和大自然的抗争是最直接的，最严酷的。大自然造化了地球球体表面的万事万物，同时也造化了球体深部内容丰富变化莫测的世界。煤井下的采矿场就是这世界的一小部分。比之于地面，煤矿井下没有风霜雨雪，没有呼雷闪电，没有洪涝，也没有地震，可井下的瓦斯爆炸就是雷电，透水就是洪涝，冒顶就是地震，落大顶卷起的飓风就是横扫一切的台风……"

刘庆邦用文学的眼光观察频繁发生的矿难，用新闻记者的敏感深入矿难的现场，最后他会以作家的仁爱之心体察、记忆和表达矿难之殇。

他说："大批的矿工无声的死亡真是惊天地泣鬼神啊！"

采访完平顶山煤矿瓦斯爆炸，刘庆邦又去采访徐州的大黄山矿井透水事故。他和成百上千的矿工家属挤在井口，守着篝火等着被困井下的矿工。找了四天四夜，人找出来，往上抬的时候，刘庆邦就在跟前，当时正下着鹅毛大雪，他的头顶哭声一片。

"我敢说各家有各家的痛苦，写出来都会令人痛彻心肺的。我知道我不能为她们做什么，我只能较为具体、详尽地把灾难给她们造成的精神痛苦记录下来。我要告诉人们，一个矿工的工亡所造成的精神痛苦是广泛的，不是孤立的；是深刻的，不是肤浅的；是久远的，不是短暂的。说它广泛，因为每一个工亡矿工都有父亲、母亲、兄弟姐妹等亲人，死一个人，牵动一大片，伤的是十几个甚至几十个人的心。说它深刻，因为工亡矿工一般都比较年轻，正处在人生的黄金期，对家庭来说显得特别重要，加上灾难的突发性和死于非命，这种生死离别的打击，对矿工的妻子来说是致命的。说它久远，主要是对工亡矿工的子女而言，矿工工亡，使完好的家庭突然变得残缺，父爱突然消失。这种残缺和消失会给幼小的工亡矿工子女的心灵造成严重的创伤。随着子女们年龄增大，这种创伤不一定会平复，有的反而会越来越痛，痛苦将伴随他们一生，甚至波及他们的下一代。"

改变只算经济账的做法

"多年来，我一直想通过一场煤矿事故，探求一下灾难给矿工的生命造成的痛苦。我想改变一下分析事故只算经济账的惯常做法，尝试着算一下生命账，换句话说，不算物质账了，算一下心灵和精神方面的账。我们通常衡量一场事故的损失，是以'直接''间接''经济''万元'等字眼作代码的。我一直不甚明白，一个生命的工亡算不算经济损失，如果算经济损失的话，生命是怎样换算为经济的，或者说怎样换算为万元的，换算的依据和标准是什么？"

在平顶山那场瓦斯爆炸的事故中，遇难的矿工是84位，刘庆邦跟踪访问了其中的5位工亡家属。他记录了他眼睛所看见内心所感受到矿难给人精神带来的疾苦，那些心灵的疾苦成为他文学的标本。

在瓦斯爆炸的前几天，陈广明乘车几百里回了一趟老家。他听说母亲病了，买了些药，给母亲送回去。返矿时，妻子杨翠兰不愿让他走，说蚕老一时，麦熟一晌，眼看麦子就要动镰了，让他在家帮着把麦子收完再走。陈广明说，那不行，他跟队长说好了，麦收期间在矿上出勤下井，人说话得算数。他还对妻子说，在麦收期间，矿上对出勤人员实行奖励，这样下来，他一个月的收入可能比妻子种一季小麦的收入都多。杨翠兰平时爱跟丈夫说笑话，她问丈夫，是钱值钱，还是麦子值钱？丈夫还没回答，她先把答案说出来了，她认为麦子值钱，因为钱一个月可以挣那么多，而麦子呢，经风经雪，过冬过春，要长好几个月呢！丈夫不同意这个比法，他拿煤和麦子比，说煤在地底下几千万年才长成呢！妻子的理没讲过丈夫的理，妻子只得恋恋不舍地放丈夫回矿去了。杨翠兰说，她要知道广明回矿会出事，她拼命也会拉住他。杨翠兰一遍又一遍悔恨不已地说："我真该死啊！……"

杨翠兰在收音机里听到了十矿发生瓦斯爆炸的消息，头皮炸了一下，马上想到丈夫。当时她正在家里给丈夫拆毛衣，毛衣旧了，袖口处断了线，她要把毛衣拆开重新织一下。听了广播，她再也干不成活儿，心里乱得比刚拆下的一堆毛线还乱。她算了算，丈夫回矿已经三天了，瓦斯爆炸时丈夫正在矿上，老天爷，这可怎么得了！她是个信神的人，马上到镇上的一个庙里烧香去了。她虔诚地给神像磕头，向神灵祷告，许愿。她说："老天爷，我许给您一头大肥猪，您保佑陈广明平平安安回来吧，到过年时我给您杀猪。"根据当地农民流行的做法，她还另外给老天爷许了一场电影，说陈广明要是能平安回家，她在村里放一场电影。

杨翠兰许了愿还没回家，矿上接杨翠兰的面包车已开到她家门口，村里人赶紧去把杨翠兰找回来了。矿工家属里流传着一句顺口溜：千不怕，万不怕，就怕门口响喇叭。响喇叭是指矿上来车，一来车就大事不好，十有八九是报丧的。车在杨翠兰家院子门口刚停住，全村的大人孩子都围过来了，院里院外黑压压一片。杨翠兰回来时，全村的人都看着她，似乎在等待她的态度。杨翠兰这时的态度是：我不哭，我一哭不是等于我们家广明真出事了吗！她做得跟平常人一样，说，咦，咋来了恁些人！她问矿上跟车来的人，陈广明回来没有？矿上的人说，广明同志出了点事，让她收拾一下上车，到矿上再详细说。

杨翠兰进屋看见她的三个神情恐惧的孩子，这才憋不住了，她对孩子说："你爸爸不会死，他就是能舍下我，也舍不下你们啊，你们还小……"她抱住最小的儿子就大放悲声哭起来。她一哭，几个孩子和闻讯而来的父母和兄弟姐妹们都哭了。乡亲们劝他们别哭了，结果连劝人的乡亲们也哭了。

矿工阮河清的遗体告别仪式定在下午 2 时。阮家的亲戚忙着买纸，买炮，买孝布。阮河清的一双儿女娟娟和亚军头上、腰间都扎上了用整幅的生白布做的重孝。两个孩子苍白的小脸，忧郁而惊恐的神情，看到他们令人悲伤。

"我也想去和我的矿工兄弟阮河清告别一下，便凑上了 60 块钱的纸份子钱。"刘庆邦说。

来到市里殡仪馆，刘庆邦得到允许，可以先到整容室看一看。阮河清已被整过容了，他被安排在一个底座装有辘轳的灵台上，上面罩着一个玻璃罩。他穿着一身崭新的西装，脖子里系着领带。他头上戴着一顶鸭舌帽，脚上穿着一双棉布的登云鞋，看上去和西装不那么协调。据阮河清的妻子说，阮河清生前从没穿过西装，更没系过领带。这么好的衣服，阮河清穿上也许会感到不大自然，可阮河清表情平静，宽厚，似乎已超然物外。属于阮河清的还有一张白纸条，白纸条在他身上放着，上面用蓝笔写着三个字：阮河清。

刘庆邦和赵家母女坐一个车，他早早地到车上坐着去了。因为他看见殡仪馆的院子里又来了好几批工亡矿工家属，他们都是来和亲人的遗体告别的。整个院子里哭声一片，气氛异常沉重哀绝。刘庆邦不敢再看，不敢再听，呆望着车窗外那根冒着缕缕黑烟的烟筒。"我心口发堵，头也有些晕，我觉得自己受不了，很想痛哭一场。"刘庆邦说。

我就是要感情用事

"常听见一个人指责另一个痛哭或发火的人，你不要感情用事。但是我当初给自己确定的写作宗旨却是，我就要感情用事。"刘庆邦说，"我的个人经历使我动感情的机会多些，养成了爱动感情的心性，愿意对弱者、不幸的人和善良的人倾注更多的同情和温暖。我希望对恶人表示一种明显的憎恨，希望调动起人们对恶人恶德的憎恨情绪。这些想法在别人看来可能很幼稚。我还有个幼稚的想法，就是日后小说结集，就叫《眼泪集》。"

刘庆邦到地处八百里秦川北端的蒲白矿务局，实地走访过局属四座煤矿的 20 多家贫困职工家庭。他对所见到的每位局领导和矿领导都不讳言——就是要了解一下煤矿职工的生活状态。领导们都以真诚和开明的态度，欢迎和支持刘庆邦的采访。那些采访看到的情况和细节是待在北京所想象不到的。

蒲白矿务局南井头矿是一座报废矿井。按原设计服务年限，这座煤矿可开采 42 年，直达新世纪的 20 年代。因为疯狂的小煤窑麇集而来，在南井头井田范围内你抢一块，我夺一块，把一座好端端的煤矿生生糟踏掉了。南井头只采了 8 年就报废了。"好比是一个人，本来可以活到 40 多岁，由于备受蹂躏，未成年就夭折了。"刘庆邦特意到报废的矿井井口和井口工业广场看过：天轮像被抽去了灵魂的无极绳，凝固不动；锅炉房因无煤可烧，早已熄火；树木被盗伐者砍得露着白茬；通往井口的铁轨还在，铁轨两侧和道心内，煤尘上面是灰尘，几乎把铁轨埋没了。偌大的工业广场空无一人，只有一种被当地人叫成土斑斑的灰鸟，在不知名的地方叫上几声，像是在为报废的矿井唱挽歌……

"我怀着一种追寻的心情，趟着积尘，一直向斜井的井口走去。粗钢管焊成的铁栅栏把井口封死了，透过铁栏的缝隙，我使劲往里看。里面黑洞洞的，什么也看不见。只有我所熟悉的、全中国的矿井共有的气息徐徐地从井底涌出来。不难想象，曾几何时，井下是一派龙腾虎跃的生动景象，有多少矿工在这里献出了他们的汗水、青春乃至生命。然而转眼功夫，这里就变成了废墟。据介绍，这座煤矿曾被原煤炭部领导和新闻媒体誉为西北煤矿一枝花，这枝花是过早地凋谢了。离开井口往回走时，我看见了残留在井口两边墙壁上用红漆写成的大字标语，一边是

'汗水洒煤海深处'，另一边是'乌金献祖国母亲'。'母亲'的说法使我突然间热泪盈眶。"

"矿工的生活，你要不亲眼见，很难想象。很多矿工长年都不洗澡，他们用一个小脸盆的水，洗完手洗完脸之后，随便用毛巾往身上擦一擦。因为那里的水都含很多硫磺及矿物质，不能长期使用，否则会侵蚀皮肤的。他们的背部和脸都不干净，几乎没有人的脸是白的。因为煤矿经常坍塌，矿工随时都有可能会死，他们会说：今天晚上把鞋脱在井上，不知明天还能不能穿；今天把你搂在怀里你是我老婆，不知明天还能不能搂你做老婆。在他们跟矿主签的合同里就清楚订明断一只手赔偿多少钱、断一条腿又赔多少钱，他们将自己出卖了。"

"小煤窑的窑口一侧，有一个用板皮搭成的棚子，里面一顺头放着三口棺材。棚子口大敞着，窑工去下窑，一抬眼就把棺材看到了。他们像是不愿意多看，目光都有些躲避。干了一班从窑里出来，他们先看到窑神的神龛，接着映入眼帘的又是醒目的棺材。因是活着出来的，有一班的胜利在握，他们看棺材的目光才直接些，还有那么一点不屑。但是初来这里下窑的窑工，一见棺材心里就发毛，腿杆子不知不觉就软了。初来的窑工以为那里开的是一家棺材铺，他们想就算煤窑里经常死人，就算在窑口卖棺材生意好些，也不能这么干哪，这对煤窑和窑工来说都太不吉利了。"

这是刘庆邦发表在《大家》杂志 2005 年第 1 期的小说《福利》中的一个情节，这个情节来自内蒙古西部山区的一个煤矿。

"很多人都看到过那些棺材。"刘庆邦说，"后来才知道，棺材摆在那里，既不是开棺材铺子，也不是向窑工敲什么警钟，而是这家窑主别有创意。创意有两个方面，一是以毒攻毒，以棺材的晦气冲走窑下的晦气；另一个更重要的原因，它是本窑窑主为窑工们预设的福利待遇，也叫看得见摸得着的精神安慰，为的是解除窑工们的后顾之忧。三具棺材以上佳的存在告诉窑工，这里的窑主是比较开明的，是很关心窑工的，窑工们不要怕这怕那，只管在窑下好好干就是了，万一在窑下遇到不测，窑上绝不会把窑工的尸体随便掩埋或抛尸荒野，一定会把大家妥妥地请进棺材。老一些的窑工对窑主的做法相当赞赏，认为这里的窑主很有人情味，跟别的小煤窑的窑主的确不一样。据老窑工黄皮子讲，邻近的一家小煤窑，死了一个窑工，窑主赔给窑工的老婆一万块钱，就算完了。窑工的老婆离老家千里万里，没办法把丈夫的尸体弄回去，就撇下丈夫，拿上钱走了。结果，窑主着人把窑工的尸体扔到一个沙窝子里去了。风来了，扬起的黄沙落在窑工脸上，像是给黄脸贴了一层金。风又来了，把窑工脸上的'贴金'吹去，窑工的尸体重又暴露出来。不知哪里来的野狗、秃鹰、老鼠和蚂蚁，把窑工的尸体撕扯得一塌糊涂。还有一家煤窑，窑主见窑口冒出一柱黑烟，知道窑下着火了。他不许人向山外报告，也不想法救人，自己卷钱跑了。窑下有十几个挖煤的窑工，闻讯赶来的家属连他们的尸首都没见到。相比之下，这里的窑主为窑工着想，提前就把棺材预备下了，真的很够意思。"

刘庆邦试图以自己的写作震醒世人的麻木和不仁，用他的说法就是"改善人心"。

"社会从物质匮乏到全面物质化，人的身体成了欲望的盛筵，人对金钱的索取也到了疯狂的程度。频发的矿难是物欲横流结出的一个恶果。作家应该关注在矿难中牺牲的生灵，文学应该记录和表现他们的命运。作家的这个良知不能失去，这个良知失去了可能比矿难还要可怕。"

在越来越多的作家把关注的目光投向城市、投向官场、投向财富时尚的时候，刘庆邦独自开垦经营着自己的文学园地。他的文学园地由两大块构成，一半是乡村、平原；一半是煤窑、竖井。乡村的一半，有春夏秋冬的时序，日月星辰的照耀，有平原的风，洋溢着乡间的气息，那里有传统的人伦、亲情、道义和梦想；煤矿的一半，是另一种特殊的生存，闷暗的环境、强悍恣肆的灵魂、粗鄙的语言、残酷的复仇。进入地层深处的人们，被置于幽暗、险恶的环境，那里有死亡和本能需求匮乏的阴影，有地下火一样的顽强和灼热。刘庆邦不断地写着他的矿区小说，写着他心目中的矿工们。《走窑汉》《检身》《窑哥儿》《家属房》《找死》《宣传队》《黑地》《琥珀》《屠妇老塘》《血劲》《白煤》《水房》……那些生存在黑暗之地的窑工们，可以通过刘庆邦的笔从暗无天日的地底下走出来，走到世人面前。

《神木》在《十月》文学杂志发表后被《中华文学选刊》转载，转载小说的杂志收到湖北一位矿工寄来的大红绸子，那位矿工感谢刘庆邦关注矿工生存，感谢他为矿工写作的热忱。

王安忆去矿区跟人说：到陕北，只要提路遥就有人管你饭；到矿区，只要你提是刘庆邦的朋友，就有人管你酒。她也是听人说的。

刘庆邦高兴听到这个说法，他认为这是矿工们给他的最高礼遇。

张贤亮：我很有幸和中国整个民族同命运

到镇北堡影城是在雨天。泥泞的道路使我们形色仓促。

然而看到这些场景的时候还是会放慢脚步观看。陈旧的木板拼接的二层木楼，二层的木楼边侧分别悬挂着两组红色的灯笼，每组灯笼有 4 个。底楼的顶上有柴草，有干硬的泥土。也有木棍钉制的窗栏。然而最触目的是那些排列在空地的陶制的酒缸，数十个排列在空地的大肚子酒缸贴着三角红纸，上边用墨写着"红高粱"和"十八里红"。

看到这些排列的酒缸，熟悉的人都会内心泛起涟漪。这是电影《红高粱》当年拍摄内景的现场之一。同时在这里还能看到红色染布作坊的现场，拍摄祭拜酒神欢唱"通天的大路九千九百九十九"的现场。就是在这里当年锋芒初现的张艺谋与巩俐和姜文合作，拍摄后来在中国电影史上闪现璀璨光芒的电影。如今获得诺贝尔文学奖的莫言在那时还是毛头小伙子，他和张艺谋姜文裸着胸膛合影的照片，至今还悬挂在镇北堡的一幢乡村院落的墙壁上。

除了《红高粱》，还有影片《牧马人》《一个和八个》《黄河谣》《双旗镇刀客》《边走边唱》等 121 部影视剧在这里取景。陈列在影城的场景和实物以及影像，讲述着当年拍摄这些电影的纷繁故事，讲述着中国电影和文学的故事，也讲述着当代中国的故事。

"被解放的人"与他的《灵与肉》

最早在镇北堡拍摄电影的还是谢晋和他组建的《牧马人》团队。

1980 年的银川还是风沙弥漫的时候，谢晋穿着绿军棉大衣和他的随行出现在银川街头。

他们敲响一幢家属楼的门。住在里边的张贤亮微笑地迎接他们的到来。这是两个饱经忧患的男人的相遇，也是中国电影和文学的相遇。其时谢晋决定将张贤亮创作的小说《灵与肉》改编为《牧马人》，他带着编剧李准、演员朱时茂和丛珊专程从上海乘坐飞机到银川找张贤亮。那时银川街头没有酒吧，没有咖啡馆，连饭店也很少。要谈事情多是到家里来。谢晋和剧组住在银川的贺兰山宾馆，与张贤亮的家只有一条马路之隔，他们频繁见面，四处寻找外景，到劳改地南梁农场体验生活。这是张贤亮多年未有的快乐时刻。

2015 年 9 月 6 日上午，在镇北堡西部影城的一间办公室，《世界遗产地理》访问张贤亮的夫人冯剑华女士，她也是《朔方》杂志副主编。"当年贤亮刚刚获得解放，我见到他的时候，他就穿一件农场版的确良黄军装，掩不住高大挺拔的身材，谦卑、寡言、却绝不萎缩，周身透出书卷气。"冯剑华回忆道。张贤亮最初引起外界关注的是他的短篇小说创作。作为昔日因诗歌创作罹祸的劳改犯，到 1979 年之间重新开始写作生涯，在那段时光里，上访是他的日常状态，上访、写申诉信，没有人理睬，有人提醒他："你不是会写么？把你的经历写成小说作品，看到的人多，社会也会关注。"他听取了这个建议，开始将自己的经历写成小说。这些小说投到宁夏的文学杂志《朔方》，编辑冯剑华是最早看到张贤亮这些小说的人。作为边陲身份的文学期刊，《朔方》的编辑们都苦于没有具备质量的作品。张贤亮连续投给《朔方》的小说稿令他们眼前一亮。《四十三次快车》《吉普赛人》《霜重色愈浓》,《朔方》接连三期以头题刊登。

"他的文笔老到,立意高远,在一大堆来稿中鹤立鸡群。"当年担任散文组编辑的冯剑华回忆道。很快因为作品赢得社会关注,张贤亮从劳改的南梁农场调到宁夏文联工作。1979 年的宁夏文联还在一个电影机械修配厂楼上办公,黑黢黢的走廊臭烘烘的,一间间办公室跟洞穴似的乱七八糟。

因缘使然,张贤亮与散文组编辑冯剑华成为谈话的知己,很快他们就恋爱并结婚。一间十几平方米的小屋做了他们的新房。结婚的时候,张贤亮身上仅有七元钱。他穿着自己亲手用黑白两色生羊毛织成已经破到只剩两条腿的毛裤。然而婚后的生活是甜蜜的,每天清晨或者黄昏,张贤亮骑着用 28 元钱买来的二手自行车上下班,冯剑华坐在车的后座上。他们都感到新生活带给他们的安宁和幸福。这时候的张贤亮创作激情和能力汪洋恣肆。

他们开始了写作上的合作。冯剑华从《银川日报》看到刊登的灵武农场严纪彤、王柏玲夫妇的事迹。他们为了热爱的事业,放弃了去国外定居的机会,谢绝了亲人的挽留,毅然回到祖国,回到灵武农场进行自己的实验。这是一个很好的报告文学题材。张贤亮与冯剑华就骑着自行车去采访他们夫妇。但是采访完成后张贤亮想把这事儿写成小说。《灵与肉》就是这么诞生的,小说讲述了一个富有的父亲在阔别祖国三十年后回来,寻找他的儿子并叫他与其一起去美国的故事。写作这篇小说的时候,张贤亮动用了自己的素材。将个人的劳改经历放到主人公身上,将资本家父亲的经历写进了小说。这是"反思文学"最早的样本。小说在 1980 年第 9 期《朔方》杂志发表之后引起社会的强烈反响,当期的《朔方》杂志被读者抢购,不久《灵与肉》即获"全国优秀短篇小说奖",成为张贤亮的成名作。

1936 年 12 月,张贤亮出生于南京一个显赫的官僚家庭。他的祖父曾经从北洋军阀张勋那里得到一幢南京著名的别墅——梅溪山庄。张贤亮不愿意透露父亲的身世，只称他为"资本家"，因为他父亲曾经拥有一个工厂。然而据可靠资料称，"他的父亲曾经是国民党官员，同时经营很多家大型企业，包括一家海运公司。50年代初死于狱中。"

小说《灵与肉》发表后，谢晋看后决定改编为电影。编剧李准先来，通过宣传部找到张贤亮，他带着李准到南梁农场体验生活。剧本完成后，谢晋带领剧组到宁夏，他们将劳改农场作为内景地在银川的镇北堡搭建起来。后来的影片讲述了这样一个故事：1980年，老华侨许景由从美国回来，找到了在西北牧场工作的儿子许灵均，决定带他去美国继承遗产。而三十年来，许灵均经历了孤儿到右派分子的痛苦，他是在牧民的关怀下鼓起了生活的勇气，结婚生子，走上了教师的讲台。这一段无法忘怀的往事，使许灵均留在了祖国的大草原，而许景由最终理解了儿子，找到了他并重温父子之情。当年电影《牧马人》的公映引起观众的强烈反响，个人在政治运动中形成的精神和肉体的创伤，以及国家如何医治国民的历史创伤凝聚人们的爱国激情，这些由电影《牧马人》引发的话题当年被媒介热烈讨论。至今镇北堡西部影城还保留着当年拍摄电影《牧马人》的实景。关押"右派"的牛棚、主人公许灵均与妻子结婚时住的土屋，屋里的陈设都在这个搭建起来的内景重现。

1983年《牧马人》获第三届中国电影金鸡奖最佳男配角奖、最佳剪辑奖，第六届《大众电影》百花奖最佳影片奖、最佳男配角奖，文化部1982年优秀影片奖。

同期，《牧马人》获得马尼拉国际电影节奖。

"重放的鲜花"与"新浪潮电影"

《灵与肉》是张贤亮写作生涯中具有标志性的作品，借助电影《牧马人》的影响他被广泛关注。那个时期，每次他乘坐火车出行时都会被看过他小说的读者或看过电影的观众认出，他的文学影响力由银川走向全国。张贤亮的境遇曲折坎坷使他的人生充满戏剧性，这注定了文学和电影的光谱在他身上的交集。

"如果要为20世纪80年代中国大陆小说发展的杰出成就选择一位代表作家，我会选择张贤亮。"旅美学者夏志清先生在他的评论文章中如是说，"对张贤亮这样的作家来说，他们最想做而且明明白白正在做的，就是成为一个有着社会良知的精神精英，就是博览群书，不断提高艺术修养，当然最重要的，是创造性地运用自己的记忆力与想象力去创作作品。"

《宁夏出了个张贤亮》是评论家阎纲评论文章的标题。当年的文学评论家拥有至高的话语权，评论家对一个作家的发现和推荐乃至赞美具有决定性的影响力。自此张贤亮开始走出宁夏被全国关注。而他蓄积多年的创作激情也在这时处于"井喷状"。《绿化树》《男人的一半是女人》《我的菩提树》《习惯死亡》等具有自传性的小说陆续发表，引起外界的广泛关注。1980年代初是文学的黄金时期，也是思想解放的时期。随着伤痕文学唱响新时期文学的第一序曲，"重放的鲜花"也在次第开放。当年被作为右派在新疆下放的王蒙重返文坛，丛维熙、李国文、陆文夫、方之等当年的右派作家同时复出，映现出新时期文学绚烂的风景，而从宁夏结束劳改生涯复出的张贤亮更具反思力量。

中国电影也在这时初试啼声。继《牧马人》之后，电影《一个和八个》也开始投拍。作为张军钊的作品，这部电影也是陈道明和陶泽如的出道之作。

在镇北堡有一处简陋的院落是当年拍摄《红高粱》的内景地。斑驳的土墙，低矮的土屋，悬挂在土墙上的一幅照片会引起游人注目，那是当年张艺谋蹲在地上跟巩俐说戏的镜头。巩俐躺在放在屋外的地铺上仰头看着。张艺谋作为《一个和八个》的摄影师对镇北堡情有独钟。1987年他作为电影导演投拍的第一部电影《红高粱》就被他搬到镇北堡来拍。

《红高粱》一举夺得国际电影节大奖——"柏林金熊奖",使中国电影走向世界。饰演"九儿"的巩俐后来成为国际巨星,姜文成为影帝,《红高粱》的摄影顾问长卫当导演后捧回了柏林银熊奖,莫言因电影《红高粱》受人瞩目,后来获得诺贝尔文学奖。这自然是这次电影浪潮的高峰。如今在西部影视城可以看到莫言与张艺谋的合影——年轻的莫言与同样年轻的张艺谋和巩俐姜文。至今在西部影视城还保存着当年拍摄《红高粱》的遗迹。酒缸、酿酒的作坊,巩俐饰演的"九儿"的房间,她为躲避丈夫而在屋外放置的门板床都在。随着这部电影的经典化,这些地方自然也成了游人游览的胜景。

腾文骥导演的《黄河谣》也是在这个时期拍摄的。此时的腾文骥作为先锋导演已经拍摄过《生活的颤音》《苏醒》,而《黄河谣》延续了电影的探索性。但这次拍摄成为电影先锋潮流的尾声,如同张贤亮的小说是"重放的鲜花"最后的绽放。

1985年,张贤亮在《收获》杂志发表长篇小说《男人的一半是女人》,小说发表后引起广泛争议,被批评者斥为"黄色""下流"。这部小说的发表使张贤亮成为"标靶"。1987年应美国爱荷华大学国际写作中心邀请,张贤亮赴美参加该中心成立二十周年庆祝活动,国内即有人传言,张贤亮就此"叛逃"不归,迫于当时的形势,张贤亮在美发表演讲,表达自己的"归国"之心。1988年6月应比利时布鲁塞尔范登等出版社邀请,张贤亮参加国际图书博览会,并对比利时和法国进行访问,受到比利时国王接见。然而之后作家们的创作陷于沉寂之中,张贤亮的文学创作也再度进入沉寂期。

"最后的作品"与"人生的谢幕"

2008年10月18日,谢晋猝然辞世。听到消息张贤亮泪水纵横。

"他的人生的一个知己失去了。"冯剑华回忆道，"张贤亮和谢晋有共同的遭遇，他们都被打成过右派，后来成了老朋友。除了拍摄《牧马人》的交往，后来在私下他们也多有交往，谢晋给他送酒。"张贤亮与谢晋的最后一次合作，是根据他的小说《邢老汉和狗的故事》改编的《老人与狗》。这是 1993 年，谢添与斯琴高娃主演。这是书写一个老人晚年寂寞与他忠实的狗的故事。难以想象多年拍摄宏大叙事题材的谢晋会选择这样的个人化题材，然而这个电影的寂寥风格也是那个年代的映照。

　　陈凯歌的《边走边唱》是在 1992 年拍摄的。黄磊和许晴出演男女主角。这部电影延续了第五代导演的探索和实验风格。然而随着商业化大潮在中国的飙袭，电影的娱乐化风潮不可阻挡。此时的电影与文学一样，渐渐失去直面社会和现实的力量，历史剧和宫廷戏大行其道，张艺谋转型拍摄《英雄》《满城尽带黄金甲》，陈凯歌转型拍摄《荆轲刺秦王》《无极》等片。镇北堡影视基地也迎来娱乐电影的拍摄，《飞越绝境》《冥王星行动》《西域响马》，这个时期最为劲爆的电影是王家卫的《东邪西毒》和周星驰的《大话西游》，它们挟带着娱乐片狂潮席卷大陆。

　　1990 年代，张贤亮的小说创作出现停滞，主要精力由文学写作转到商务活动和企业经营。他先后创办宁夏艺海实业发展有限公司、宁夏商业快讯社、绿化树保健饮品有限公司、宁夏华夏西部影视城四家公司，出任董事长。在这些商务公司里，镇北堡西部影城被他视为最重要的作品。张贤亮个人也跟电影有了不解之缘，他的九部小说被改编为电影，包括《灵与肉》《邢老汉和狗的故事》《肖尔布拉克》《黑炮事件》《龙种》等。

　　镇北堡西部影城分为"老银川一条街""明城""清城"三个集群。

　　如今镇北堡影城已经成为西部民俗的展示地，是集影城与休闲于一体的文化城。

　　地灶，仍在灶膛的劈材和点燃的柴火；铁匠穿着皮裙站在火灶边用铁锤打铁，如果游客有兴趣，可以握着铁锤敲击；酒缸里盛放着自酿的白色米酒，游客有兴致时可以品尝一口。

这是镇北堡的细节。镇北堡西部影视城原来是明清时代的边防戍塞，即驻军的军营。古代宁夏地区是农耕民族与游牧民族的交接地带，明清两朝沿贺兰山脉至嘉峪关修筑了二百多座兵营，镇北堡就是其中之一。据《朔方志》记载："镇北堡，系土城。距县城四十里。明（朝）置操守。"明代《嘉靖宁夏新志》载："北自平虏城，南抵大坝，沿山空旷三百余里，虏入境，视入无人之地。"仅在宁夏，比镇北堡完整的尚有四五处。辛亥革命后，满清军队解散，城堡被附近的地主或农牧民占有。明代修筑的镇北堡因为在乾隆三年被一次大地震摧毁，牧民主要居住在乾隆五年修建的城堡中。明代的镇北堡已经成了废墟，清代的镇北堡又成了一个大羊圈，墙土被挖去垫圈，城砖被拆下盖房，尤其在1958年的"大跃进"中，人们干脆就在城墙上打出一个个垂直的大洞当所谓的"土高炉"，架起柴火大炼钢铁。

1993年张贤亮创办"镇北堡西部影城"。因为资金缺乏，他将自己外文译本的版税抵押给银行，加上四处筹措来的钱，公司注册资金为93万元，实际到手的是78万元。

着手创办镇北堡影视城的时候，镇北堡古堡是一座残破不堪的大羊圈。堡内还居住着22户牧民，几千头羊。圈棚破烂，遍地羊粪。1994年初，镇北堡影视城还在初建阶段，没有营业收入的时候，中央下发文件，要求党政机关团体与其所办的"三产"在人、财、物上全面"脱钩"，并且不容许机关干部在企业中兼职。张贤亮是宁夏文联主席，又是党组成员，虽然企业还在负债经营，未见盈利，也必须执行中央文件，让企业和宁夏文联脱离关系。张贤亮以法人的身份留在企业。这是因为他如果脱离企业，银行的贷款则无人承担，何况贷款的质押品是他本人的外汇存单，他只能继续担任董事长。当时的状况如同掉进冰窟窿全身冰凉。如果镇北堡西部影城经营失败，他便倾家荡产，企业成了他个人控股的股份，不小心就会成了"私有制"的资本家。

为了应对未来的发展和挑战，在创办镇北堡西部影城时，张贤亮拟定将影城办成"中国古代北方小镇"。"影城",即为"中国古代北方小城镇"的"投影"或者"缩影"。

创办影城的第二年,张贤亮就还清了银行贷款。第三年影视城进入良性循环,开始自我滚动发展。到第四年张贤亮出资妥善搬迁安置了堡内的牧民和羊群,逐渐完善基础设施。为了保持镇北古堡原有的古朴荒凉的风貌,将明清两堡300多亩范围内的上下水道、电缆线、通讯线路、暖气管道全部埋入地下,纵横交错8000多米。同时从固原县城附近收集散落在老百姓家里的明代城砖(在"文革"中,固原县城被拆毁)来修建坍塌的镇北堡古堡城门,做到修旧如旧,保护了镇北堡作为古堡文物的原生状态。

在下海之前张贤亮也不能说毫无理论准备。"在劳动改造的22年中,我唯一熟读的书就是马克思的《资本论》。当初是像奥地利作家茨威格在小说《象棋的故事》中描写的那样,出于一种书生积习,在囚禁中也要找一本书来读。"2001年3月,张贤亮应邀在北京大学国际MBA"大管理论坛"演讲时说:"《资本论》还是容许犯人看的,而没有想到的是我一看就看进去了。这本书在黑暗的年代告诉了我那时的所谓'计划经济'从根本上违反了社会发展规律,最终必然垮台,从而鼓舞起我顽强地活下去并怀着希望在屈辱中等待。"

张贤亮等到了他个人的解放,等到了一个国家的改革和开放,也等到他事业的鼎盛之时。

2014年9月27日14时,张贤亮在银川因病医治无效离世,享年78岁。

对于他的一生,有诗曰:

曾有豪情唱大风,转瞬身世如飞蓬。
荆棘丛中觅小温,饥肠难耐哭途穷。
张郎有幸过人智,巨笔如椽写国情。
痛悼牧马人远去,泪倾西部影视城。

第五部分

仿佛万古长夜的隔绝

李敖：不是误上贼船，而是贼上了船

晚年的李敖具备了一个优秀演艺人员的出众表现。

2005 年 9 月 19 日，李敖的"神州文化之旅"开始，行走之间，所到之处，他都被成群身形挺拔体形魁梧的保安围护着，俨然是"老大"的作派。他在北大演讲展示被查禁的 96 部书的清单，那个写有被查禁书名的数米长的长卷被李敖拉出来，打开，高举过头，这个特别的证据获得了观众的掌声；在清华演讲李敖当众撕掉了美国总统布什在清华大学演讲时的原文和译稿，他的潇洒动作出人意料，又充满相声类的包袱。他引用胡适的话说："有人告诉你'牺牲你个人的自由去争取国家的自由'，可是我要告诉你，'为个人争自由就是为国家争自由'。"李敖在台上气定神闲，口若悬河，巧言令色，巧舌如簧，加之他丰富的肢体语言，使看见他演讲的人们眼界大开。

李敖不讳言自己的表演。台湾"行政院文化建设委员会"出版的《作家作品名录》，里面记录了 706 位作家，但这个名录里没有李敖，有李敖的前妻胡因梦。李敖对此耿耿于怀，他说：这个名录使演艺人员胡因梦变成作家，使作家李敖变成演艺人员。李敖有多重身份：批评家、作家、历史学者、收藏家、台湾地区无党籍"立法委员"。但是在他到大陆的时候，最炫目的是他作为电视明星的身份。因凤凰卫视的《李敖有话说》，独守书斋的李敖走向大众；嫉恶如仇的李敖在晚年找到思想表达的新空间。凤凰卫视总裁刘长乐形容李敖加盟凤凰是误上贼船，李敖调侃自己"不是误上贼船，而是贼上了船"。

看过《李敖有话说》的观众会记得李敖出现在电视中的形象：红色的绸缎马褂卷着白袖子，戴着墨镜，敞着怀，手拿一根教鞭。李敖解读他出镜的服饰所具有的意味，在描述了一些知识分子如蔡元培、陈独秀、梁漱溟、冯友兰如何穿着长袍马褂之后，自我解说："凡是卷着袖子、前面打开的，只有一种人——上海流氓。上海帮会里的青帮老大才是这样打扮。我李敖的打扮就是上海流氓的打扮。"

以证据骂人，以口舌开心，是李敖的杀手锏。很多人都畏惧李敖的这一利器，也因此使李敖获得绝对的话语霸权。李敖是令人畏惧的，被他看成是恶人的，举凡政客，在他犀利的攻击下几乎无不落榜；李敖善骂，被他抨击咒骂的人大约超过3000多人。锋芒所至，有他的敌人，也有他曾经的朋友，李敖历历举证的批判使他的对手和仇家噤若寒蝉。

"作为一个知识分子，头脑好，又有骨气，这是高难度的事情。我李敖做到了这一点。可是很不幸，我脱离了知识界，没有人认为我是学者，我也不甘于做一个学者，我变成什么？我变成一个演艺人员。"

公开场合的李敖是好斗的，挑衅的，嫉恶如仇，刻薄而张狂；而私下里的李敖是谦和的，耐心的，待人接物显示出深厚的修养。他在回答"怎么看你在台湾的影响"时说："达摩到中国来的时候，说过一句话：'菩提达摩东来，只要寻一个不受人惑的人。'我在台湾就是在做到这一点——我个人不受迷惑，也希望训练一些青年人不再受迷惑。"

"陆游有一首诗，'尊前作剧莫相笑，我死诸君思此狂'，他的意思是说，在你们面前我和你们开玩笑，我死了以后你们想我想得发疯。我李敖也是，等我死后，你们会想我想得发疯。"李敖大笑着说。

把正确的、正义的声音传达出去

竞选台北市长，你有胜出的把握吗？

李敖：我认为胜不胜不是我的第一考虑。我觉得能够把正确的、正义的声音传达出去，才是我最重要的考虑。我跟选民说，别以为你投票给我只是投我一票，这是错的。你投票给我实际上也是在投你自己的票。我让他们选择，一种是做一个糊涂的、被人骗的选民；一种是聪明的、具有良知的选民。我出来（选市长），是给选民一个选项。我不出来他们就没有选项了，我出来以后大家会知道，白的和黑的会有不同的颜色。

你说你代表正义和良知，你能代表吗？

李敖：当然我能代表。我们所谓的代表不是嘴巴说说而已，要看你10年，20年，30年，40年，看你一路走来，始终如一的记录。我的记录最清白，最完整，不是吗？我在台湾，到今天为止，没有参加过任何政党，没有搞过政党之私，你在台湾找一个这样的人给我看看？没有嘛。

对自己人生记录的清白你很自信吗？

李敖：绝对自信。我有证据证明自己，在台湾我可以做人格的典范（笑）。

你曾把台湾形容成一个被污染的苦海，那为什么不离开这个苦海？

李敖：我们这些人都是旧式的人，是不会逃避的人。我不离开台湾的原因是，台湾是我工作的一个场地。除了跟台湾发生的各种纠缠以外，我自己在台湾做起工来得心应手。我的资料、我的书都在我的前后左右，用起来比较方便。温暖的气候也是我留在台湾的一个原因，气候一冷我就不舒服。

你曾抱怨说，台湾把你搞小了，所以你就要把自己变大，你怎么把自己变大？竞选"总统"、"立法委员"、台北市长是你变大的方式吗？

李敖：都不是。凡是跟台湾有实际上的纠缠的行为都不是。跟台湾有关的都是变小，不会变大。台湾对我说起来像一个英文小写的字母，怎么放大，它都是小写。

你让自己变大的方式是什么？

李敖：我写作、做节目。我只有自己让自己变大，不是台湾把我变大，只要跟台湾有关，就会变小。

你对台湾的政治没有期待吗？

李敖：我不期待。

做一个搅局者也没什么不好

2003 年你做过一次手术，手术之后，你跟陈文茜说，"我们都白活了，白忙了一场人生。"你说你要闭门写作，现在你又卷进政治里，为什么？

李敖：我其实大部分的时间一直在闭门写作，这五年来我动了三次手术，每一次手术都是一次大悟。我只是无法避免会花一部分时间去打狗，因为狗就在你身边窜来窜去，你无法不花一部分时间去打这些狗。这可能是我们的无奈，因为一切并非如你所愿，总要花一部分时间去打狗，还要花一部分时间去打过街的老鼠。我们所处的环境不能使我们对身边的狗和老鼠完全视而不见。在蚊子和苍蝇围着你转的时候，你还会赶蚊子，会拍苍蝇。我举一个例子吧。你看邓小平，他在 1949 年以前打了 20 年的狗，全部的时间都用来打妨碍中国进步、妨碍中国走向现代化的狗，你能说他 20 年的时间全都是浪费？他不浪费就消灭不了中国的这些拦路狗。

你竞选过"总统"，竞选过"立法委员"，又要竞选台北市长。你竞选这些政治职务的真正动机是什么？

李敖：真正的原因是，我要让自己的声音发出来。在台湾你要说话就要找到一个立足点，找到一个发言的平台，这样你的声音才会被人听到。现在我在"立法院"有这么多声音出来，就是因为我占据到这个平台。我参加的选举越多，占据的平台就越多，我的声音、我的思想，就更容易传播出去，这是我最主要的目的。"立法院"是我垫脚的肥皂箱。

没有这些"肥皂箱"垫脚，你的思想和声音会被忽视吗？

李敖：台湾就是政治挂帅嘛！没有这些动作，你的声音不会那么容易出去，没有这些动作，你的声音也不会被人重视。

在"立法院"，你扮演什么样的角色？有一种说法，你在"立法院"的作用仅仅是一个搅局者，一个永远的反对者。

李敖：这样说也没有错，但这样说是太小了。做一个搅局者也没什么不好，如果整个局是个乱局，有人来搅也很好。水是死水，有人把它搅浑也很好。这样说也不坏。可是这样说的人，他们没看到事情更光明更积极的一面。在这一年以来，我在"立法院"做的最重要的事情就是挡住了陈水扁政府向美国人购买武器，我阻止了陈水扁政府花 3000 亿的钱购买美国人的武器，到现在"军购案"难以过关。当然这不完全是我一个人的作用，可是因为我的登高一呼，大家群起响应，"军购案"就被挡住。我觉得这是我做的最重要的事情——先把家门外的敌人挡住。一般人不会这样做，因为在台湾，没有人敢惹美国人，台湾人对美国的态度就是低眉顺眼，大屁不敢放。我出来，结果就不一样，我守在"立法院"结果就不一样。

你对台湾的政治现实一直不信任吗？你怎么评价台湾的政治现实？

李敖：台湾其实很明显。1949 年以后，蒋介石团队躲在台湾这个角落负隅顽抗。他躲在墙角里抵抗，抵抗中国的统一。他统一不了中国就抵抗别人的统一，蒋介石和他的儿子搞小团体搞了几十年，越搞越小。到现在能支撑台湾的政治台面也没有了，而且一天比一天滑落。

2004 年 "3 · 20 大选" 之后，台湾的政治被形容为乱象，现在呢？

李敖：越来越乱了。民进党把台湾毁掉了。本来蒋介石和蒋经国在台湾留下一点赌本，现在这点赌本都被折腾光了。现在的台湾越来越麻烦，不断衰落下去，最后完全靠边站了。

你要有足够的聪明才能够获得真相

少年时期，你就坐船离开了大陆，你通过什么路径了解 1949 年以后的大陆？

李敖：绝大部分是来自阅读。当然阅读也会有很多死角，有你看不到的东西。

通过阅读获得的认识可靠吗？

李敖：即使你亲自去现场看又能看到多少真相？你能够像温家宝总理那样走遍大陆 1500 个县吗？不能。我们没有那样的机会。所以我认为纸上作业还是重要的。但是通过阅读，你要有足够的聪明才能够获得真相。

在台湾，你最早看到的关于大陆的读物是什么？

李敖：我收藏有很多的关于大陆的资讯，书籍、报刊都有。中文的、外文的、别人认为重要的、别人认为不重要的，都在我收藏的范围。对大陆，我觉得我可以掌握相当准确的资讯，不敢说 100%，也可以是90%。

在你的演讲中你引述了很多中共第一代领导人关于革命、民主和自由的著述。你是在什么时候、什么情况下、通过什么途径获得那些著述的？比如你举到的《毛泽东选集》《周恩来选集》《邓小平文选》，这些著述你是在什么时候看到的？

李敖：周恩来在延安发表的关于"民主政治"的论述文章是在他发表不久之后我就得到了。《毛泽东选集》我是在出版之后不久就得到的。我有很多管道可以从大陆获得那样的书。他们的书我都很认真地读过。不过因为《毛泽东选集》有不同的版本，所以我很注意甄别各种版本，在引用的时候也会格外注意。比如《毛泽东选集》就有林彪写序的版本，我在引用的时候就格外注意。

你对大陆的认识会依靠与人的接触获得吗？

李敖：我认为跟人的接触获得的印象倒可能是不真实的，因为人经常是充满偏见的，很多人有的都是一孔之见。从资讯上直接掌握更可靠。当然，在这方面，不瞒你讲，我的经验很丰富，我能分辨出来什么是骗人的，什么是不可信的。这样的鉴别能力我有。

现在我的台湾拥趸跟我疏离了

在大陆有很多你的拥趸，在台湾你还有拥趸吗？

李敖：现在他们（我的台湾拥趸）跟我疏离了。现在的台湾已经变成一个心浮气躁的族群，已经没有耐心，也不用功了。不像大陆，大陆还有很多人喜欢读书，研究问题。台湾这种风气已经没有了。现在我已经不愿意用文字再在台湾发挥什么作用了。在台湾这样的社会，你再用文字，尤其是用细腻的文字表达自己、激励他人，已经成了一种落伍的方法，太迂腐。台湾人并不坏，台湾人只是很浑，浑蛋的浑。

你经历过思想激荡的时代，在过去，知识分子有一种登高一呼、群情响应的能量，现代社会知识分子还有这样的影响力吗？

李敖：这个时代过去了。我的一个朋友讲过，他说他们那一代知识分子是影响政治影响社会的最后一代，现在他们那一代知识分子死了，那一代就是胡适的那一代。在胡适之后的知识分子已经影响不了政治，影响不了社会。现代社会的知识分子几乎就成了别人的附庸，权力的附庸，党派的附庸，财团的附庸，那种以天下为己任的知识分子已经没有了。现在的知识分子不被人重视，大家都看不起他们。这是时代的变化，也是知识分子自身的变化造成这样的局面。

知识分子力量的滑落是正常的吗？

李敖：现在是政党的力量、组织的力量强大，团队的力量、群体的力量和商业力量的强大，这些力量出来以后，知识分子的力量滑落是正常的。

你不再写作，把大量的时间和精力花在电视上，你是不是感觉写作的无力？

李敖：我在写作，只是我不再以台湾为对象写作。

你自己作为知识分子的力量还在吗？

李敖：我就是最后那代知识分子最后的一个，我代表知识分子那种"匹夫而为百世师，一言而为天下法"的精神，我死了以后这样的知识分子就再没有了。

你能作为知识分子在这个时代的最后代表吗？

李敖：我当然能做那个代表。可是我的方式有点玩世，不正经。大家都习惯了道貌岸然，我用的方式是"逗"的方式，从另外一个角度讲就是戏谑，说学逗唱，我用戏谑的方式表达思想。我是可以适应这个时代的人，现在连台湾的报纸都变得粗糙了。台湾有家报纸《苹果日报》，全是照片，大字标题，文字都很少，大家都没有耐心看文字了。时代改变，你还用长篇大论，用哲学化方式来跟人对话，那是太落伍，太迂腐。

以你的见识看，知识分子跟社会的关系最好的状态应该是什么样？

李敖：一个社会的正义和良知的标准应该由知识分子提出，知识分子也应该是社会正义和良知的践行者、捍卫者。知识分子在大是大非的时候要体现正义的立场，知识分子要敢于担当大义。问题是这样的知识分子太少，在我看来已经没有了。知识分子变得越来越狭窄、委琐、软弱、趋炎附势。

我把一个臭蛋用围标围起来

你说你继承的是胡适的皮肉，殷海光的骨质，你认为你可以站到胡适和殷海光之间吗？

李敖：我没站在他们之间，我站在他们前边。他们在我看来都是落伍的人。他们在那个时代才可以那样玩，换一个时代就玩不转。胡适的时代是知识分子受宠的时代，他们那样玩只是不出格的玩法。殷海光也是一样，他只是比胡适更犀利一点。

我说我站在他们前边，是因为在这个时代，知识分子已经没有尊严，没有力量，而我还可以有尊严地活着，我有力量可以骂人，可以打狗，可以打过街老鼠，我敢这样做，也能这样做。这还不够吗？

电视节目《李敖有话说》使你获得了话语权力，你可以任意臧否他人，被你批评最多的就是鲁迅，你在节目中说"想进步，就别学鲁迅"，鲁迅真的不能入你的眼吗？

李敖：我讲过，鲁迅的问题是不能适应这个时代。他在他处的那个时代有阶段性的成就，有一定的意义，现在不能再拿来用了。就像你现在看黄色小说，你就不能用《金瓶梅》的眼光看。如果你现在在写黄色小说，用《金瓶梅》的方式谈情说爱，大家看了会好笑，会感觉酸腐。你用文言文来写现在年轻人的爱情就是不合适嘛。

鲁迅被大陆社会视为"国魂"，知识界把他看成是民族思想的启蒙者。

李敖：没有错，鲁迅开始是好的，他的启蒙的意义，他的愤世嫉俗是好的，对一个专制的麻木不仁政府的愤怒是好的，可是你不能总是愤怒。鲁迅从头至尾都是愤怒的，他没有提出解决问题的办法。愤怒的感觉是一种很粗浅的感觉嘛，重要的是你要能够解决问题，不能光是在那里忧愤。鲁迅从来没有提出过解决问题的方法，他没有这个思想，也没这个力量。作为一个思想家，鲁迅还不够格，就是说，他的思想是单一的。

鲁迅作为一个文学家，真的没有什么文字能入你的眼吗？

李敖：鲁迅当然有他的优点，可是我们必须说，那个优点限于那一部分，谈《中国小说史略》，那是优点，说《阿Q正传》，那是他优点，或者《呐喊》里面几篇文章，是他优点，我们该承认照样承认。可是不属于他的，被过分肯定的、过分赞美的、过分宣传的，我认为我们今天，应该做一个清算。

你有没有想过，这会不会是因为你对鲁迅的解读不够全面，不够深入？

李敖：吃到臭鸡蛋的时候，你只要把鸡蛋打开就知道，你非要把臭鸡蛋全部吃掉以后才有资格说它是臭鸡蛋吗？我有那么笨吗？我对鲁迅的解读当然全面，我等于勘探，在地下打几个洞下去，就可以知道我勘探的地形是什么样的，它的地质、地貌你勘探以后就清楚了。在秦始皇的墓地打几个洞下去就知道它的范围和边界，我们可以用围标一样把它围住。我们对待思想也是，用围标一围就围住了，还要怎么全面？这就是全面。我把一个臭蛋用围标围起来，我确定了，我告诉你说它是臭蛋，它就是臭蛋。臭蛋你怎么救它呢，没办法救。

你这样的论断在大陆可能会招来骂声一片。

李敖：当然。所有臭蛋都会反对我。

你能客观地评价自己吗？你骂人无数，可从不骂自己。

李敖：除了那8个字我还能有什么评价？"前无古人，后无来者"。（笑）

我要不说这 8 个字就是说谎了。

"前无古人，后无来者"，这是你的佯狂，还是你真这么认为？

李敖：我真的这么认为。我只是在用佯狂的办法表达，或者别人认为我佯狂。实际上我说出的是一个事实。我要不说这 8 个字就是说谎。

你在北大、清华、复旦大学的演讲被人讥讽为"机会主义"，你自己怎么看？

李敖：我讲话，赞成什么，反对什么，我敢说绝对是独来独往，我不受人左右。可是我再讲一遍，人说话要有技巧，不注意技巧是不好的。我讲话该凶的时候凶，该温和的时候温和，该开玩笑的时候我会开玩笑。我到大陆，有人在打我的主意，我李敖是他们玩的吗？ （笑）

陆游有一首诗，"尊前作剧莫相笑，我死诸君思此狂"，他的意思是说，在你们面前我和你们开玩笑，我死了以后你们想我想得发疯。我李敖也是，等我死后，你们会想我想得发疯。

痖弦：仿佛万古长夜的隔绝

1949 年 8 月，15 岁的痖弦在湖南参加了国民党军队，并随之去台，此后与家乡的亲人音讯隔绝。

1991 年，痖弦第一次回到阔别已久的故乡。他的老家在河南的一个村庄，距南阳城有 45 华里。痖弦包了一辆车，行进中车夫指着一条小路说：那就是你们村子。到了村子，全村的乡亲都出来迎接，他们一脸的皱纹，脸色黝黑，少有人能认得出来。他看到的亲人也只有一抔黄土。

痖弦老家有三座墓，一个是祖父和祖母的墓，一个是父亲和母亲的墓，一个是叔叔和婶婶的墓。墓碑都是痖弦立的，墓碑上看是六个人躺在墓里，实际上只有三个女人葬在这里。男人死在外地，父亲死在青海，祖父死在民国二十几年的时候，家乡闹土匪，土匪把他杀死的，一个池塘都红了，找不到尸体，后来取一件衣服来招魂。

从未有过的生死相隔

两岸隔绝状况下，痖弦印象最深的是谁也不能给大陆写信："写信会带来祸害，可能害死你父母，所以不要写信。"绝大多数人都不敢写信，有些胆量大的人，有海外关系的人，比如在香港有舅舅，或在美国有同学，想办法把信转交给他们寄。"中华民族人类历史上从来没有这么长的诀别，好像生死两个世界，仿佛万古长夜的离别。"痖弦说。

1948年，痖弦从河南流亡到湖北再到湖南，入衡阳国立豫衡中学。1949年，处在半饥饿状态中的痖弦，看到有河南老乡在招兵，"有血性、有志气的青年到台湾去。"当时大家并不知道台湾在哪里，几个同学吃了人家的一锅肉就报名从军了。

到台湾后，痖弦进入国民党政工干部学校学习，蒋经国是这所学校的创办人。

在学校里，经常能看到蒋经国，他常常到学校来，校区有个铁皮房子，晚上蒋经国就住在那里。他吃饭都跟学生一起吃，也说笑话，很平民化的一个人。

学校的名字，看起来很政治化，其实里面有新闻系、艺术系、戏剧系、体育系、音乐系。当时有人问蒋经国，为什么叫"政工干校"呢？这个学校明明是跟鲁迅艺术学院对打，他们讲革命艺术，你们讲战斗文学，可是你为什么叫政工干部学校？好像一个情报学校，不好听。蒋经国说我不要训练一般的大学生，我要训练干部。

痖弦是在"政工干校"的戏剧系学习，排演话剧、广播朗诵都是他的功课。

"国民党是个糊涂的党，已经到台湾两年了，军中那时流行走齐步的时候唱歌，有人起一个音，大家唱。"痖弦回忆说，"当时我们还唱共产党的歌，譬如'向前！向前！向前！我们的队伍像太阳'，那是解放军军歌，我们唱了一年多。还有共产党进北京时有一首歌叫'团结就是力量'，我们唱了一年多，才发现，这是共产党的歌，才不唱了。"

那时国民党大量禁书，图书馆的书，有的烧了，有的被封存起来，变成特种书不能外借。

在痖弦的记忆中，被禁的书多是 1930 年代风行的作家的书，鲁迅、巴金、茅盾的著作，包括后来的《青春之歌》《艳阳天》也是被禁的。痖弦说："那时候如果你拿一本什么斯基的书也会构成罪名，国民党不但反共，而且抗俄。当年看到最多的漫画，就是一个人拿一杆枪做劈刺状，枪就戳着一个小人，上面写着'共匪'的字样，枪上写着'文艺'，幻想要用文艺的力量打败共产党，所以那时叫战斗文艺。不过那个时候，也不知道怎么会有这种能力。"

"那时对共产党的印象模模糊糊的，我虽然因为共产党而逃到台湾来，但是在文艺上对大陆还有一种向往。"1961 年，痖弦出任晨光广播电台台长，有机会收听到大陆对台湾的"敌台"广播。

痖弦在军中担任的职务是少校新闻官，做国民党军中广播电台，所以才有借口收听"敌方"的播音。

收听"敌台"广播在当时罪行很严重，每一个人都有一个档案，档案跟着人走，调到哪里，档案就跟到哪里，犯过什么过失，包括思想有什么问题，上面都有记录。"大陆那时候广播是定向的，节目做得也很认真。那时小提琴协奏曲《梁祝》已经出来了，我记得第一次听到时热泪盈眶，小提琴的乐音像中国的二胡，情感是中国的，旋律也是中国的，每次听都非常感动。"

做蒋介石的御前朗诵官

痖弦曾经做过蒋介石的御前朗诵员，台湾有各种不同性质的军事学校，毕业的时候，蒋介石会亲自主持毕业典礼。在毕业典礼上，蒋介石一定是要训话的。训话的记录都印成小册子，有时候没有新意见，就叫这个毕业班，把以前的毕业训词拿来念。

痖弦就被找去，在蒋介石旁边念这个训词，那时候叫"总统训词"。

"全校的学生在下面听，他就放一把藤椅，在我念稿子的时候，拿铅笔在稿子上圈圈点点。我记得有一次念训词，稿子太长了，念到一半，他说你休息一下，让一个少将端了一杯茶给我喝，然后我继续念。念总统训词的人一定要最可靠的人，因为跟蒋介石距离很近，如果是刺客就麻烦了。"因此，每次念"总统训词"痖弦都要接受考察，没问题了才让他念。

后来"总统"官邸的人要调痖弦，每天给蒋介石念新闻，他没有去。

"去了就惨了，去了我就不能写作了，变成官邸的人了。我的自由生活就没有了，自由的心态，诗人的激情也就没了，那就麻烦了。我说我喜欢教书，以这个理由拒绝了。"痖弦说。

其时痖弦已经在台湾文艺界崭露头角，成为台湾《创世纪》诗刊的三驾马车之一。

有一次演习，在一个高地上远远看到蒋介石走过来，走过一片沙地，主动跟记者们讲话。痖弦那时候已是军中记者，阅兵之后蒋介石走到队伍前跟士兵见面，很多人跟他说话，给他照相。"我站得远远的没有过去。作为一个诗人的尊严来了，因为当时我正在看《三巨人传》，歌德、贝多芬走到街上，忽然车马喧腾，皇后驾到，歌德肃立道边向皇后鞠躬，众人也都鞠躬。贝多芬穿着大的披风，呼扇呼扇的过去了，理都不理。我那时候最佩服贝多芬，我说贝多芬真够劲，所以那一天蒋介石接见士兵，我就没走过去。凭什么我要走过去，我是诗人我怎么走过去。"痖弦说。

1966 年 12 月，痖弦以少校军衔退伍。退伍之后，在美国待了两年。

那时，青年运动在世界风行，大陆正在搞红卫兵运动，搞"文革"；美国在搞嬉皮士运动，在"反战"。在美国的余光中对痖弦说，大陆的年轻学生取名"红卫兵"，很有诗意，很有力量，大家不知道红卫兵运动后来会给大陆带来了巨大的浩劫。

1968 年 8 月，痖弦到美国，在加州伯克利大学就读。很多新生事物、新潮运动都是从这所大学开始的，嬉皮运动也是如此，那时诗人杨牧刚刚新婚，他在伯克利大学念书。"杨牧说我们这儿，晚上就有一批人穿得乱七八糟，披着毯子，头发也不梳，唱歌、朗诵，男女当街就亲吻，放浪形骸的一群人，这些人在晚上11点以后就有，一夜都在那里，他说你要不要去看看，我就去看。那是最早的嬉皮运动。不到几个月，嬉皮士运动就在美国风行，等到1968年，美国的各个大学都出现嬉皮士，他们开始砸学校，烧图书馆。"

痖弦从美国进修结束回到台湾，蒋经国召见他，让他说说在美国的情况。"那时候正是美国反越战运动高涨的时候，我就谈美国反战运动、青年学潮、嬉皮运动。他说你这个很好，你给我写个东西好不好。我后来也没有写，我诗人的个性又来了，我为什么要写给你，我没有写。"痖弦说。

带父亲亡命的泥土回家

主编《创世纪》诗刊是痖弦重要的艺术经历。

当年《创世纪》的三驾马车，痖弦、商禽、洛夫，后来的境遇各不相同。

痖弦和洛夫旅居加拿大温哥华，而商禽在台北长卧病榻，但是当年这三个人则是风云四起。

那个时候接受的最多的东西还是存在主义，萨特、西蒙娜·波伏瓦这些人。"我们的象征主义在当时只是一个模糊的想法，就是我们心里有牢骚，对现实有不满，但是我们不能直接抒写出来，就把我们的愤怒、反抗、痛苦都埋藏在象征主义的纸页下面，我们知道聪明的读者会翻开纸页看到里面的内容。"痖弦说，"像商禽的诗，是超现实主义的代表作，里面充满这些愤怒和反抗的意识。还有我的诗歌《深渊》，其中有一句说'向坏人致敬'，在那个只能说'总统万岁'的年月，写向坏人致敬就是忤逆。洛夫的《石室的死亡》，讲金门作战的，也是反战的诗歌，但是一般的文化审查人员也没有看出来。那时候的书报检查很幼稚的，就是看你拿一本什么斯基的书，就给你关两个月的事也有。不管是什么斯基，什么托夫，只要有什么斯基，什么托夫就有问题，一定被关起来。"

痖弦对台湾的文字狱深恶痛绝："台湾的文字狱持续了十来年。文化审检的人都是一批没有什么知识的人，对领袖有一种愚忠。听说苏联的时代，文化审查人员能够从无标题的交响乐里面，听到资产阶级的意识，要真有那种水准的话，我们当时一定是完了。所以我们也没有受到什么政治迫害，因为文化浅的人，他看不懂就不会追究。只是有一部分保守人员给我们戴帽子，台湾文艺界保守的人，常常都是写得不好的人，走政治路线的人，他们给我们戴政治帽子，就是说这个人思想有问题，比如说白先勇——就是把国民党说成打秧的一代，不过这些政治帽子对我们后来也没有很大的影响。"

1975 年，痖弦开始编《幼狮文艺》，这是蒋经国主持的青年救国团出钱支持的。

痖弦出任《幼狮文艺》总编辑，发展成四本杂志，一本叫《幼狮文艺》，每个班都有，中学大学，特别是中学，高中初中每个班都有。一本《幼狮月刊》，有点像香港明报那个味道，讲文化。一本《幼狮少年》，是仿照早年的《开明少年》办的，给小学、高小跟初中的学生看的。还有一本《幼狮学志》，这是研究生跟大学教授发表论文的地方。四本杂志，他都是总编辑。此外，《联合文学》《中华文艺》等杂志都跟他有关系。

痖弦经历了蒋介石去世的时刻。"大陆说毛泽东死的时候，有唐山大地震。蒋介石死的那天晚上，台北也是狂风暴雨，小孩子吓得直哭，天气奇冷。窗户都被狂风暴雨吹得当当响，小孩吓得直往妈妈的怀里钻。天象非常奇怪，第二天早上就传说他过世了。"痖弦说，"蒋经国的政治意识还是比较开放的。一个是他的平民化，另外就是他意识的开放，台湾是在蒋经国时代取消党禁和报禁的。不过后来，民进党成立，他们已经在蒋经国的面前打出台独的标语，蒋经国已经坐轮椅了，病得很厉害，他远远地看见那些标语。不久蒋经国就去世了，据说他死的时候大吐血，有人说蒋经国是给气死的。"

1980 年代末 1990 年代初，台湾整体的文化发生变化，政治生态也随之变化，社会自由度增加。

2008 年，痖弦到青海想找到父亲的遗迹。父亲死在青海，他是被当作地主反革命流放到青海。

父亲曾经劳动过的农场，现在仍然是监狱，当时盖了很多漂亮的房子，现在成了监狱。

父亲被埋葬的废墟还在，本来是有墓号的，现在都平了做田。

痖弦就冲着那些油菜田磕了三个头，跟女儿抓了一把泥土返回台湾。

余光中：把岛上的文字传回中原

　　余光中，1928 年出生于南京，祖籍福建永春。母亲原籍江苏武进，故也自称"江南人"。1952 年毕业于台湾大学外文系。1959 年获美国爱荷华大学艺术硕士。先后任教于台湾东吴大学、师范大学、台湾大学、政治大学。其间两度应美国国务院邀请，赴美国多家大学任客座教授。1972 年任政治大学西语系教授兼主任。1974 年至 1985 年任香港中文大学中文系主任。1985 年至今，任高雄市"中山大学"教授及讲座教授。其中有六年时间兼任文学院院长及外文研究所所长。

　　很早读到过余光中写海峡两岸离愁的诗篇，那些诗篇几乎耳熟能详，感觉上这是个敏感、良善、软弱、有着赤子之心的读书人。"当我死时，葬我，在长江与黄河 / 之间，枕我的头颅，白发盖着黑土 / 在中国，最美最母亲的国度 / 我便坦然睡去，睡整张大陆 / 听两侧，安魂曲起自长江，黄河 / 两管永生的音乐，滔滔，朝东。"虽然这些诗句传达的情感在一个喧嚣与时俱进的时代很容易被人忽视，但是这些文字依然散发出持久的情感的光泽。

　　2004 年 4 月 6 日，在北京建国饭店的一个客房，我在余光中离开北京之前的一个小时做他的访问。刚刚获得第二届华语传媒大奖散文家奖的余光中正在打点行李，准备返回高雄。在现代文学馆的传媒大奖颁奖现场，马原代表评委会宣读授奖辞："余光中的散文雍容华贵。他的写作接续了散文的古老传统，也汲取了诸多现代因素，感性与知性，幽默与庄重,头脑与心肠交织在一起,构成了他散文的独特路径。他渊博的学识，总是掩盖不了天真性情的流露，雄健的笔触，发现的常常是生命和智慧的秘密。"

跟余光中面对面，在切近的距离看到他额前稀疏的银发，看到他温和充满书卷气息的面孔，看到他瘦弱的手臂矮小的身体，听着他温软的南方的普通话。

最浅的海峡，最深的乡愁

你引用苏轼的话说：在岛上写的文章，最后总归要传回中原。你的写作适合这句话吗？

余光中：我是在假托苏轼的话，因为他也是在一个岛屿写作，他有很长时间被流放到海南岛，后来回到中原。跟苏轼比，我在岛上的时间更长。在写作的境遇上我跟苏轼比较相似。中原对我而言就是大陆。

从什么时候开始你的写作被大陆读者读到？

余光中：内地是在开放以后的 80 年代才开始读到我的文字。当年诗人流沙河编《星星》诗刊，就介绍了我的诗歌，就是那些把乡愁做主题的诗。我说我跟苏轼一样，是在海岛上写作，然后把文章传到中原。我的文章传到大陆是在 1982 年，我的人到达大陆的时候是在 1992 年，前后相隔了 10 年。

一位作家的知音，一定是他自己的民族吗？

余光中：对。因为别的东西都比较容易国际化，比如画家的画，梵高的画，中国人看了也很美，音乐家就更不用说，音乐也很容易国际化。唯独文学，它的语言属于它的民族，当然语言也可以国际化，可以透过翻译传播到别的地区，但是翻译经常会使一个民族的语言变味，到底还是会使美打折扣。

2004 年 3 月 20 日前后，世界的目光聚焦台湾岛。我们看到台湾的政治和社会现实，也看到台湾岛的文化现实。你是其中的一分子，身处在那样一个焦灼、躁动、狂热的环境之中，你有什么感觉？

余光中：台湾的政治气象不是很好，整个台湾就处于一种焦躁中。这也很不幸。台湾现在施行的政策是把人进行粗糙的分类，政治人物要赢得选票，他讲大道理选民不听，选民里除了一部分有头脑会思想的人以外，还有很多普通人，政治人物要对他们讲话，最方便的说法就是我们是自己人，他们不是自己人，只有台湾人才爱台湾，非台湾人不爱台湾，政客就是在制造这种粗糙的族群矛盾。但人不是简单的，人是遗传的产物，你不能为了选票就这么粗糙地制造操弄族群的矛盾，每一次选举都把这个矛盾推演到极端。知识分子在这样的社会环境下就很痛苦，尤其在某些传媒的裹挟下，整个社会一片乱象，而且会有很多后遗症。

3 月 20 日之前，台湾的一些知识分子联合发起成立"台湾族群行动联盟"，对政治人物操弄族群矛盾为自己拉票发出警示，侯孝贤是发起人之一。这可能就是台湾知识分子面对政治和社会现实发起的集体抗议。

余光中：是。但是侯孝贤立刻就被民进党攻击，指责他们被反对党利用。现在台湾有一个很可怕的问题，就是只要听到你讲什么跟他不一样的东西，他就会追打你。鉴定专家李昌钰在台南街头调查陈水扁枪击案，有一个妇女说她不相信枪击事件，她说出自己不相信的理由，她只是表示了怀疑，结果立刻就被几个大汉拳打脚踢，这种状况讨厌得很。如果台湾的民主很健康，很温和，很理性，那是台湾的福音，但现在的情况是在恶化民主，使民主蒙羞。

很早就读到过你写海峡两岸相互隔绝的乡愁诗篇。你是自由的，你可以自如地穿行台湾和大陆之间，但是很多台湾人不能，他们只能遥望大陆，从文化上看大陆和台湾的分离结出的果实是什么？台湾人现在有乡愁的情怀吗？

余光中：要这样看，年纪比较大的在台湾的大陆人，像我这样的，我已经七十多岁，肯定会有乡愁；年纪比较轻的一代，就是生在台湾的人，他们对大陆并没有直接的印象。当然以前他们在读教科书的时候，在地理和历史的文字中也会读到大陆，但那毕竟只是书本上的。像我这样，早年离开大陆到台湾的时候我已经二十几岁，对大陆会有很直接的记忆。所以说台湾人的乡愁，那种真正的回忆和直接的经验现在是越来越少，但文化的乡愁是有的，比如在读小说，读中国古文，读唐诗宋词，或者看电影看到一些画面，这些都会让我们看到一个文化的来源，或者看到我们文化的背景。就像我们日常讲的成语，得陇望蜀，朝秦暮楚，很多成语都是从这种文化的背景中来的，有一个成语就有一个成语的文化背景。

说到底台湾是个很小的地方，再加上政治的纠葛，现在台湾面临着两种相反的力量的争夺。台湾执政的政客在推行"去中国化"运动，他们在逐步做，就像切香肠，想把台湾的中国文化切去，切到中间还有，切到后来就没有了。我觉得为了五十年政治把五千年文化抛掉是愚蠢的，你那么大一个家产不要，结果把住自己的一个破钵，这个不行。我在高雄，高雄就是民进党的大本营，我就在曹营之中。我这个话要是在台湾讲出来立刻就会遭到攻击，我经常会受到各种攻击，党同伐异，不允许你有别的想法。

在诗里喊魂，在歌中怀乡

你说过一句话，"在诗里喊魂，在歌中怀乡"，现在你的写作中还会有这样的情感吗？

余光中：说起来是淡一点，但原则上还是有。因为全世界都在全球化，全球化很容易让个人失落，很可能让一个民族的文化流失，所以在写作中强调自己作品中的历史感、历史背景、文化背景，我觉得还是很重要的。我以前说过一句话就是"蓝墨水的上游就是汨罗江"，中国所有的作家，所有的诗人都会从屈原的诗歌中寻求灵感，认同我们的文化来源。

你有很长的时间在表达乡愁，你的文化的乡愁在中国几乎成了某种精神和情感的象征，我很想知道真实的乡愁在你内心的形状。

余光中：这跟我的经验有关。我出生在南京，九岁以前南京一直是我的家，九岁那年我逃过了一劫，南京大屠杀的现场离母亲和我不过一百公里。九年以后，为了逃避战争，我和母亲仓惶告别南京，也告别整个大陆。这一别就是半个世纪。到2000年的时候，我才重回石头城。后来我从台北又到美国，到了一个我完全陌生的社会和文化之中。乡愁对于我就是一种记忆。我写《乡愁四韵》，给我一瓢长江水啊长江水／酒一样的长江水／醉酒的滋味／是乡愁的滋味。罗大佑给《乡愁四韵》谱了曲，那些写乡愁的字眼在他的音乐里经过变奏，听起来是蛮动人的。很多大陆读者对我的了解也就是从这些诗歌开始，大陆的同胞看到这些诗句的时候会想到我。

乡愁除了是诗人的一种感伤情怀，是否也是文化断裂的标记？

余光中：乡愁不仅是地理的，也是历史的。台湾的岁月结束以后我有五年在美国，在完全相反的社会和文化里。我第一次去美国30岁，那时候美国跟亚洲，跟台湾跟大陆都不一样，现在中国跟美国的差距越来越小，就像上海，跟美国越来越接近，但那个时候差别非常之大，那种差别提醒我，我是中国人，我从东方来，我的文化跟美国的文化始终不同。我说过，当你不在中国的时候，你就成为全部的中国，当你到走到异国之地，所有的国耻都会贴到你的脸上，中国的痛楚就是我的痛楚，那时候我对乡愁有了更深的体认。

乡愁，如果仅仅是同乡会的乡愁那就简单，在美国的时候我们经常会有同乡会，同乡的乡愁是人的基本常情。但是一个文人，一个读书人的乡愁就把时间加上去，乘上时间，乘上文化的记忆，加上沧桑感，这种乡愁就比较立体。我们个人有小小的回忆，几十年而已，整个民族有几千年的记忆，大的记忆，那些记忆变成典故，变成神话，变成历史，那些历史你走到哪儿会带到哪儿，所谓的秦魂汉魄，宋魂唐魄就在你的身体里。

那你怎么看文化的全球化，在一个经济全球化的背景之下怎么样保持一个民族自己的文化，这种保持是必须的吗？

余光中：文化的全球化是一种理想。其实所谓全球化真正说起来就是西方化。现在你看到很多中国人在穿西装，你有没有看到美国人在纽约大街上穿唐装，没有。这个所谓全球化就是西方化，西方化最主要的也就是美国化，当然也有可能日本化。在可见的未来，所谓的全球化就是美国化。保护和保持一个民族自己的文化当然是必要的。否则的话你会变成一个国际公民，国际公民也很好，但是你就没有自己的本位文化。联合国有那么多国家加入，是因为有一个国籍在支撑着，有一个国家的本位你才能加入联合国。全球化也是这样的，你有自己的文化才能为世界文化做出贡献。你学英文很好，可是你把中文忘记了，对于中文文化就是很大的伤害。如果你是空白，你投进去，你会染上别人的颜色，你没有贡献，也没有依靠。

中文能走多远，中国文化就能走多远

你当年被隔绝在台湾一岛之隔的时候，曾经渴望把自己的声音和文字传回中原，你没想过把自己的声音传到更广阔的世界吗？

余光中：我现在的读者恐怕在大陆的比在台湾多，还不完全是因为大陆的人口多，就是读我书的人大陆比台湾多。我住在台湾，可是我的文章不仅是在台湾发表，也在世界所有的华人地区传播，香港、南洋，包括中国内地。虽然我住在岛上，可是我的读者、我的听众在世界的华人区，其实现在的中文也已经是世界化了，华人所分布的地区遍布世界，华人世界也形成一个国际，那些在异国的华人，他们读中文是天经地义的。每个民族都希望自己的语言自己的文化能走向世界，能被全世界所肯定，所欢迎，作家也是。但是你的语言能不能够进入世界的视野，跟你的语言是不是被普及有很大的关系。目前不以英语为母语的国家都在学习英语，在中国、俄罗斯，很多人都在学习英语。我们说中国人 13 亿人在学英文，但是倒过来，外国人绝对没有 13 亿学中文，在西方大概有 3000 万人在学中文。英文为什么这么强势呢？跟 19 世纪的大英帝国有关系，跟 20 世纪美国的力量有关系。中国如果将来能够成为强国，到那个时候，中国文化一定也能走出去，中文也一定能够传出去，到那个时候中文文学不需要借助翻译也能被西方人阅读。就算不翻成英文，不翻成法文，很多人会看我们的中文，那进入世界文学的机会就更大。许多美国人、英国人、法国人，他只要把自己的母语写好了，自然诺贝尔文学奖的诸公就会读了。可是中国文学没有这样的条件，我一直认为诺贝尔文学奖是西方文学奖，不是世界文学奖。如果将来我们的中文能够传播得更远的话，中国的作家就会拥有很多的读者。

你感觉中文写作在外部有交流的困难吗？

余光中：我是在用中文来写作，中文就是中国文化最重要的载体，中国文化要靠中文来传承，没有了中文，中国文化就很难保存下来，很难流传开去。所以我说中国文化是个很大的圆，这个圆不晓得心在哪里，因为太大了，这个圆的半径就是中文，半径有多长，圆就能画多大，中文写作能好到什么程度，中国文化就能好到什么程度，中文能走多远，中国文化就能传播到多远。

你怎么看世界上那些流亡作家，我们注意到世界文学史，或者世界文学现实，有很多很重要的流亡作家。像俄国的纳博科夫、索尔仁尼琴，德国的托马斯·曼，像这样离乡去国迁徙漂流的作家，你怎么看？

余光中：这个世界充满了动荡，或者因为战争或者因为其他的原因，一个写作的人离开故乡是常有的事情，像中国最早的诗人屈原，就被流放，像西方的但丁，从他的故乡佛罗伦萨被流放到异地，这种情况比比皆是。梵高是荷兰人，但他画画最好的时候不是在家乡，而是在他的移居之地。流亡也好，迁徙也好，移民也好，或者长期旅行、侨居也好，都不能说是本国文化的流失，应该看成是本国文化的扩大、延伸。肖邦是波兰人，但是他在巴黎成名，这件事是波兰的损失吗？你只能看到波兰影响力在巴黎的扩大，而不是缩小。有记者有一次问德国的作家托马斯·曼——他在二次大战期间流亡到美国去——你离开祖国有什么感想？他说，凡我在处就是德国。那就是一个作家的抱负。凡一个作家到什么地方，他能把握自己的语文，能拥抱自己的文化，那个地方就是他的祖国。

胡一虎：像王宝钏苦守寒窑一样守着电视

胡一虎把采访三毛作为新闻作业的开始。

那是 1985 年，胡一虎在台湾辅仁大学读大一，新闻采访课有作业要求采访一位名人。当时能做到的没有几个，大家不认识名人。胡一虎那时也没有任何名人可迷，只是二姐特别喜欢三毛，就决意采访三毛。当时还没有手机，胡一虎在学校公共电话亭前排队访问三毛，因为她没有时间接受现场访问，只能电话采访。"她很有名，我采访的时候都在发抖，她的声音把我吓到了，她的声音很嗲，比林志玲的还要高八度，跟她的文字完全不同，我叫她三毛阿姨。"

那次访问的细节胡一虎不记得了，只记得自己的紧张。后面的人都在等电话，因为电话打了很长时间，三分钟一块钱台币，还在不停地往里面投币。等电话的人听到胡一虎说在采访三毛，他们就噤声，耐心地旁听。

采访曼德拉则被胡一虎视为职业生涯的重要标志。那是他大学毕业到台湾"华视"工作的第四年。穿着防弹衣，和摄影记者扛着两箱泡面连同采访器材，踏上飞往南非的航班，此行的任务就是采访刚刚出狱，正在竞选南非总统的纳尔逊·曼德拉。抵达南非之际，约翰内斯堡机场恰巧发生了爆炸案，映入眼帘的是一片狼藉。在南非城市德班，胡一虎赶到曼德拉竞选造势大会的现场。当时在整个露天会场有 25 万民众聚集在台下。台上是曼德拉在发表演说，之后是热爱他的人进行文艺演出。那天胡一虎和搭档为了采访，在大太阳下足足等待了八个小时。

"当我站在台上，看着台下黑压压的 25 万民众人头攒动，我都可以清晰地听到自己的心跳。曼德拉向我走来的一瞬间，感觉空气在凝固。"在曼德拉距离自己还有一步之遥的时候，胡一虎取出话筒，用当地祖鲁语跟曼德拉打招呼。曼德拉在人群里发现一个黄色面孔的人用祖鲁语向他问候，迎向胡一虎紧紧握住他的手不放。在宾馆和飞机上做的功课就派上了用场。胡一虎用苦背了许久的英文向这位即将成为南非历史上的第一任黑人总统发问。曼德拉对于他的提问也给予积极地回应。

数年后，胡一虎成为台湾"最受欢迎的十大主播"之一，他被国际著名时尚杂志的读者评为"台湾最性感男主播"。2001 年，胡一虎加盟凤凰卫视，实现了他主持"两岸三地新闻时事节目、拉近全世界华人距离"的梦想。由他担纲主播的《凤凰全球连线》《纵横中国》《一虎一席谈》受到观众的广泛好评，成为凤凰卫视最受欢迎的主持人之一。

2007 年 1 月，胡一虎荣获第 50 届纽约国际电影电视节"最佳新闻节目主持人"奖。

我要拆掉人心中的那道墙

1967 年出生于高雄的胡一虎把自己看成是台湾文化的切片。

在台湾的"华视"出镜是胡一虎电视生涯的开始。初次坐上主播台，胡一虎亮相的"行头"由全家人共同打理。发型由母亲设计，上衣和裤子由姐姐出资赞助，哥哥为他熨衣服、擦皮鞋，父亲把整体关。然而 23 岁又黑又瘦的胡一虎结束自己的主播处女秀后，因为念错了一个字，换来观众恶毒的评价:"瘦巴巴的,像吸食安非他命的样子。"

当时电视台都是要求俊男美女的。刚刚开始职业生涯的胡一虎遭遇致命打击。

台湾结束威权时代,党禁解除,然后是报禁解除,再是电视媒体禁解除,胡一虎亲历了这种一步一步的挣脱感,他的职业生涯也渐入佳境。《一虎一席谈》刚开始时候的那种挣脱感和台湾的解禁过程很相似。"亲身经历过台湾戒严时代的我,格外清楚倾听不同声音以及尊重不同的声音是多么难得而重要的事情。"胡一虎说。

看你主持《一虎一席谈》的节目现场,很奇怪你不管什么样的话题都能保持兴奋状态。你有过倦怠的时候吗?

胡一虎:有很多人看到我在直播现场很有活力的样子很羡慕。有一次做节目,一位日本嘉宾问我年龄,我告诉他他不相信。但是人们都不知道我每次录完节目就像个病猫一样瘫在酒店里。我是要依靠游泳激活自己,给自己补充能量的。每天12点到2点是我游泳的时间,游泳的时候是一种沉淀,会有灵感出来,游泳过后我就会有活力。

电视这一行很重视脑力和体力,精神状态和体力是完全相关的。我做电视17年,发现很多主持人到后来不是脑力不行,而是体力撑不下去。我看到我的前辈是这样子,所以我要避免。一些主持人花很多时间在脑力上,从来不重视他的身体,没有好的体力支撑的状态是负面的、悲观的,只有在体力状态非常好的时候他表现出来的态度才是正面的、包容的,这些在我身上得到很好的验证。

主持《一虎一席谈》的时候我脑里要分出几个频道,在听嘉宾说话的时候看他的表情,同时又瞄到另外的人,他或她是什么表情和反应,在这个瞬间我选哪个人说话会比较出彩,我必须在有限的时间里迅速反应。

有评论说《一虎一席谈》开启了中国电视的群口时代,你能让自己

在节目现场保持激活的状态，怎么能让群口表现出激活的状态？

胡一虎：我要激活自己，还要激活别人。《一虎一席谈》绝对不是一档简单意义上的个人脱口秀，它的真正价值是"让大家一起来说话"。每星期一个话题，在短短的一小时时间里我希望达到的效果就是一次头脑的风暴，由问题带来的思想交锋。

我自己状态不好我就没有办法激活别人，做"北京奥运"第二集的时候我的状态就不好，从早上开始录第一集到晚上，我穿得很运动，活力四射，但是录播到中途我就感觉很累。接下来那集更重要，因为是中日大PK，是日本排名前三的庆应大学的教授做嘉宾，谈关于中国经济前景的话题。这些教授是主动说要来上我们节目的，15个人自费坐飞机到北京来，因为他们在中国的留学生中有人看过《一虎一席谈》，推崇我们的节目。我们节目打动他们的第一就是真实。即使在日本上媒体节目也会担心说话要说到怎样一个地步，能不能说真话。那天他们在上我们节目的时候就觉得说得很过瘾，我就讲他们还没有说真话，其中一个学校老师说如果说真话的话就要吵架，我就说我们平时节目嘉宾都会吵架，但是现在在你们还没吵架。我的原则是不打架就可以。

电视谈话是公共表达重要的一部分，也是公共表达很好的一个平台。

胡一虎：有很多名人的形象通过《一虎一席谈》被改变，比如范冰冰，她实际上是挺有知识、挺有思想的一个人。那天碰到她，我还跟她说她应该感谢我们的节目，完全改变她的形象了。有观众说艺人到我们节目都不像艺人了，艺人最痛苦的地方就是他不能展现他专业之外的才华，在公共领域他们是纯然的艺人。当他在这一行待久之后真的能淬炼、沉淀出来一些东西，但是在别的场合他没有办法展现。范冰冰在节目中就赚到了，她在我们的节目中表达了以前从来没有表达过的思想。我的总结就是我们以前看到的花瓶到了节目里面水还蛮多的。以前看到的那些正襟危坐的学者就变成了张牙舞爪说真话的人。说教授是会叫的野兽，但是到了我们节目才真是变成真的会叫的活野兽，激情四射，说出来的东西都是有力的。以前易中天在《纵横中国》的时候说话也是很慢的，慢得不得了，刚开始还会问我"胡一虎，你待会要问我什么问题"，到了我们节目后期已经练成精了。有一个上过我节目的嘉宾对我说，"我太太发现了我好恐怖，以前她从来不知道我这么会侃，比胡一虎还厉害。"

沟通和理解可能比激活人的思想难度更大，因为人有各种差异，文化的、语言的、意识形态的差异。

胡一虎：我喜欢奥巴马的一句演讲词，说到我心里面了，他说我们要拆掉心中的意识形态的那道墙，在大西洋和太平洋之间，在美国和别国之间。我看的时候就非常感动，那时我在飞机上，这句话让我流下眼泪。我想到的是我自己在这八年干的事情，我曾经隔着一道意识形态的墙看香港、看内地，后来卸下这道墙才看到了不一样的香港，不一样的内地，看到了不一样的中国和世界。

具体到工作中，如果我们不去卸下这道墙，很多事情我们不能理解，也不能够对话。精英和草根不能对话，富豪和平民不能对话。我做《一虎一席谈》范美忠那一期争议最厉害，被评价成"垃圾主持"——内地的骂声是更直接的。但是没有关系，我们也知道自己有不足的地方，包括剪接上的失误，言语上的失误，主持不到位的地方，我们每期节目录完都会做一个深入的检讨。但是对于范美忠我们没有简单地进行道德评判。在节目中我们还是要呈现他真实的声音，他的真实的一面涉及人的复杂性，这也是我们要让观众看到的。

做《一虎一席谈》《纵横中国》《全球连线》，我一直贯彻两件事情，拆墙建桥，我在扮演沟通的角色。实际上台湾和大陆对很多事情的了解一样，都是非黑即白。1994年我到北京采访，那时候我的话筒递出去是没有人接的，人们不敢表达。街上一个骑脚踏车的女孩子如果是绿头发，旁观者就会对她指指点点。现在反而是我们这样中规中矩的头发被人批判，因为没有什么变化。现在我到街上采访，人们都抢着拿麦克风，有时候他们拿着麦克风只顾自己说话忘记还给我，话语权掌握在他们手里，我的麦克风我做主。所以我们看到社会还是在进步。

成为一个幸福的主持人

2002 年，胡一虎因结缘《纵横中国》而得以深入中原腹地，原本只是教科书上的齐楚燕赵魏秦，一一在眼前呈现。《纵横中国》使胡一虎几乎游遍内陆各地。

在凤凰的几年时间里，《纵横中国》是胡一虎做得最辛苦的节目，长期的颠簸转战使得他身体受到很大的伤害，加上北上南下之间水土不服和天气变化，几乎每到一站，都会拉肚子、感冒、发烧。"在湖北的时候，很多现场观众都说我脸色十分恐怖，如同长了麻子。"

很多时候在录影之前，他都是极度虚弱，最终也是强打精神进棚录影，在录制全程里一边掐着自己的大腿，一边在主持节目。为了《纵横中国》可谓吃尽苦头。

正是这让胡一虎吃尽苦头的《纵横中国》给他带来在大陆获得的第一个电视奖项——2002 年度最佳文化、生活及专题类节目主持人。

主持节目的时候，有没有出过岔子？你能让自己始终保持敏锐犀利吗？

胡一虎：我觉得自己放松的时候，语言就没有那么犀利了。我知道大家也会放松，问出来的问题也是很普通的，说话都是平的，这是骗不了人的。我们做过一期"中日学者"PK，刚开始大家客气来客气去，而且我一只耳朵听日文翻译，还要思考就很痛苦。我感觉脑袋不转就会停留在那里，脑袋一转我就告诉自己一定要进入状态，要高度专心。

我在现场唯一一次发飙就是因为在录播的时候有人手机响，我没有办法克制自己，那时我的状态已经进去了，运转得很快，这时有手机铃声响，我就感觉很糟糕，正在我灵感出来准备追问的时候被打断了，灵感是稍纵即逝的，还有一个模糊的气场，所有的人也都进入状态了，结果突然断掉了，就会感觉很扫兴。没有听到有用东西的时候，我就会掐我自己，快回状态，思路回来，我也就"回魂"了。

你对自己的职业状态满意么？

胡一虎：一个人最难得、最需要的空间就是思想表达的空间。我觉得人最难得的是在大众面前自由地表达自己，这样的人就是一个幸福的人。我很强调幸福，我是一个幸福的主持人，同时我也很惜福。

幸福的主持人是什么样？不幸的主持人是什么样？

胡一虎：幸福的主持人，就是一个能表达自己的人。不幸的主持人就是说被别人规定的话，不说自己的话。这种不幸我在台湾也经历过。以前台湾的三家电视台"台视""中视""华视"，也是一个口令、一个动作，千人一面。我在里面被骂得很惨，加一个词都会被骂，开个政治人物的玩笑也会被骂。有一次我在讲天气很冷，说"最近我们政坛好像也特别冷，好，我们来看看政治新闻"，有主管冲出来说"你要害死人啊，干嘛要加这一句"，我觉得有这些灵感不是挺好么？但当时我自己加的绝妙好词永远都是被删掉的，非常难过。

现在我回头看，过去的我痛苦莫名，就像是王宝钏苦守寒窑的感觉。重要的是我相信拨云见日，如果不相信，我就放弃了。我现在的职业能力都是那时候练出来的，我相信墙的理论，墙的厚度是对意志力的考验。我在台湾做电视的十年满是伤痕，每一个有灵感的点，展现你才华和魅力的时刻都会被别人说，拿掉，剪掉。

台湾经历过戒严时期，也经历过解严时期，你体验到的情形是什么样的？

胡一虎：以前在台湾，鲁迅和沈从文都是被禁止的，我们要读他们的书都要偷着读。在我进入大三的那一年，台湾的政治和社会发生了巨大的变化。1988 年 1 月 1 日，当局宣布长达 40 年的"报禁"政策解除，台湾的新闻传播业也发生了巨大变化。我们这些新闻学院的学生迎来了文化多元的时代。但是这个过程也蛮曲折，比如，我们都知道李登辉跟宋楚瑜水火不容——以前两个人好得不得了——宋楚瑜要出来竞选"总统"，媒体就都不让报，但当时我们都比较认同宋楚瑜，比较激进的，学新闻的人都会喜欢敢讲真话的人。我们播报国民党的新闻就会故意怪腔怪调，以此表达自己的态度，而且我们还会串联，打电话给别的台，播新闻的时候统一都穿黑色衣服，用这个方式表达我们对新闻的态度。

你怎么让自己坚持下来，不改变自己的心志？

胡一虎：在"报禁"的时代，要想进电视台工作，一定需要家庭的背景，党政关系良好，或者由内部关系安插。你不服从直接走人就好了。特别是台湾媒体是企业化经营，进媒体都是要全台考试的，考上的就证明是精英，别人也会对你要求特别严。所以要不你离开，要留在里面就要帮别人背书。我们也很惨，实际经历的跟学新闻学到的什么道德、职业素养一点都不一样，政治就是这样，曾经还有人要我出来选"立法委员"，我当然不去。

从静态、凝固的角度看世界，你看到的可能都是痛苦、悲哀和落寞，当你从动态的角度看世界，你会发现很多梦想、希望和创作的空间。讲得直白一点，一开始凤凰关于两岸新闻也是点到为止，但是慢慢的尺度越来越宽了，社会总是在往前走。

头脑像快速反应部队

2001 年 9 月 11 日，胡一虎被院长的电话紧急抓到凤凰的主播台上救场。

当时的紧急情况使得先于胡一虎一步登台播报的同事陈晓楠，面对观众开口的第一句就是："对不起，我没有化妆。"而胡一虎也是连换西裤的时间都没有，只套上了一件休闲西服上衣，就开始连线美国的驻地记者向观众报道"9·11"事件，美国双子座大厦被恐怖分子劫持飞机袭击撞毁。那次惊心动魄的播报确立了《全球连线》在全球华语传媒界的影响力。

胡一虎说："新闻江湖诡异无常，亦无风雨亦无情。主持每一期《全球连线》都像一次诺曼底登陆。要在短时间内集合起将军们——各方政要和重量级嘉宾，让他们在一个操场（新闻话题）上对话，无疑具有挑战和风险。"

你有过约好的采访嘉宾不能履约的紧急情况吗？

胡一虎：2005 年，在宋楚瑜访问大陆前，我好不容易约好了他的专访，在距离直播专访一个小时的时候被放了鸽子——宋楚瑜临时有事情，无法接受采访。这个时候我们的节目预告已经放出去，我也跟老板说没有问题。情急之下，我只好通过台北记者陈淑婉的帮忙，在第一时间与台湾亲民党副主席张昭雄取得联系，让他代替宋楚瑜接受采访。那次真是好惊险。

《全球连线》是一个更紧密联系时政尖端人物的节目，需要对话题敏锐的掌控力。看你应对自如，你对题材的驾驭能力受益于你从前做时政记者的采访能力吗？

胡一虎：《全球连线》以快速的新闻反应为主，有时候我们到当天播出前的五六个小时都会临时改变题目，比如把原来的嘉宾推掉，再找新的嘉宾。《全球连线》更像是快速反应部队，需要的新闻敏感完全跟新闻记者一样。这档节目比《一虎一席谈》更强调节奏和时效，也更专业化，在《全球连线》我很少插科打诨，没有时间，时效性要求你在最短的时间把新闻播报完。

说起采访真要感谢我过去走过的路,从1991年到2000年,"华视"10年使我见证和亲历了台湾整个90年代电视江湖的风云变迁。我看到台湾政治的起起伏伏,对民进党、国民党的一些要角我们很熟悉,我曾经跟国民党的那些官员开玩笑说不要得势了不认人。有时候我做新闻可以在办公室直接用手机跟萧万长、马英九通电话,大陆这边的同事就说你们怎么可以这样直接通话,台湾媒体跑政治的就是这样,时间长的都可以。台湾的政治比较平民化,跑政治线跑久了就可以直接对话高层,还可以了解内幕,有很深厚直接的新闻资源。

你在《全球连线》跟《一虎一席谈》的工作状态有什么不一样?

胡一虎:在《全球连线》我眼睛看的是空气,看不到嘉宾,我连线对话的时候前面只有摄像机的镜头,我还要装出跟嘉宾在交流的样子。《一虎一席谈》是个人化的"我",《全球连线》则是专业新闻记者的角色。我们的嘉宾分布在世界各地,北京、东京、巴黎、华盛顿都有,他们只出现在导播台的屏幕上,在主播间只有我面对着前面的镜头,你要在旁边看就完全是一个人的自语。这个样子就跟小时候我被我爸罚站,面壁思过一样,那时候我就会自言自语,对着墙壁说话,念莎士比亚、念《三字经》什么的,后来我就发现我小时候被父亲罚站是在为《全球连线》做准备。

你有自己尊敬的职业偶像吗?

胡一虎:我在"华视"的时候就找到并确立了自己职业生涯的偶像,那就是美国CNN的著名主播拉里·金。这个被誉为半个世纪的电视"老妖"是一个天生的传奇人物。当年他只是迈阿密一家小电台的看门人,后来套用CNN总裁吉姆·沃尔顿的话就是:"拉里·金,我们识别率最高的一张脸,也是这个国家识别率最高的面孔之一。"我27岁那年在哥伦比亚大学新闻系进修,一直渴望能得到跟拉里·金见面交流的机会。我执着地给他打了十几遍电话,可是都杳无音讯。他的秘书回复我说:"拉里·金很忙。"他的秘书知道我的年龄后说："你太年轻了，还是到 40 岁来见拉里·金吧。"我没有放弃，一直在争取机会。最后拉里·金同意见面。他给我 10 分钟，后来变成一个小时。我对他说："您给我 10 分钟，改变我 10 年。"

拉里·金，枯瘦的面容，大脑门、小眼睛，戴一副黑框大眼镜，蓝衬衫、吊带裤，话音低沉、目光犀利的个人形象在美国雷打不动地保持了几十年。如果我们仔细研究美国的这些世界级主播，会发现他们越老越吃香，因为他们是在用人生经验和智慧主持节目，是在用自己的人格魅力吸引观众。

你说主持人的魅力除了专业能力，更多的是人格，为什么这么说？

胡一虎：2003 年三座艾美奖得主、黑人记者埃德·布莱德利在美国新闻史上占据独特地位，他是王牌栏目《新闻 60 分》的核心记者，也是历史上第一位出任白宫电视新闻记者的黑人。他做过无数令人难忘的采访，包括对天王巨星迈克尔·杰克逊的独家专访。有人曾问布莱德利的上司霍华德·斯特瑞："你认为，和其他记者比，埃德究竟有什么过人之处？"斯特瑞说："他对报道投入了感情，同时不丧失客观立场。他是个真正感情丰富的记者，有同情和关心他人的能力，特别是那些处于弱势的人。"我觉得斯特瑞的评价既朴素又中肯，这样的评价也是对一个新闻从业者最好的评价。

图书在版编目（CIP）数据

在时代的痛点，沉默／夏榆著 .—上海：上海三联书店，2016.12
ISBN 978-7-5426-5680-3

Ⅰ . ①在… Ⅱ . ①夏… Ⅲ . ①名人—访问记—中国—现代
Ⅳ . ① K820.7

中国版本图书馆 CIP 数据核字 (2016) 第 205975 号

在时代的痛点，沉默

著　　者／夏　榆
责任编辑／黄　韬
特约编辑／徐曙蕾
装帧设计／尚世德众

出　　版／上海三联书店
　　　　　　(201199) 中国上海市闵行区都市路 4855 号 2 座 10 楼
网　　址／www.sjpc1932.com
发　　行／新经典发行有限公司
电　　话／010-68423599　　邮箱／editor@readinglife.com
印　　刷／北京新华印刷有限公司

版　　次／2016 年 12 月第 1 版
印　　次／2016 年 12 月第 1 次印刷
开　　本／880×1230　1/32
字　　数／310 千字
印　　张／12
书　　号／ISBN 978-7-5426-5680-3/K · 397
定　　价／39.00 元

如有印装质量问题，请发邮件至 zhiliang@readinglife.com